"十三五"国家重点图书出版规划项目

特大城市社会治理研究
丛书主编：李友梅

新时代特大城市社会结构研究

——基于 10 个特大城市的数据分析

张海东 等 —— 著

THE SOCIAL STRUCTURE OF MEGAPOLISES IN THE NEW ERA:
AN EMPIRICAL ANALYSIS BASED ON SURVEY DATA FROM 10 MEGAPOLISES

社会科学文献出版社
SOCIAL SCIENCES ACADEMIC PRESS (CHINA)

本成果受 中国社会科学院 上海研究院资助
上海市人民政府

主要作者简介

张海东，上海大学社会学院教授，上海社会科学调查中心常务副主任；主要研究领域为社会发展与社会质量研究、社会分层与社会不平等研究。

目 录

导言 新时代特大城市社会结构的演变及其治理

张海东

改革开放 40 多年来，我国社会阶层结构发生了深刻的变化。其中最突出的特征是中等收入群体快速增长，我国社会结构正朝向两头小、中间大的"橄榄型"社会结构转型。在这场转型中，不同社会阶层的发展出现了一些新的动向，不仅表现在经济利益等物质方面，还表现在社会政治态度等价值观层面。这些变化既包含积极的因素，也包含一些消极的因素。这些因素综合作用的结果将可能直接导致人们的社会行动取向发生变化。概言之，我国社会阶层结构从改革开放初期比较简单的状态开始进入比较复杂的状态，成为名副其实的复杂社会。面对这些新的变化，需要提前进行战略性预判，采取前瞻性措施，最大限度地预防可能出现的趋势性的或系统性的社会风险。

一

"社会结构"是社会学乃至社会科学领域一个被学者们广泛关注、涉猎颇多，但又十分复杂甚至在应用上略为混乱的概念（周怡，2000；郑杭生、赵文龙，2003；杜玉华，2013）。从社会学诞生之日起，马克思、孔德、斯宾塞、涂尔干等人的相关研究就探究了社会结构的问题。例如，马克思的社会学理论更为强调物质和生活关系的层次，即人们在自给的生活和社会生产关系中发生的、不以人的意志为转移的生产关系。这些生产关系的总和构成了社会的经济结构（马克思、恩格斯，1972）。在这里，马克思将"结构"看作"社会关系"的总和，将社会结构视为矛盾的关系体，并认为社会结构变化的动力源于社会内部的矛盾运动。马克思关于社会结构的论述为之后的相关研究奠定了坚实的基础。随着社会的发展变化，时代呼吁社会学界对"社会结构"进行更为深入的研究和探讨。

社会学家大都认为社会结构变迁是转型社会的核心特征，因此对于社会结构的研究同样成为社会学界持续关注的热点领域。学者们开展了丰富的研究。国内学界的这些研究概括起来具有如下特征。一是在对社会结构的判定上，学界仍然缺乏统一的认识，其中有代表性的观点将社会结构理解为社会行动者在互动基础上形成的相对稳定的关系协调体系（郑杭生、赵文龙，2003）。因此，社会结构包括人口结构、就业结构、城乡结构、社会阶层结构等诸多部分（陆学艺，2006；陆学艺、宋国恺，2009）。少部分研究以此为基础，探讨了我国二元分立的城乡结构以及"差序格局"下的乡土社会对社会结构和社会转型产生的相关影响（王春光，2007），或是从职业选择、择业取向和"白领"等新兴职业阶层的角度讨论职业结构与社会结构之间的关联（许欣欣，2000，2005；李友梅，2005）。二是大部分对社会结构的研究将研究的重点集中于阶层结构的研究，关注社会关系、阶层地位以及阶层结构变动对我国社会发展产生的重要影响（陆学艺，2006；孙立平，1996，2008，2009；李春玲，2005a；李强，2013；李培林，2017）。其中，陆学艺（2006）对我国十大社会阶层结构的论述、孙立平（2008）提出的社会结构"断裂化"的观点、李春玲（2005a）提出的"中产阶层结构化"的特征以及李强（2005）所认为的利益群体多元化即阶层"碎片化"的判断具有较强的代表性。三是针对社会发展的新趋势、新动态，部分学者开始关注社会结构变迁的新趋向，诸如网络化时代的社会结构变迁（刘少杰，2012），以及关注社会结构的二元性特征和相关的转型研究（刘祖云、胡蓉，2005；刘平，2007；王建民，2008）。

社会结构的核心是阶层结构，相应地，在社会结构的相关研究中，研究的核心还是聚焦于人们由于经济收入、经济地位、财产地位不同而形成的社会结构。学界一般将这种结构称作社会分层结构，或社会分层现象（李强，2015）。从定义上看，社会分层可以被视为对客观过程的界定，即认为社会分层是指社会成员在社会生活中因获取社会资源的能力和机会不同而呈现出高低有序的等级或层次的现象或过程；同样社会分层也可以被看作基于主观方法的界定，即认为社会分层是指根据一定的标准将社会成员划分为高低有序的等级或层次的方法（刘祖云，2002；谢立中，2008）。

在对我国社会结构总体状况和变化趋势的判断上，除陆学艺的十大社会阶层模型外，李强的"倒丁字"模型和刘欣提出的"圭字"阶层结构模型也比较有代表性（陆学艺，2002a；李强，2005；刘欣，2018）。陆学艺认为，在当代中国社会，对于权力资源、经济资源和文化资源的不同拥有状况决定了各个社会群体在阶层结构中的位置以及个人的综合社会经济地位。在此基础上，当前中国存在国家与社会管理者、经理人员、私营企业主、专业技术人员、办事人员、个体工商户、商业服务业人员、产业工人、农业劳动者以及无业失业半失业人员十大社会阶层（陆学艺，2002a）。本书基于陆学艺十大阶层理论对特大城市阶层结构及其相关特征进行分析，主要是想进一步考察我国特大城市社会结构的全貌以及相对于全国的整体情况而言特大城市独特的社会结构特征。

二

社会结构的治理实际上是指针对由社会结构的特点引发的相关社会领域的问题该采取何种政策应对。对此，学界有不同的认识和概括。比较能够达成共识的观点是：当前中国经济仍在持续增长，政治总体稳定，但是当前的社会结构导致社会问题多发、凸显（李培林，2014）。从社会学的视角来看，当前我国很多的社会矛盾是由社会结构导致的，"因为中国现行的社会体制未能很好地处理社会结构、社会组织和社会管理等方面的问题，造成了整个社会的二元结构，而这些二元结构恰好成为社会不和谐的问题所在"（周晓虹，2012）。不公正、不合理的社会结构尤其是社会阶层结构会引发种种社会矛盾，因此，学界对于社会结构的研究还关注社会结构对于社会公平、社会矛盾等的相关作用机制（吴忠民，2015）。

由于社会结构的形成大多与过去几十年里经济社会领域的一系列制度设置密不可分，是制度设置的结果。回顾过去的制度设置就会发现，以往制度安排的一个特点是采取了一种排斥性的政策，人为地让一部分人受益，同时将另一部分人排斥在外。当然，这只是抽象的概括，因为制度设置都是基于特定的经济、政治、社会、文化和历史情境，在当时的决策者看来都具有其合理性或者不可选择性。换言之，制度设置都是基于特定历史条件的制度选择的结果。但不可否认的一点是，在当时看似合理的或者不可选择的制度安排，会导致超出决策者预料的后果，并对社会发展产生长远而深刻的影响（张海东，2018）。正如有学者指出的，"政策"变量成为影响我国社会结构的关键因素，相应的制度和政策设计与社会问题、阶层矛盾、社会公平息息相关（李强，2015）。因此，采取公平合理的社会政策成为社会结构治理的重要选项。

也有学者针对社会结构引发的上述社会问题，将关注的焦点投向社会建设与社会结构治理。陆学艺（2011）指出，当前社会结构严重滞后于经济结构，这两个结构不平衡、不协调、不整合，而上述结构的协调、平衡和整合的状态才是一种理想状态，这种社会结构才是现代化的社会结构。目前，中国很多经济社会矛盾的主要根源在于不合理的社会结构，因此社会结构研究应当与社会治理和社会建设研究相结合，应当涉及社会结构和功能调整两个方面（郑杭生，2006）。优化社会结构是构建和谐社会的重要基础（宋林飞，2007）。纷繁复杂的社会结构使得目前的社会管理面临诸多挑战（李路路，2012；李友梅，2012），社会管理需要从阶层结构和阶层成员利益诉求的角度谋求创新（蔡禾，2012；王星，2012），社会致力的目标是改善社会状况、构建合理的社会结构（孙立平，2011）。在此基础上，众多学者从多个角度提出了优化社会阶层结构、形成橄榄型分配格局等诸多有益的政策建议（李培林，2015；李强，2015）。

三

总体而言，国内已有的社会结构研究在多个领域取得了突出进展，例如，在社会结构的理论溯源、社会阶层结构的分类与测量模型、对我国社会阶层结构的判断与测量上都取得了丰硕的成果，但也存在一定的局限。（1）从经验研究上看，当前对于我国社会阶层结构的研究结论纷繁复杂，而且莫衷一是，难以达成共识。而且国内现有的研究大多是在20世纪90年代末和21世纪初做的，缺少对当下特大城市社会结构的相关研究和结论，难以在新时代推论特大城市社会结构变动的新特征、新趋势。（2）从技术路线上看，现有的研究大多使用全国性的数据，而不是针对特大城市的相关数据，缺乏对区域性的特大城市社会结构的研究，其全国性的结论或推论有一定的局限性，难以对新时代城市化和社会经济发展水平最高、社会资源最为集中、市场化程度最高的特大城市社会结构做出准确的分析和预判。（3）从研究内容上看，研究较多地集中在对社会阶层结构的说明与判断上，对与阶层结构密切相关的阶层流动以及与之密切相关的社会行为、社会政治态度等的直接研究较为缺乏（李春玲，1997）。

基于上述认识，开展新时代特大城市社会结构研究具有重要的学术价值和实践意义。（1）在社会结构的理论方面，有助于构建新时代适合中国社会结构与社会转型的中观理论，为研究特大城市社会结构及探讨、预测今后一段时间内我国社会结构变化的长期趋势提供理论支持；（2）在实证研究方面，对资源密集、社会发展水平以及市场化水平最高的特大城市的社会结构进行研究，能够揭示其新特征、新变化和发展新趋向；（3）在政策研究方面，可以从社会治理的角度探讨如何在高质量的发展中尽最大努力消除结构性壁垒，提出促进各社会阶层和谐互动的有关政策建议，维护最广大人民的根本利益，从而使广大社会成员共享发展成果。

四

作为一项经验研究的阶段性成果，本书主要内容包括：分析特大城市社会阶层的分布状况，真实地展现特大城市的社会结构；分析不同阶层的社会流动状况，着重从阶层流动、职业流动、地域流动等方面进行分析；研究社会结构变化过程中不同阶层的经济状况、价值观及社会行为等方面的相关差异，具体包括特大城市居民在住房、收入及消费状况、社会网络、社会参与和居民获得感、健康水平、教育行为和教育心态及社会排斥等方面的差异。

当然，本书还只是对特大城市社会结构及其治理问题进行探究的开端，很多问题还有待进行深入的研究，今后还会有更多的成果面世，期望对这个问题的研究能够走向深入。

全书使用统一的调查数据进行分析，数据源于 2019 年在京津冀、长三角、珠三角、长江中游、成渝五大城市群中的十个特大城市开展的大规模调查①，这五大城市群是我国经济总量最高、人口最为密集、市场化程度最高、社会发展状况最好的地区。因此，研究其社会结构现状以及变化的趋势具有预测未来我国社会结构变化趋势的代表性。具体抽样方法为：在京津冀、长三角、珠三角、长江中游、成渝五大城市群中各抽取两个代表性城市（分别为北京、天津、上海、杭州、广州、深圳、武汉、长沙、重庆、成都）进行问卷调查。调查采用分层多阶段整群 PPS 抽样方法，考虑到所调查的特大城市近些年经历了迅速的城市化过程，传统的老城区和新城区在人口特征分布上显著不同，相比老城区，新城区人口规模小，人口密度低，异质性强。为了提高样本的代表性，我们将城市内部分为新城区和老城区两个抽样层，以区县—街道—居委会为三级抽样单元，最终从每个城市抽取 40 个居委会，从每个居委会抽取 25 个家庭户，运用 KISH 抽样方法在每个家庭户中随机抽取 1 名 18～65 周岁的受访者。根据问卷实际的回收情况，有效样本量为 10026 个，各城市分别为：北京 1001 个、天津1000 个、上海 1001 个、杭州 1000 个、广州 1004 个、深圳 1001 个、武汉1000 个、长沙 1016 个、重庆 1000 个、成都 1003 个。

① 本次调查由"新时代特大城市社会结构变动趋势及其治理"课题组组织实施，受中国社会科学院－上海市人民政府上海研究院资助，在此对中国社会科学院－上海市人民政府上海研究院表示感谢。

第一章　特大城市的社会阶层结构特征

张海东　姚烨琳

自 1978 年改革开放以来，伴随着计划经济向市场经济转型和收入差异的日益明显，原来"两个阶级、一个阶层"（工人阶级、农民阶级和知识分子阶层）的社会结构逐步分化为多元的、复杂的、社会经济差异更为突出的现代工业化社会分层形态（李春玲，2019），适应中国特色社会主义制度和现代化要求的社会阶级阶层结构正在形成（李培林等，2018）。与一个社会的经济、政治、文化等系统一样，社会结构特征是社会最基本的特征，社会结构变迁是社会变迁最重要的领域（李路路，2019）。本章在将社会阶层划分为十大社会阶层的基础上，分析我国特大城市社会阶层的结构性特征，并揭示特大城市社会阶层结构的形态。

一　社会阶层结构划分的标准

社会分层本质上讲的是社会资源在各群体中是如何分布的，因此，资源的类型和占有水平也就常常成为划分阶层的标准。当前可以用来分层的资源包括生产资料资源、财产或收入资源、市场资源、职业或就业资源、政治权力资源、文化资源、社会关系资源、主观声望资源、公民权利资源，以及人力资源（格伦斯基，2006；李春玲，2005b）。2002 年，中国社会科学院社会学研究所"中国社会结构变迁研究"课题组以"组织（权力）资源、经济资源和文化资源占有状况"为标准来划分社会阶层，并据此将当代中国社会划分为十大社会阶层（陆学艺，2002b）。"十大社会阶层"是当前中国社会阶层分析中较有代表性的，也是影响最为广泛的阶层分析模式。本章将参照十大社会阶层分类方法，对北京、天津、上海、杭州、广州、深圳、武汉、长沙、重庆、成都这十个特大城市的社会阶层进行划分。需要说明的是，十大社会阶层在经济资源、文化资源和组织权力资源维度上的拥有量以及职业地位上存在显著差异。2002 年《当代中国社会阶层结构研究报告》中的十大社会阶层如下：国家与社会管理者阶层、经理人员阶层、私营企业主阶层、专业技术人员阶层、办事人员阶层、个体工商户阶层、商业服务业从业人员阶层、产业工人阶层、农业劳动者阶层及无业失业半失业人员阶层。在这个阶层位序中，经理人员阶层排在第二位，私营企业主阶层排在第三位。在 2018 年的报告中，陆学艺团队根据中国社会的实际情况①，调整了 2000 年以来社会阶层的位序，使得经理人员阶层的阶层位序后移，而私营企业主阶层的阶层位序前移（陆学艺，2018）。本研究依据最新的社会阶层位序进行分析。

当代中国社会阶层分化最主要的机制是劳动分工、权威等级、生产关系和制度分割，这四种分化机制促成了当前中国社会几种最主要的社会关系，人们在这些社会关系结构中所处的位置，决定了他们的基本社会经济地位，即是否拥有或拥有多少组织资源、经济资源和文化资源（陆学艺，2018）。据此，陆学艺团队明确了十大社会阶层在四个分类指标上的情况（见表 1 - 1）。

---

① 2018 年再版的《当代中国社会结构研究报告》（全四册）对这一调整进行了具体说明："通常来看，私营企业主属于资本所有者，处于雇主的地位。而经理人员属于被雇佣者，其社会阶层位置要低于私营企业主。但是，在 2001 年之前，经理人员阶层的位置高于私营企业主阶层是符合当时实际情况的。虽然改革开放以来私营企业取得了巨大的发展，私营企业主快速成长起来，然而直到 1990 年代，私营企业主阶层除了经济资源占有优势之外，在组织资源、文化资源等其他方面并不拥有明显的优势。在国家意识形态层面，对于私营企业的定位也还是不清的。而从经理人员阶层来看，由于中国特殊国情，在 1990 年代及之前，经理人员的大多数也主要来源于私营企业，同国家与社会管理者阶层有着千丝万缕的联系。这一时期，以国有企业经理人员为主的经理人员阶层，其阶层地位是高于私营企业主阶层的，这突出地表现在经理人员阶层所拥有的组织资源、文化资源以及综合社会地位方面。然而，2000 年以来，上述情况发生了根本的转变。首先，私营企业主阶层整体实力有了显著的提高。从阶层成员的来源来看，20 世纪 90 年代后期以来，私营企业主阶层的构成有了明显的变化。一方面，私营企业主阶层的进入门槛不断提高，越来越多的政府官员、专业技术人员等拥有组织资源与智力资本的群体开始创办企业。这与早期私营企业主主要来自无业人员等社会底层已经大不相同。另一方面，随着 20 世纪 90 年代后期国有中小企业的改制，相当一批原来的国有企业经理人员转变为私营企业主。所有这些表明，私营企业主的社会地位已经发生了巨大的变化。"（陆学艺，2018：426～429）

表1-1 十大社会阶层在四个分类指标上的情况

社会阶层	劳动分工	权威等级	生产关系	制度分割
国家与社会管理者	中高级专业技术水平	中高层管理者	代理（不占有生产资料但可以控制生产资料）	体制内核心部门
私营企业主	不确定	高层管理者	雇用他人（占有生产资料）	体制外
经理人员	中高级专业技术水平	中高层管理者	受雇（不占有生产资料但可以控制或支配生产资料）	体制内、体制内边缘部门或体制外
专业技术人员	中高级专业技术水平	自主从业或被管理（有一定自主性）	受雇或自雇（不占有生产资料）	体制内或体制外
办事人员	中低级专业技术水平	被管理或中低层管理者	受雇（不占有生产资料）	体制内或体制外
个体工商户	高低不等	管理者或自主从业	自雇或雇用他人（占有生产资料）	体制外
商业服务业从业人员	技术型、半技术型或非技术型体力劳动	被管理或低层管理者	自雇或受雇（不占有生产资料）	体制内或体制外
产业工人	技术型、半技术型或非技术型体力劳动	被管理或低层管理者	自雇或受雇（不占有生产资料）	体制内或体制外
农业劳动者	技术型、半技术型或非技术型体力劳动	自主从业	自雇或受雇（占有少量或不占有生产资料）	介于体制内与体制外之间
无业失业半失业人员	—	—	—	—

注：体制内核心部门是指国家机关和部分事业单位及社会团体，这类单位的资源配置主要受国家计划控制并且主要来自政府财政；体制内边缘部门是指公有制企业及部分企业化事业单位和社会团体，这类单位的资源配置受政府计划控制程度较弱（陆学艺，2018：28）。

本研究参照上述四个分类指标，对十个特大城市（以下简称"十城市"）的社会阶层进行划分。通过一系列的操作变量来确定受访者在劳动分工、权威等级、生产关系和制度分割四个分类指标上的情况，并据此划分出十大社会阶层。具体的分类步骤为：第一步，根据劳动分工分类，操作变量包括就业状态（在业或不在业）、职业分类（根据 GB/T 6565 - 2015 职业分类与代码对受访者的职业进行编码，有 500 多个职业分类）、部门分割（第一产业、第二产业、第三产业）；第二步，根据权威等级分类，操作变量包括管理职能（管理者与被管理者）①、职务级别（厅局级及以上、县处级、乡科级、无行政级别）和管理人数；第三步，根据生产关系分类，操作变量包括就业身份（雇主、自雇、受雇于他人）和雇用人数；第四步，根据制度分割分类，包括所有制类型（公有制、非公有制）和单位类型（党政机关/人民团体、各类企事业单位、社会团体或社会组织、民办非企业单位、村/居委会等自治组织、个体工商户和无单位）。

二 特大城市社会阶层的构成

依据上述分类变量和分类过程，本研究对十城市调查数据的样本进行阶层划分，把每个受访者归类到一个确定的阶层位置。由于这一阶层划分框架以职业为基础类别，因而，需要说明如何把不在业人员纳入本研究的阶层划分框架。阶层分类的第一步是区分在业人员和不在业人员。在业人员的阶层归类是根据其目前工作的情况及第一节中的相关指标进行的。参照陆学艺（2018）的做法，不在业人员的阶层归类方式是：除下述三类不在业人员外，其他从未就业的受访者均被归类为无业失业半失业人员阶层。② 三类不在业人员的归类情况为：（1）将从未就业的在校学生和 22 岁以下从未就业的未婚青年按其父亲的阶层归类，如父亲去世，按其母亲的阶层归类；（2）将离退休人员按其离退休前最后一份职业进行归类；（3）将曾经就业的在校学生按其最后一份职业进行归类。

2019 年特大城市十大社会阶层的比例分别为：国家与社会管理者阶层占 1.45%，私营企业主阶层占 2.27%，经理人员阶层占 0.67%，专业技术人员阶层占 22.88%，办事人员阶层占 8.89%，个体工商户阶层占 7.89%，商业服务业从业人员阶层占 33.20%，产业工人阶层占 15.77%，农业劳动者阶层占 4.69%，无业失业半失业人员阶层占 2.30%（见表 1－2）。

---

① 陆学艺（2018）将管理等级细分为最高层管理者、中层管理者、基层管理者，受数据所限，本研究仅区分管理者与被管理者。

② 陆学艺（2018：31）将从未就业的家庭主妇（已婚妇女）按其丈夫的阶层位置来归类，由于"新时代特大城市居民生活状况调查"问卷中缺乏配偶职业的具体内容，无法将家庭主妇群体按其丈夫的阶层位置来归类，因此仍然将这一群体归类为无业失业半失业人员阶层。

进一步比较五大城市群十大社会阶层的构成可以看到，以北京和天津为代表的京津冀城市群中国家与社会管理者阶层、经理人员阶层、专业技术人员阶层和产业工人阶层的比例最高；以上海和杭州为代表的长三角城市群中办事人员阶层的比例最高；以广州和深圳为代表的珠三角城市群中私营企业主阶层和商业服务业从业人员阶层的比例最高；以成都和重庆为代表的成渝城市群中农业劳动者阶层和无业失业半失业人员阶层的比例最高；而以武汉和长沙为代表的长江中游城市群中个体工商户阶层的比例最高。

表 1 - 2　2019 年五大城市群社会阶层比例分布

单位：%

社会阶层	十城市平均	京津冀城市群	长三角城市群	珠三角城市群	成渝城市群	长江中游城市群
国家与社会管理者	1.45	2.01	1.63	0.95	0.66	1.97
私营企业主	2.27	1.08	3.01	3.02	1.67	2.58
经理人员	0.67	0.88	0.82	0.79	0.10	0.76
专业技术人员	22.88	27.98	25.13	26.05	15.21	20.26
办事人员	8.89	10.56	11.34	5.13	8.32	8.99
个体工商户	7.89	4.38	7.15	6.83	8.77	12.18
商业服务业从业人员	33.20	28.03	30.95	38.86	36.51	31.78
产业工人	15.77	20.92	15.83	9.16	17.80	14.96
农业劳动者	4.69	2.58	3.12	6.35	7.20	4.24
无业失业半失业人员	2.30	1.60	1.02	2.86	3.75	2.27
合计	100.00	100.00	100.00	100.00	100.00	100.00

（一）国家与社会管理者阶层

国家与社会管理者阶层指党的机关、国家机关、事业单位、群众团体和社会组织中的负责人，具体包括：中国共产党机关负责人，国家机关负责人，事业单位负责人，民主党派和工商联负责人，人民团体和群众团体、社会组织及其他成员组织负责人。由于国家组织系统掌握着整个社会最重要的和最大量的资源，因而国家与社会管理者阶层掌握着当前中国社会最关键的资源——组织资源，因而在资源配置中处于明显的优势地位（陆学艺，2018）。虽然国家与社会管理者阶层并不是生产资料的所有者，但是他们可以控制或支配一部分生产资料，因此，他们实际上也分享部分经济资源。此外，这一群体同时也享有文化资源。目前，国家与社会管理者阶层在十城市社会阶层结构中所占的比例约为 1.45%。就整个人口数量来说，国家与社会管理者阶层人数不多，其阶层内部也存在一些差异。从职务级别来看，国家与社会管理者阶层中县处级及以上级别干部占 36.23%，乡科级及以下级别干部占 63.77%。

（二）私营企业主阶层

私营企业主阶层是指拥有一定数量的私人资本或固定资产并进行投资以获取利润同时雇用他人的人（陆学艺，2018）。按照现行政策规定，私营企业主阶层主要是指雇工在 8 人以上的私营企业的业主。这一阶层最重要的特点就是占有生产资料，即拥有经济资源。改革开放以来，私营企业从无到有，规模逐年递增，已经成为我国社会主义市场经济的重要组成部分。根据国家统计局的最新数据，2018 年全国私营企业数为 3143.26 万户，比 2017 年底（2726.28 万户）增长了 15.29%，比 1998 年（120.1 万户）增长了 25 倍，是 1988 年（4.06 万户）的 774 倍。调查数据显示，私营企业主阶层在十城市社会阶层结构中所占比例约为 2.27%。从地区差异来看，珠三角城市群和长三角城市群私营企业主的比例明显高于京津冀城市群、成渝城市群和长江中游城市群。其中，京津冀城市群的私营企业主阶层的比例最低，仅为 1.08%（见表 1-2）。

（三）经理人员阶层

经理人员阶层是指企业中非业主身份的管理人员。[1] 从具体的分类指标来看，是指职业分类为企事业单位负责人、从职务级别看有管理职能、就业身份为受雇于他人、单位类型为各类企业的人员。经理人员阶层的特征是虽然不占有生产资料，但实际上控制和管理着生产资料，因此拥有对

---

[1] 陆学艺（2018）将经理人员阶层界定为企业中非业主身份的中高层管理人员及部分作为部门负责人的基层管理人员。其中，高级管理人员指最高级别领导，在工作单位（企业或机构）中，他/她上面再没有更高级别的管理人员，并且下面还有较低级别的管理者；中级管理人员指他/她上面还有更高级别的管理者，同时下面也有较低级别的管理者；基层管理人员指直接管理普通员工的管理者，下面没有更低级别的管理者。受数据限制，本章无法甄别出受访者属于高级管理人员、中级管理人员还是基层管理人员。

经济资源的调配权。同时，他们中的大多数人有较高的学历和专业知识水平，因此也享有丰富的文化资源（陆学艺，2018）。根据上述标准，经理人员阶层在十城市社会阶层结构中所占的比例约为 0.67%。

与 21 世纪初相比，当前经理人员阶层的内部构成已经发生显著变化。陆学艺（2018）对 2001 年全国抽样调查数据的分析发现，全国公有制企业的经理人员是经理人员阶层的主要组成部分，具体来说，全民所有制企业的经理人员占 37.5%，集体所有制企业的经理人员占 31.3%，其他所有制企业的经理人员占 31.2%。而随着经济体制改革的深化和非公有制经济的发展，私营企业的经理人员已经成为这一阶层的主要部分。调查数据显示，特大城市经理人员阶层中，私营企业的经理人员占 42.11%，国有企业的经理人员仅占 40.35%，集体企业的经理人员和三资企业（如中外合资企业、外企）的经理人员占 17.54%。可以说，私营企业的经理人员已经成为特大城市经理人员阶层的重要组成部分。此外，经理人员阶层在参与单位决策、给下属布置工作、提拔下属职位、惩处下属等方面拥有不同的权限。调查数据显示，60.00% 的经理人员在给下属布置工作方面完全有权，超过四成的经理人员在惩处下属方面和提拔下属职位方面完全有权，27.27% 的经理人员在参与单位决策方面完全有权（见图 1-1）。

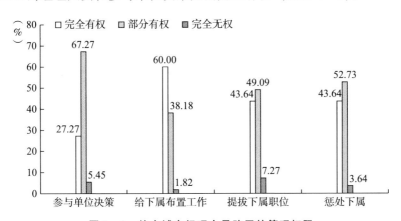

图 1-1 特大城市经理人员阶层的管理权限

（四）专业技术人员阶层

专业技术人员阶层是指在各种经济成分的机构（包括国家机关、党群组织、全民所有制企事业单位、集体所有制企事业单位和各类非公有制企业）中专门从事各种专业性工作和科学技术工作的人员（陆学艺，2018）。他们大多受过中高等专业知识及专门职业技术培训，并拥有适应现代社会化大生产专业分工要求的专业知识及专门技术。本研究的阶层划分指标对专业技术人员阶层的定位是：具有专业技术资格、不占有生产资料但具有一定自主性的体制内或体制外非体力劳动者。根据《中华人民共和国职业分类大典》（2015 年版），专业技术人员包括 11 个职业的从业人员，分别是：科学研究人员，工程技术人员，农业技术人员，飞机和船舶技术人员，卫生专业技术人员，经济和金融专业人员，法律、社会和宗教专业人员，教学人员，文学艺术、体育专业人员，新闻出版、文化专业人员以及其他专业技术人员（国家职业分类大典修订工作委员会，2015）。根据这一标准，专业技术人员阶层占特大城市全体劳动者的比例为 22.88%。

专业技术人员主要集中在经济、教学、医疗卫生和工程技术领域，这些领域对技能的要求较高。本研究依据专业领域的不同，将专业技术人员分为经济业务人员，教学人员，工程、农林技术人员，医疗卫生技术人员，文艺、体育及新闻从业人员，法律工作人员，科研人员和其他专业技术人员。由图 1 - 2 可以看出，经济业务人员的占比最高，达到 30.70%；教学人员的占比接近 1/4，工程、农林技术人员的占比接近 1/5；而医疗卫

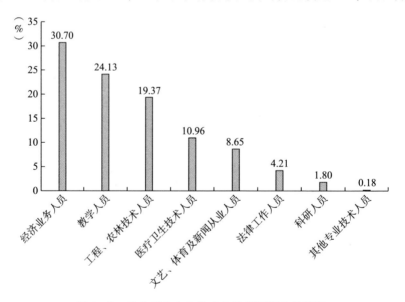

图 1 - 2 特大城市专业技术人员从事职业的类型

生技术人员，文艺、体育及新闻从业人员，法律工作人员，科研人员和其他专业技术人员的占比相对较低。

专业技术人员所从事的职业一般都对专业技能有较高的要求。本次调查中询问了受访者所从事的工作对专业技能的要求。在全部专业技术人员中，回答所从事的工作需要"很高/高级"和"较高/中级"专业技能的比例达到80.71%，明显高于其他社会阶层。

特大城市专业技术人员的学历较高。专业技术人员所从事职业的"门槛"较高，对从业人员的受教育水平也有较高要求。调查数据显示，特大城市中43.97%的专业技术人员的学历为大学本科，学历在硕士及以上的比例高达12.87%；而同期全国专业技术人员的学历为大学本科的比例仅为35.00%，学历为硕士及以上的比例为5.60%（见图1-3）。可见，特大城市专业技术人员的学历高于全国平均水平。

体制内人员是专业技术人员阶层的主体。调查数据显示，57.84%的专业技术人员来自体制内，42.16%的专业技术人员来自体制外。体制因素导致专业技术人员内部存在某些差异，但随着市场经济的发展、专业技术人员跨体制流动的增多和全民所有制单位对学历文凭的日益重视，体制因素导致的差异在逐渐缩小（陆学艺，2018）。

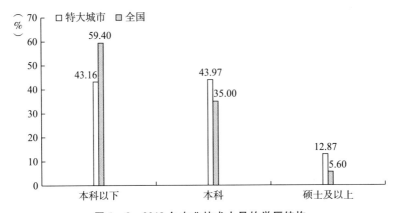

图1-3　2019年专业技术人员的学历结构

资料来源：特大城市的数据来自"新时代特大城市居民生活状况调查"，全国层面的数据来自《中国人口和就业统计年鉴（2019）》（国家统计局人口和就业统计司，2019）中劳动力抽样调查关于专业技术人员学历结构的统计结果。

（五）办事人员阶层

办事人员阶层指协助单位和部门负责人处理日常行政事务的专职办公人员。他们是体制内或体制外不占有生产资料的较低层非体力劳动者。职业分类主要包括《中华人民共和国职业分类大典》（2015 年版）（国家职业分类大典修订工作委员会，2015）中的所有办事人员和有关人员以及基层群众自治组织负责人①。办事人员阶层是现代社会中间层的重要组成部分。根据上述标准，这一阶层在特大城市社会阶层结构中所占比例为8.89%。从地区差异来看，京津冀城市群和长三角城市群中办事人员阶层的比例较高，均超过了 10%；成渝城市群和长江中游城市群中办事人员阶层的比例在 8% ~9% 之间；珠三角城市群中办事人员阶层的比例最低，仅为 5.13%。

根据工作内容的差异，又可以将办事人员分为一般办事人员、安全和消防人员、其他办事人员和有关人员。对数据的描述性统计分析结果显示，特大城市办事人员阶层中一般办事人员（包括行政业务办理人员、行政事务处理人员、行政执法和仲裁人员）是办事人员的主体，占比达到 81.24%。

根据单位类型的不同，办事人员阶层主要可分为三大类群体：（1）党政机关、事业单位办事人员，主要是国家机关、人民团体、事业单位的公务员和事业单位的普通办事人员，在这一阶层中所占比例为 37.82%；（2）企业办事人员，包括国有企业、集体企业、私营企业和三资企业中的行政辅助人员和普通白领业务人员，所占比例为 45.46%；（3）其他办事人员，包括各类社会组织、民办非企业单位等的办事人员，所占比例为 16.72%。从所有制类型看，60.48% 的办事人员就职于体制内单位，39.52% 的办事

---

① 在《当代中国社会阶层研究报告》（陆学艺，2002b：44）一书的初期报告中，曾根据 8 个县市的调查数据和政府部门的各类统计数据估算了 1999 年十大社会阶层的比例分布。《当代中国社会结构研究报告》（全四册）（陆学艺，2018）根据 2001 年全国调查数据计算的十大社会阶层所占的比例与《当代中国社会阶层研究报告》中估算的比例较为接近，但也有部分比例差异较大。其中 2001 年数据计算的办事人员阶层的比例（7.2%）明显高于初期研究报告估算的比例（4.8%），这主要是因为对"国家与社会管理者"的界定更加严格，例如基层组织负责人（居委会主任和村委会主任）被归类为"办事人员"，而统计部门则将其归类为"国家机关、党群组织、企事业单位负责人"。

人员就职于体制外，可以说，办事人员阶层的主体是体制内人员。

（六）个体工商户阶层

个体工商户阶层是指拥有少量私人资本（包括不动产）并投入生产、流通、服务业等经营活动，如小业主或小雇主（有足够资本雇用少量他人劳动但自己也直接参与劳动和生产经营的人）和自我雇佣者（有足够资本可以自己开业经营但不雇用其他劳动者）[①]。阶层分类指标确定的个体工商户阶层的社会位置是专业技术水平高低不等的体制外管理者或自主从业者。他们是体制外的低层白领、蓝领雇主或自雇者。根据《中国人口和就业统计年鉴（2019）》（国家统计局人口和就业统计司，2019），2018 年个体工商户为 7328.58 万户，是 1980 年 47.3 万户的 154.94 倍。与此同时，个体就业人数从 1990 年的 2105.0 万人增长到 2018 年的 17691.0 万人，增长了 7.4 倍，可以说个体经济已经成为我国解决就业问题的重要经济部门。

目前，个体工商户阶层在整个特大城市社会阶层结构中所占比例为 7.89%，其中，雇用他人（雇用 1~7 人）劳动的工商小雇主占 36.36%，不雇用他人劳动的自雇个体工商户占 63.64%。

（七）商业服务业从业人员阶层

商业服务业从业人员阶层是指在商业和服务行业中从事非专业性的、非体力的和体力劳动的工作人员。陆学艺（2002b）认为，"由于中国目前的商业服务业还不发达，而且产业层次较低，这一阶层的绝大多数成员的社会经济状况与产业工人阶层较为类似。但在一些大城市中，在与国际较为接轨的商业服务业部门中，商业服务业从业人员的社会经济状况较接近办事人员阶层。随着工业化和市场化的推进以及第三产业的发展，这一阶层的规模会进一步扩大"。本研究所界定的商业服务业从业人员主要是指在体制内或体制外第三产业中的受雇者或自雇者。从职业分类来说，主要是指《中华人民共和国职业分类大典》（2015 年版）（国家职业分类大典修订工作委员会，2015）中的社会生产服务和生活服务人员，包括批发与

[①] 陆学艺（2018）界定的个体工商户阶层还包括拥有一定的私人资本（包括不动产）并投入金融债券市场而且以此为生的人，主要包括小股民、小股东、出租少量房屋者，受数据所限，本研究的个体工商户阶层并未包括这部分人群。

零售服务人员，交通运输、仓储和邮政业服务人员，住宿和餐饮服务人员，信息传输、软件和信息技术服务人员，金融服务人员，房地产服务人员，租赁和商务服务人员，技术辅助服务人员，水利、环境和公共设施管理服务人员，居民服务人员，电力、燃气及水的供应服务人员，修理及制作服务人员，文化、体育和娱乐服务人员，健康服务人员，其他生产和生活服务人员。根据这一标准，商业服务业从业人员阶层在整个特大城市社会阶层结构中所占比例为 33.20%，在十大社会阶层中占比最高。

特大城市商业服务业从业人员的主体是体制外人员。调查数据显示，66.99% 的商业服务业从业人员就职于体制外，而就职于体制内的商业服务业从业人员则占 33.01%。从具体的单位类型来看，47.06% 的商业服务业从业人员就职于私营企业，明显高于其他单位类型，可以说商业服务业从业人员阶层的成员主要集中于私营经济领域。

（八）产业工人阶层

产业工人阶层是指在第二产业中从事体力、半体力劳动的生产工人、建筑业工人及相关人员。阶层分类指标确定此阶层的社会位置是体制内或体制外第二产业中的受雇者或自雇者。从职业分类来说，产业工人阶层主要是指生产制造及有关人员。[①] 根据这一标准，产业工人阶层在特大城市社会阶层结构中占 15.77%。

产业工人阶层的人员构成发生了根本性的改变，20 世纪八九十年代，城镇国有企业工人是产业工人阶层最主要的构成部分。而到了 21 世纪初，来自农村的"农民工"替换了城镇国有企业工人，具有农民身份的工人成

---

① 在本次问卷调查中主要是指《中华人民共和国职业分类大典》（2015 年版）（国家职业分类大典修订工作委员会，2015）中的生产制造及有关人员，包括农副产品加工人员，食品、饮料生产加工人员，烟草及其制品加工人员，纺织、针织、印染人员，纺织品、服装和皮革、毛皮制品加工制作人员，木材加工、家具与木制品制作人员，纸与纸制品生产加工人员，印刷和记录媒介复制人员，文教、工美、体育和娱乐用品制作人员，石油加工、炼焦、煤化工生产人员，化学原料和化学制品制造人员，医药制造人员，化学纤维制造人员，橡胶和塑料制品制造人员，非金属矿物制品制造人员，采矿人员，金属冶炼和压延加工人员，机械制造基础加工人员，金属制品制造人员，通用设备制造人员，专用设备制造人员，汽车制造人员，铁路、船舶、航空设备制造人员，电气机械和器材制造人员，计算机、通信和其他电子设备制造人员，仪表仪器制造人员，废弃资源综合利用人员，电力、热力、气体、水生产和输配人员，建筑施工人员，运输设备和通用工程机械操作人员及有关人员，生产辅助人员，其他生产制造及有关人员。

为产业工人阶层的主要组成部分（陆学艺，2018）。对调查数据的描述性统计分析表明，本地非农业户籍工人是产业工人阶层的主体。具体地说，在产业工人中，本地非农业户籍工人接近七成，本地农业户籍工人占比为10.43%，外地农业户籍工人占11.72%，外地非农业户籍工人仅占8.87%。

虽然近年来产业工人大规模地由体制内（公有制企业）流向体制外（非公有制企业），但是体制内人员仍然是产业工人阶层的主体。调查数据显示，57.18%的产业工人来自体制内单位，42.82%的产业工人来自体制外单位。从具体的单位类型看，38.19%的产业工人就职于国有企业及国有控股企业，30.39%的产业工人就职于私有/民营或私有/民营控股企业，就职于国有/集体事业单位和集体所有或集体控股企业的产业工人分别占10.91%和7.67%，就职于其他单位类型的产业工人占12.84%。陆学艺（2018）认为，"经济改革以前和经济改革初期，单位所有制是导致产业工人内部差异的主要因素，不同所有制单位的工人在工资收入和福利待遇等方面有明显差别"。自20世纪80年代以来，所有制因素的影响逐渐弱化，户籍身份成为导致产业工人内部差异的主要因素，城镇工人与农民工在收入水平、福利待遇和就业保障等方面存在明显差异。近年来，随着农民工数量的不断增长，户籍身份导致的差异慢慢缩小。

对工作中专业技能情况的分析发现，特大城市对产业工人的专业技能要求不高。44.23%的产业工人表示当前工作需要很高/高级专业技能和较高/中级专业技能，41.31%的产业工人表示当前工作仅需要一些/初级专业技能，而有14.46%的产业工人表示当前工作不需要专业技能。

（九）农业劳动者阶层

农业劳动者阶层是指承包集体所有的耕地进行家庭经营，以农、林、牧、渔业为唯一或主要职业，并以农、林、牧、渔业为唯一或主要收入来源的农民。他们是介于体制内与体制外之间的第一产业中占有少量生产资料或不占有生产资料的自雇者或受雇者。从职业分类来看，主要是指《中华人民共和国职业分类大典》（2015年版）（国家职业分类大典修订工作委员会，2015）中的农、林、牧、渔业生产及辅助人员，包括农业生产人员、林业生产人员、畜牧业生产人员、渔业生产人员、农林牧渔生产辅助人员。农业劳动者阶层在特大城市社会阶层结构中占4.69%。《中国人口

和就业统计年鉴 (2019)》(国家统计局人口和就业统计司, 2019) 数据显示, 2018 年第一产业就业人员占全部劳动力人口的 26.1%。因此, 特大城市中农业劳动者阶层的比例远低于全国水平。

农业劳动者阶层内部的同质性较高, 社会经济状况的差异较小, 阶层内部并无明显的群体之分。陆学艺 (2018) 认为, 有三个因素导致其成员在收入水平和生活质量方面存在差异, 即地区差异、农户家庭经营项目或种植养殖种类的多元化程度 (包括非农兼职) 及农户经营或种植养殖的规模。受数据限制, 本研究无法考察农户家庭经营项目或种植养殖种类的多元化程度及农户经营或种植养殖的规模, 因而仅对地区差异进行考察。数据显示, 五大城市群农业劳动者阶层的平均年收入存在较大差异, 长三角城市群中农业劳动者阶层的平均年收入最高, 超过 20000 元; 珠三角城市群、成渝城市群和长江中游城市群中农业劳动者阶层的平均年收入均超过 15000 元; 京津冀城市群中农业劳动者阶层的平均年收入最低, 仅为 12206 元 (见图 1-4)。

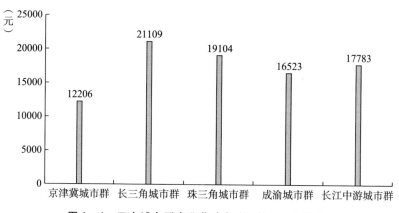

图 1-4 五大城市群农业劳动者阶层的平均年收入

(十) 无业失业半失业人员阶层

无业失业半失业人员阶层是指除在校学生以外从未工作过的劳动年龄人群。陆学艺 (2018) 认为这一阶层产生的主要原因包括: 就业机会不足使许多新进入劳动力市场的青年劳动力长期待业; 城市征用农用地使一些农民无地可种, 而这些农民在城镇一时找不到合适的职业; 不少城乡居民受残障或长期卧床的困扰而不能就业, 其中多数陷入贫困境地。调查数据显示, 目前, 无业失业半失业人员阶层在整个特大城市社会阶层结构中所占比例为 2.30%。

从无业失业半失业的成因来看，17.12% 的人是由于毕业后没找到合适的工作，29.71% 的人表示不想或不需要工作，家庭主妇占 22.97%，因残障或长期卧床而不能就业的占 11.71%，其他原因占 18.47%。

无业失业半失业人员阶层的收入水平较低。调查数据显示，这一群体2018 年全年的平均年收入仅为 12420 元。在社会保障方面，仅有 56.70% 的无业失业半失业人员拥有养老保险，比社会平均水平（80.73%）低了24.03 个百分点；当前拥有医疗保险的无业失业半失业人员占 77.68%，比社会平均水平（90.19%）低了 12.51 个百分点。此外，5.38% 的无业失业半失业人员拥有城乡最低生活保障，高于社会平均水平（见表 1 - 3）。

表 1 - 3　特大城市无业失业半失业人员阶层的社会保障情况

单位：%

选项	养老保险		医疗保险		城乡最低生活保障	
	无业失业半失业人员	社会平均	无业失业半失业人员	社会平均	无业失业半失业人员	社会平均
有	56.70	80.73	77.68	90.19	5.38	4.24
没有	42.41	18.64	21.88	9.38	93.72	94.41
不清楚	0.89	0.63	0.45	0.43	0.90	1.35
合计	100	100	100	100	100	100

三　特大城市社会阶层的结构性特征

本节将从性别、年龄、学历、政治面貌等方面对特大城市十大社会阶层的结构性特征进行分析。

在性别方面，对调查数据的描述性统计分析发现，拥有较多权力和财富资源的阶层（如国家与社会管理者阶层、私营企业主阶层、经理人员阶层）中女性占比较低，而在主要依靠体力谋生的产业工人阶层中女性占比也较低（见图 1 - 5），其他社会阶层中女性的比例均高于男性。除无业失业半失业人员阶层外，专业技术人员阶层中女性占比最高，达到 62.03%，这主要是由于专业技术人员大多从事脑力劳动，对体力没有过高要求。随着女性的受教育程度不断提高，越来越多的女性具备了从事专业技术工作的职业资质（赵延东、李睿婕、何光喜，2018）。

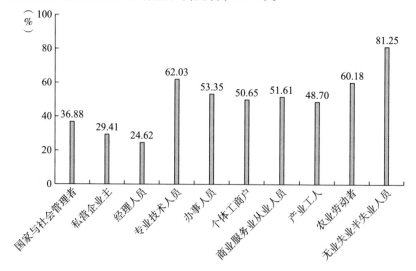

图 1 - 5　特大城市各社会阶层中女性的占比

在年龄方面，特大城市十大社会阶层的平均年龄为 41 岁。农业劳动者
阶层的平均年龄最大，为 55.12 岁；国家与社会管理者阶层的平均年龄也
超过了 50 岁；经理人员阶层和产业工人阶层的平均年龄分别为 47.78 岁和
49.18 岁；私营企业主阶层、专业技术人员阶层、办事人员阶层、个体工
商户阶层、商业服务业从业人员阶层和无业失业半失业人员阶层的平均年
龄在 40～45 岁之间（见图 1 - 6）。

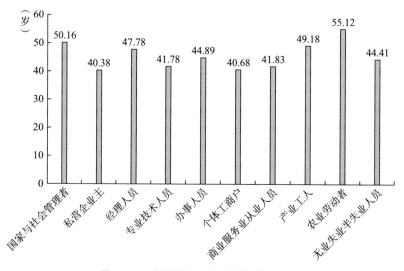

图 1 - 6　特大城市各社会阶层平均年龄

从具体的年龄段来看，专业技术人员阶层和商业服务业从业人员阶层中 30 岁及以下青年人的比重均超过了 25%。而国家与社会管理者阶层、产业工人阶层和农业劳动者阶层则以中老年人为主，50 岁以上人员的比例均超过了 50%（见表 1 - 4）。值得注意的是，农业劳动者阶层呈现明显的老龄化特征，60 岁以上农业劳动者的比例高达 43.23%，而 40 岁及以下农业劳动者的比例仅为 10.07%。如果不改变农村的耕作方式和农民收入过低的状况，农业劳动者将无以为继。

表 1 - 4　特大城市各社会阶层的年龄构成

单位：%

社会阶层	30 岁及以下	31~40 岁	41~50 岁	50 岁以上	合计
国家与社会管理者	12.06	13.48	18.44	56.03	100
私营企业主	19.46	30.77	31.67	18.10	100
经理人员	12.31	21.54	18.46	47.69	100
专业技术人员	25.72	26.89	19.75	27.65	100
办事人员	16.28	24.25	22.29	37.18	100
个体工商户	23.57	25.91	28.52	22.01	100
商业服务业从业人员	25.21	24.22	20.88	29.69	100
产业工人	13.48	14.32	17.9	54.30	100
农业劳动者	7.88	2.19	10.72	79.21	100
无业失业半失业人员	20.98	15.63	22.77	40.63	100

在学历方面，专业技术人员阶层和国家与社会管理者阶层中均有超过一半的人拥有本科及以上的学历（见图 1 - 7）。此外，私营企业主阶层、经理人员阶层、办事人员阶层中拥有本科及以上学历的人员比例也都超过社会平均水平（28.75%）。值得注意的是，私营企业主阶层中学历在本科及以上的人员达到 40.00%，明显高于商业服务业从业人员阶层和个体工商户阶层，这与已有的研究结论一致。吕鹏、范晓光、孙明（2018）根据"中国私营企业调查"的数据发现，私营企业主阶层中本科及以上文凭持有者的比例在不断提高：在 20 世纪 80 年代早期创业的私营企业主中，这一比例还仅为个位数；到了 20 世纪 90 年代末 21 世纪初，已为 20% 左右，最近 5 年都在 30% 以上。

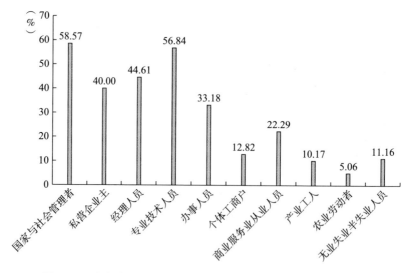

图1-7 特大城市各社会阶层中拥有本科及以上学历者所占比例

在政治面貌方面，国家与社会管理者阶层中党员的比例最高，达到68.79%，明显高于其他社会阶层（见图1-8）。经理人员阶层、专业技术人员阶层和办事人员阶层中党员的比例也比较高，均超过社会平均值（16.67%）。相对而言，私营企业主和个体工商户等体制外人员中党员的比例较低。

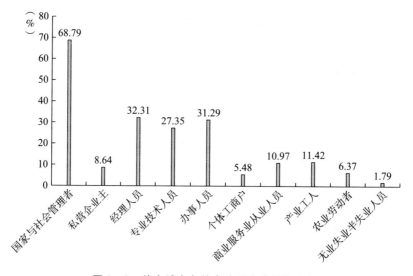

图1-8 特大城市各社会阶层中党员的比例

四　特大城市的社会阶层结构形态

关于我国的社会阶层结构，国内学者曾提出多种理论，除了陆学艺的十大社会阶层外，还有"断裂论"（孙立平，2013）、"碎片论"（孙立平、李强、沈原，1998）等。学术界普遍认为，一个健康的社会阶层结构应该是"橄榄型"或"纺锤型"。21世纪初，李强（2005）利用我国第五次全国人口普查数据进行分析，发现中国总体社会结构呈"倒'丁'字型"。李强、王昊（2014）进一步利用"六普"数据进行研究发现，中国社会分层结构分裂为"城市 – 农村"、"中小城市 – 超大城市"四个世界，不同世界的社会分层结构迥异，并且差异有加剧的趋势。仇立平（2014）在对改革开放30多年上海社会阶层结构进行研究后认为，上海社会阶层结构已经从"土字型"的非标准金字塔型转变为标准的"金字塔型"。姚烨琳、张海东（2017）利用2015年"特大城市居民生活状况调查"的数据发现，北京、上海、广州三个特大城市的社会结构已先后转变为中间大、两头小的"橄榄型"。"橄榄型"社会结构主要指的是一种中间群体占多数、贫富差距较小的社会分层形态，这种社会分层形态也被学界普遍认为是最理想的社会结构（李春玲，2019）。国内众多学者认为，随着社会经济发展水平的提高、工业化和城镇化的推进，当今中国的社会结构形态也将从"金字塔型"向"橄榄型"转变。基于此，他们提出了构建"橄榄型"社会结构的政策建议（陆学艺，2002b；李培林，1995；李强，2001）。

为了更好地分析当前特大城市社会阶层结构的形态，笔者将本次研究数据与陆学艺（2018）的相关研究数据进行比较（如表1 – 5所示）。与1952年、1978年、2001年、2006年全国社会阶层结构相比，2019年特大城市的社会阶层结构主要表现出如下几个特点：首先，专业技术人员阶层的比例远远高于1952年、1978年、2001年、2006年全国社会阶层结构中专业技术人员阶层的比例，专业技术人员阶层已经成为特大城市中产阶层的主力；其次，商业服务业从业人员阶层的比例在十大社会阶层中是最高的，商业服务业从业人员中有相当一部分服务业工人，他们是随着以通信、金融、物流、电子商务、房地产为主体的现代服务业的快速发展而成长起来的；最后，农业劳动者的数量大幅减少，特大城市农业劳动者阶层的比例不到 5%，远远低于 1952 年、1978 年、2001 年、2006 年全国社会阶层结构中农业劳动者阶层的比例。

表 1-5　1952 年、1978 年、2001 年、2006 年和 2019 年中国社会阶层结构的变迁

单位：%

社会阶层	1952 年	1978 年	2001 年	2006 年	2019 年
国家与社会管理者	0.50	1.00	2.10	2.30	1.45
私营企业主	0.20	—	1.00	1.30	2.27
经理人员	0.10	0.20	1.60	2.60	0.67
专业技术人员	0.90	3.50	4.60	6.30	22.88
办事人员	0.50	1.30	7.20	7.00	8.89
个体工商户	4.10	—	7.10	9.50	7.89
商业服务业从业人员	3.10	2.20	11.20	10.10	33.20
产业工人	6.40	19.80	17.50	14.70	15.77
农业劳动者	84.20	67.40	42.90	40.30	4.69
无业失业半失业人员	—	4.60	4.80	5.90	2.30
合计	100	100	100	100	100

资料来源：1952 年和 1978 年的数据根据相关统计文献估算得出，具体参见陆学艺（2002b：44~47）；2001 年数据根据全国抽样调查数据测算；2006 年数据根据 2005 年国家统计局 1% 人口抽样调查资料与 2006 年中国社会科学院社会学研究所全国综合社会调查数据推算，具体参见陆学艺（2018：22）；2019 年的数据来自"新时代特大城市居民生活状况调查"。

为了更直观地考察特大城市社会阶层结构的特征，本研究绘制了 1952 年、1978 年、2001 年、2006 年全国社会阶层结构形态图和 2019 年特大城市社会阶层结构形态图。可以看出，1952 年，我国的社会阶层结构形态为典型的"金字塔型"，在社会阶层结构的底部是规模庞大的农业劳动者阶层（见图 1-9）；1978 年，我国的社会阶层结构是社会主义计划经济体制下的"两阶级一阶层"结构，由于缺乏私营企业主阶层和个体工商户阶层，十大社会阶层结构尚未形成（见图 1-10）；从 2001 年到 2006 年，在经济社会双重转型之下，原有的"两阶级一阶层"的社会阶层结构逐步分化为由十大社会阶层组成的结构，其中农业劳动者阶层的规模不断缩小，流向其他社会阶层，而国家与社会管理者阶层、私营企业主阶层、经理人员阶层、专业技术人员阶层、办事人员阶层、个体工商户阶层和商业服务业从业人员阶层的比例都有不同程度的增加，可以说经济发展以及产业结构和职业结构的趋高级化，使得社会中间层得到壮大，但是全国的社会阶层结构形态仍然呈"金字塔型"（见图1－11和图1－12）。从图1－13可以看到，2019年特大城市社会阶层结构形态与2006年全国社会阶层结构形态相比有了较大改变，社会阶层结构形态趋近于"橄榄型"。张海东（2017b）认为，我国特大城市的"橄榄型"社会结构已经初具雏形，这主要是因为特大城市作为改革开放前沿地区，市场化程度较高；同时，各种产业聚集，吸引了大量具有较高素质和技能或者说具有较高市场能力的人员，这些因素使得特大城市在社会中间层的培育方面具有明显优势。

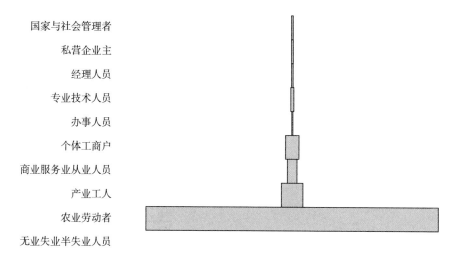

国家与社会管理者

私营企业主

经理人员

专业技术人员

办事人员

个体工商户

商业服务业从业人员

产业工人

农业劳动者

无业失业半失业人员

图1－9　1952年全国社会阶层结构形态

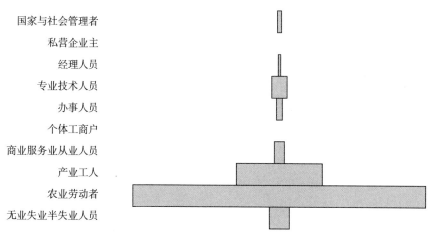

国家与社会管理者

私营企业主

经理人员

专业技术人员

办事人员

个体工商户

商业服务业从业人员

产业工人

农业劳动者

无业失业半失业人员

图1－10　1978年全国社会阶层结构形态

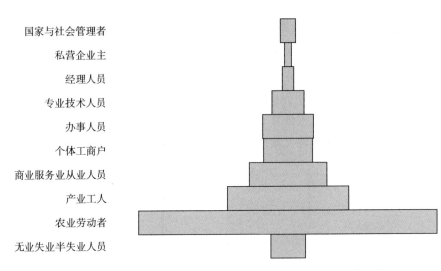

国家与社会管理者

私营企业主

经理人员

专业技术人员

办事人员

个体工商户

商业服务业从业人员

产业工人

农业劳动者

无业失业半失业人员

图 1-11　2001 年全国社会阶层结构形态

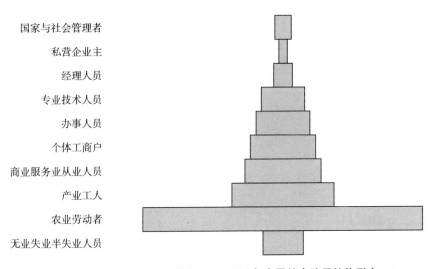

国家与社会管理者

私营企业主

经理人员

专业技术人员

办事人员

个体工商户

商业服务业从业人员

产业工人

农业劳动者

无业失业半失业人员

图 1-12　2006 年全国社会阶层结构形态

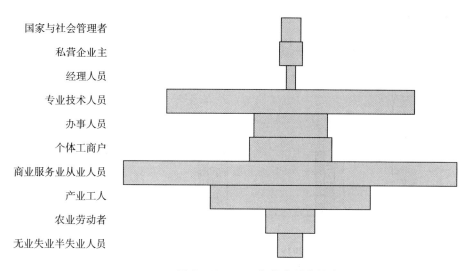

图 1 - 13　2019 年特大城市社会阶层结构形态

国家与社会管理者
私营企业主
经理人员
专业技术人员
办事人员
个体工商户
商业服务业从业人员
产业工人
农业劳动者
无业失业半失业人员

李培林和崔岩（2020）利用"中国社会状况综合调查"（CSS）2008～2019 年的数据，对我国社会职业阶层结构的变化进行了分析。该研究首先将我国的职业阶层结构划分为工业工人、服务业工人、农民、专业技术人员、中小民营企业主、干部、企事业单位办事职员和自由职业者，然后把农民和工业工人（蓝领）之外的从业人员全部划为服务业从业人员（白领），进而将八个职业阶层进一步简化为白领、蓝领、农民三大职业群体。类似地，本研究也对特大城市十大社会阶层做了简化处理，将国家与社会管理者、私营企业主、经理人员、专业技术人员、办事人员、个体工商户和商业服务业从业人员全部划为白领，将产业工人划为蓝领（工业工人），将农业劳动者划为农民，进而将特大城市职业结构简化为农民、白领、蓝领（工业工人）和无业失业半失业人员。如图 1 - 14 所示，从 2008 年到 2019 年，全国范围内农民的比例减少了 14.3 个百分点，而白领的比例增加了 17.3 个百分点。截至 2019 年，可以大体得到一个 56∶44 的简化结构，即白领占 55.70%，而蓝领（工业工人）和农民占 44.30%。本研究的数据显示，2019 年，特大城市的职业结构为 77∶23 的结构，白领占 77.24%，蓝领（工业工人）、农民和无业失业半失业人员占 22.76%。根据美国劳工组织的数据，目前经济发达国家白领的比重很大，例如，美国白领的比例为 77.57%，英国为 69.24%，德国为 65.85%，日本为 63.79%，瑞典为 72.11%，澳大利亚为 71.13%（李强，2016）。可以说，当前我国特大城市中白领的比例已经达到发达国家的水平。

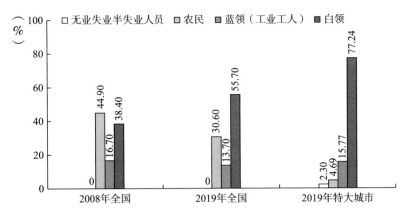

图1-14 2008年、2019年我国及2019年特大城市职业阶层的变化

资料来源：2008年和2019年全国层面的数据来自李培林、崔岩（2020：52）。

本章参照十大社会阶层分类方法对北京、天津、上海、杭州、广州、深圳、武汉、长沙、重庆、成都这十个特大城市的社会阶层进行划分，在分析十大社会阶层的构成和特征的基础上，揭示了特大城市社会阶层结构形态。研究发现，以国家与社会管理者、私营企业主、经理人员、专业技术人员、办事人员、个体工商户和商业服务业从业人员为代表的白领构成了特大城市社会阶层结构的主体，总体而言，我国特大城市的"橄榄型"社会结构已经初具雏形。

（本章主体内容首发于陈光金主编《2021年中国社会形势分析与预测》，社会科学文献出版社2020年12月版）

第二章　特大城市居民的阶层流动及特征

苏　迪

改革开放以来，特别是市场化改革之后，中国社会经济发展进入了快车道，社会体制逐步由再分配体制向市场体制转变，这些对我国社会阶层结构的变迁产生了重要的影响，分层标准逐渐多元化，社会流动率提高，向上社会流动的机会和空间增加，社会充满活力（张文宏，2018）。一个开放的、流动的社会可以为个体提供平等的流动机会，向上流动可以显著提高人们的幸福感、公平感和获得感，使人们拥有更加积极的社会态度（李路路、石磊、朱斌，2018）。我国目前已经基本形成了以特大城市为中心的五大城市群——京津冀城市群、长三角城市群、珠三角城市群、成渝城市群、长江中游城市群，这五大城市群在经济发展、城市治理等方面都处于高水平，研究五大城市群的社会流动状况对预测我国未来社会流动的趋势具有重要意义。

一　特大城市居民的代际流动

本研究主要依据陆学艺先生的阶层划分方法，即以职业分类为基础，以组织资源、经济资源和文化资源的占有状况为标准来划分社会阶层，将五大城市群居民划分为国家与社会管理者、私营企业主、经理人员、专业技术人员、办事人员、个体工商户、商业服务业从业人员、产业工人、农业劳动者和无业失业半失业人员这十大社会阶层。通过对比受访者目前/最后一份职业的阶层和受访者14岁时父亲的职业阶层以及祖父的职业阶层，来考察特大城市居民的代际流动情况。本章主要通过代际总流动率、代际向上流动率和代际向下流动率来分析代际流动情况。代际总流动率是指子代与父代分属不同职业阶层的样本占总样本的比例；代际向上流动率是指子代阶层位置高于父代的样本占总样本的比例；代际向下流动率是指子代阶层位置低于父代的样本占总样本的比例。

调查数据显示，近几十年来，我国特大城市居民的职业阶层地位发生了巨大的变化，这与我国社会经济的迅速发展、工业化和城镇化的快速推进及产业结构的不断升级有着密切的关系。从代际职业阶层分布状况来看，与父代相比，我国特大城市居民中农业劳动者阶层的比例降低了34.12个百分点。而专业技术人员阶层和商业服务业从业人员阶层的比例则有了很大幅度的上升，分别占22.88%和33.20%，两者合计占总体的一半以上（56.08%），比父代分别增加了12.70个百分点和19.98个百分点。与祖父代相比，孙代职业阶层地位的变迁更加明显。祖父代的农业劳动者阶层占比高达74.92%，而其他职业阶层的占比均不超过6%（见表2－1）。通过计算可得出，当前我国特大城市居民的代际总流动率为69.49%，其中，代际向上流动率为52.33%，代际向下流动率为17.16%。这反映出当前我国特大城市的社会流动以代际向上流动为主，向上社会流动的渠道畅通，说明社会比较有活力，社会结构呈现开放的特点。

表2－1　特大城市不同代际居民职业阶层分布状况

单位：%

社会阶层	受访者	受访者父亲	受访者祖父
国家与社会管理者	1.45	2.45	1.11
私营企业主	2.27	1.44	0.33
经理人员	0.67	0.73	0.35
专业技术人员	22.88	10.18	4.71
办事人员	8.89	7.01	2.04
个体工商户	7.89	6.28	2.54
商业服务业从业人员	33.20	13.22	3.25
产业工人	15.77	18.98	5.38
农业劳动者	4.69	38.81	74.92
无业失业半失业人员	2.30	0.89	5.35

（一）特大城市居民代际流动以向上流动为主，代际向上流动率稳步上升并保持在较高水平（"90后"除外）

由于我们使用的是截面数据，无法直接反映代际流动率的时期变迁情况，但是我们可以通过不同出生世代的代际流动率变化情况来反映我国特大城市居民代际流动率时期变迁的基本面貌。我们将样本划分为"50后"、"60后"、"70后"、"80后"、"90后"5个世代，通过比较这五个世代出生的群体的代际总流动率、代际向上流动率和代际向下流动率的变化情况来反映我国特大城市居民代际流动率的时期变迁情况。

图2-1反映了五个出生世代特大城市居民的代际流动情况。图2-1显示，"60后"和"70后"的代际总流动率和代际向上流动率明显上升，提高近10个百分点，说明"60后"和"70后"是改革开放之后我国社会出现的结构性机会的最大受益者，这两个世代出生的人在改革开放的红利时期正值青壮年。"80后"的代际总流动率和代际向上流动率虽然也处于高水平，但是增长的趋势已经放缓。而"90后"的代际总流动率和代际向上流动率相对于"80后"有较明显的下降趋势。代际向下流动率一直保持着比较缓慢而平稳的下降趋势。这说明在改革开放之后30年左右的时间里，社会改革和经济的发展带来的巨大的结构性向上流动机会，使正处于职业发展初期和职业上升期的人成为最大的受益者。未来，要想保持较高的流动率，必须建立公平的竞争环境，使有限而稀缺的机会得到合理的分配。

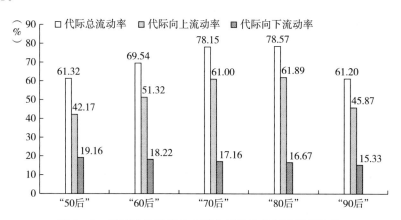

图2-1 不同出生世代特大城市居民的代际流动率比较

（二）特大城市居民的代际流动率在不同户籍居民中存在差异，非户籍居民的代际向上流动率明显更高

表2-2显示了特大城市不同户籍居民的代际流动状况，非户籍居民的

代际总流动率和代际向上流动率都高于户籍居民，分别高出4.13个百分点和8.21个百分点，并且非户籍居民的代际向下流动率为14.34%，低于户籍居民。

表2-2 特大城市不同户籍居民的代际流动状况

单位：%

	户籍居民	非户籍居民
代际总流动率	69.31	73.44
代际向上流动率	50.89	59.10
代际向下流动率	18.42	14.34

（三）五大城市群居民的代际流动率存在一定差异，京津冀城市群居民的代际向上流动率相对较低

五大城市群是我国最发达的城市带，其城市发展各具特色。工业化、城市化程度和产业结构的差异以及社会结构的开放程度可能会导致居民的代际流动率的差异。图2-2给出了我国长三角城市群、京津冀城市群、珠三角城市群、长江中游城市群、成渝城市群居民的代际流动率情况。数据显示，长江中游城市群居民的代际总流动率最高（73.41%），京津冀城市群居民的代际总流动率最低，为66.06%。在代际向上流动率方面，成渝城市群居民最高（55.28%），长三角、珠三角和长江中游城市群居民的代际向上流动率较为接近，都在54.00%左右，京津冀城市群居民的代际向

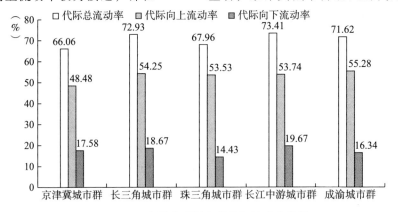

图2-2 五大城市群居民的代际流动率比较

上流动率最低（48.48%）。在代际向下流动率方面，长江中游、长三角和京津冀城市群居民比较接近，珠三角城市群居民的代际向下流动率最低（14.43%）。

上述数据表明，我国特大城市居民的代际流动率总体上处于较高水平。改革开放和经济体制转轨，带来了大量的结构性向上流动机会，使正处于职业发展初期和职业上升期的"60后"和"70后"大大受益。不同户籍居民的代际流动率也呈现差异，非户籍居民的代际总流动率和代际向上流动率都较高。不同城市群居民的代际流动率差异反映了其城市发展的特色、产业结构和社会结构开放程度等的不同。整体来看，代际流动率在时间上、空间上和群体之间都表现出一定的差异，特别是在改革开放后40多年的时间里，代际流动率发生了巨大的变化。

二　特大城市居民的教育代际流动

教育代际流动是社会分层和社会流动研究普遍关注的议题。教育是实现社会流动的主要途径和机制，社会学主要关注教育在社会阶层代际流动中的作用。教育是社会机会链条上的第一环，个体通过接受教育可以获得参与社会竞争所需的重要人力资本，而人力资本的差异是每个个体流向不同社会阶层位置的重要影响因素之一。本研究通过教育代际向上流动率、教育代际未流动率和教育代际向下流动率三个指标来考察我国特大城市居民的教育代际流动情况。通过对比受访者和其父代的受教育程度，将受访者受教育程度高于父代定义为教育代际向上流动，将受访者受教育程度和父代相同定义为教育代际未流动，将受访者受教育程度低于父代定义为教育代际向下流动。

表2-3给出了特大城市居民代际受教育程度的分布情况。从表2-3可以看出，受教育程度为大专及以上的受访者占比相对于其父代有很大的提高，高出31.08个百分点，相对于其祖父代更是增加了41.13个百分点。受教育程度为高中的受访者占比相对于其父代没有明显的变化，但是相对于其祖父代有较明显的提高。受教育程度为初中的受访者占比相对于其父代有所下降，受教育程度为小学及以下的受访者占比相对于其父代有较明显的下降。受访者祖父代的受教育程度主要是以小学及以下为主，占比高

达 80.67%。整体看，特大城市居民的教育代际向上流动率为 74.39%，教育代际未流动率为 22.42%，教育代际向下流动率为 3.19%，说明我国通过教育实现向上流动的渠道是比较开放和畅通的，教育扩招也带来了大量的升学机会。

表 2-3　特大城市居民代际受教育程度分布

单位：%

受教育程度	受访者	受访者父亲	受访者祖父
小学及以下	8.24	31.71	80.67
初中	21.29	29.68	9.40
高中	25.97	25.18	6.55
大专及以上	44.50	13.42	3.37

（一）特大城市居民的教育代际向上流动率稳步提升并保持在较高水平（"90后"除外）

通过对不同出生世代特大城市居民的教育代际流动率进行比较，我们可以看到教育代际流动率随着时间推移的变化情况。数据显示，教育代际向上流动率在最近几十年保持着比较明显的上升趋势，"70后"、"80后"和"90后"的教育代际向上流动率都保持在 75% 以上，"90后"的教育代际向上流动率相对于"80后"稍有下降。教育代际未流动率稳步下降（"90后"除外）。教育代际向下流动率一直保持着下降的趋势，"90后"的教育代际向下流动率降至 1.85%（见图 2-3）。

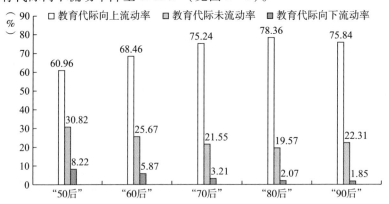

图 2-3　不同出生世代特大城市居民的教育代际流动率比较

（二）特大城市不同户籍居民的教育代际流动率存在一定的差异，非户籍居民的教育代际流动率略高于户籍居民

从表2-4可以看出，非户籍居民的教育代际向上流动率为79.45%，比户籍居民高出7.17个百分点。非户籍居民教育代际未流动率（17.43%）比户籍居民（24.55%）低7.12个百分点。非户籍居民和户籍居民的教育代际向下流动率较为接近，分别为3.13%和3.17%。

表 2-4　特大城市居民不同户籍居民的教育代际流动率

单位：%

	户籍居民	非户籍居民
教育代际向上流动率	72.28	79.45
教育代际未流动率	24.55	17.43
教育代际向下流动率	3.17	3.13

（三）五大城市群居民的教育代际流动率存在差异，珠三角城市群居民的教育代际向上流动率最高

从表2-5中可以看出，珠三角城市群居民的教育代际向上流动率最高（78.51%），长江中游城市群居民的教育代际向上流动率最低，为70.21%。教育代际未流动率最高的是京津冀城市群的居民（26.18%），其次是长江中游城市群的居民（25.34%），长三角城市群居民和珠三角城市群居民的教育未流动率较低，在20%左右。长江中游城市群居民的教育代际向下流动率（4.45%）最高，其次是京津冀城市群居民（3.49%）。

表 2-5　五大城市群居民的教育代际流动率比较

单位：%

	京津冀城市群	长三角城市群	珠三角城市群	长江中游城市群	成渝城市群
教育代际向上流动率	70.33	76.84	78.51	70.21	74.49
教育代际未流动率	26.18	20.50	19.04	25.34	22.51
教育代际向下流动率	3.49	2.66	2.45	4.45	3.00

三　特大城市居民的家庭和个人阶层地位认同

本研究中，特大城市居民的家庭阶层地位认同和个人阶层地位认同变量用"您认为您和您的家庭处在社会上的哪一等级"来测量，阶层地位认同取值为 1～10 分。数据显示，特大城市居民的家庭阶层地位认同 5 年前得分为 5 分的比例最高（28.56%），现在得分为 5 分（32.00%）的比例最高，并且得分为 6～10 分的占比均有一定的提高。5 年后的得分多分布在 5～7 分（分别为 20.62%、20.10%、19.06%），同时得分为 8～10 分占比也有明显的提升。这说明，整体来看，特大城市居民的家庭阶层地位认同在不断提高，现在相比 5 年前有明显提高，5 年后的预期比现在也有明显的提高，特大城市居民对家庭阶层地位有着较好的预期（见表 2-6）。

表 2-6　特大城市居民的家庭阶层地位认同得分情况

单位：%

得分	5 年前	现在	5 年后
1	4.85	3.45	2.44
2	5.94	3.43	2.65
3	13.84	8.11	4.64
4	18.86	12.08	6.54
5	28.56	32.00	20.62
6	14.86	21.21	20.10
7	7.08	11.07	19.06
8	3.83	5.74	15.24
9	0.82	1.08	4.66
10	1.35	1.82	4.06

（一）不同出生世代居民的家庭阶层地位认同存在明显差异

从对不同出生世代居民的家庭阶层地位认同平均得分的比较来看，"50 后"居民 5 年前的家庭阶层地位认同平均得分最高（4.81 分），"90后"居民的家庭阶层地位认同平均得分最低（4.41 分）。居民现在的家庭阶层地位认同平均得分最高的是"80 后"（5.40 分），最低的是"60 后"

（4.97 分），"50 后"、"70 后" 和 "90 后" 的平均得分在 5.2 分左右。居民 5 年后的家庭阶层地位认同平均得分最高的是 "80 后" 和 "90 后"，均为 6.48 分，"60 后" 居民的家庭阶层地位认同的平均得分最低，为 5.63分。从 5 年前和 5 年后居民的家庭阶层地位认同平均得分的差值来看，从 "50 后" 到 "90 后" 分别为 0.91 分、1.08 分、1.30 分、1.78 分和 2.07 分，差值从不到 1 分逐渐增加到 2 分以上（见图 2-4）。

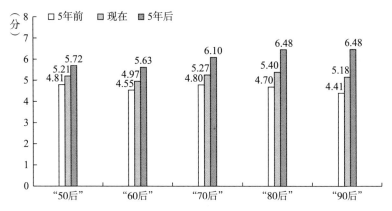

图 2-4　不同出生世代居民的家庭阶层地位认同平均得分比较

（二）非户籍居民和户籍居民的家庭阶层地位认同存在明显差异

表 2-7 给出了不同户籍居民的家庭阶层地位认同平均得分的比较情况。非户籍居民的家庭阶层地位认同平均得分在 5 年前和现在均低于户籍居民，然而 5 年后的平均得分却明显高于户籍居民，这说明非户籍居民对未来 5 年实现家庭阶层地位的提升有更高的预期。

表 2-7　不同户籍居民的家庭阶层地位认同平均得分比较

单位：分

	户籍居民	非户籍居民
5 年前	4.75	4.45
现在	5.25	5.13
5 年后	6.02	6.30

（三）五大城市群居民的家庭阶层地位认同存在一定差异

从五大城市群居民的家庭阶层地位认同平均得分的比较情况可以看出，长三角城市群居民在5年前、现在和5年后的家庭阶层地位认同平均得分均处在高水平，其中5年前和现在的平均得分均居于五大城市群之首，5年后的平均得分（6.24分）位居第二。珠三角城市群居民5年前的家庭阶层地位认同平均得分在五大城市群中最低，然而居民现在的家庭阶层地位认同平均得分上升到了第二位，5年后的家庭阶层地位认同平均得分又上升到首位，在这十年间，居民的家庭阶层地位认同平均得分提升最快。长江中游城市群和成渝城市群居民现在的家庭阶层地位认同平均得分相对于其他城市群居民处于较低水平，分别为5.06分和5.09分。从十年内居民家庭阶层地位认同平均得分的差异来看，京津冀城市群差异最小（1.06分），珠三角城市群差异最大（2.09分）（见图2-5）。

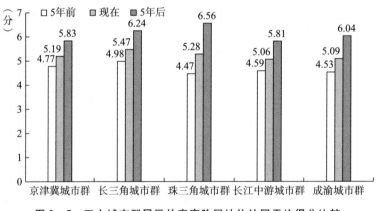

图2-5　五大城市群居民的家庭阶层地位认同平均得分比较

（四）特大城市居民的个人阶层地位认同呈上升的趋势

表2-8给出了特大城市居民个人阶层地位认同的得分情况。特大城市居民个人阶层地位认同5年前的得分多为4分（18.69%）和5分（27.68%），共计占比46.37%，同时得分为3分和6分的占比也较高，分别为15.50%和13.30%。现在的得分多为5分（32.30%）和6分（20.13%），合计占比52.43%，超过了一半，同时得分为7~10分的占比相比于5年前有明显的提升。5年后的得分多集中在5~7分，占比分别为

21.83%、19.80%和17.96%，合计占比为59.59%。同时得分为8～10分的占比也有了非常明显的提升，说明个人阶层地位认同和其家庭阶层地位认同相似，都在不断提高。现在的个人阶层地位认同得分相比5年前有明显提高，而5年后的个人阶层地位认同得分比现在也有很明显的提高，说明人们的主观社会阶层地位认同呈现不断上升的趋势。

表 2 - 8　特大城市居民个人阶层地位认同的得分情况

单位：%

得分	5 年前	现在	5 年后
1	7.27	5.30	3.31
2	7.27	4.89	3.60
3	15.50	9.82	5.89
4	18.69	12.47	7.60
5	27.68	32.30	21.83
6	13.30	20.13	19.80
7	5.76	9.44	17.96
8	3.19	4.18	13.90
9	0.47	0.57	3.41
10	0.86	0.90	2.70
合计	100	100	100

从特大城市不同出生世代居民个人阶层地位认同平均得分的比较（见图 2 - 6）情况来看，从5年前居民个人阶层地位认同的平均得分看，"50后"（4.61分）、"70后"（4.58分）和"80后"（4.49分）居民较高，且比较接近，"60后"（4.26分）居民较低，"90后"居民最低，仅为3.98分。从居民现在个人阶层地位认同的平均得分来看，"80后"居民得分最高（5.20分），"50后"（4.88分）、"70后"（4.96分）和"90后"居民（4.86分）都在4.9分左右，居于中间水平，而"60后"得分最低，只有4.57分。从5年后居民个人阶层地位认同平均得分看，"60后"居民个人阶层地位认同平均得分最低（5.21分），"90后"居民平均得分最高（6.40分）。相对来说，"60后"居民无论在5年前、现在还是5年后，个人阶层地位认同的平均得分都比较低。"90后"居民5年前的个人阶层地位认同平均得分和5年后的个人阶层地位认同平均得分相差最大，达到

2.42 分。

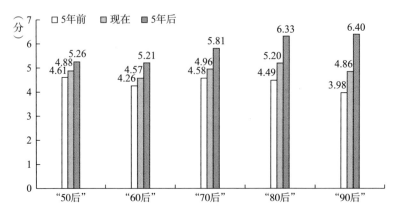

图 2 - 6　特大城市不同出生世代居民个人阶层地位认同平均得分比较

（五）非户籍居民和户籍居民的个人阶层地位认同之间存在明显差异，非户籍居民个人阶层地位认同上升更快

表 2 - 9 给出了不同户籍居民的个人阶层地位认同平均得分的比较情况。调查数据显示，非户籍居民 5 年前和现在的个人阶层地位认同平均得分均低于户籍居民，特别是 5 年前的平均得分比户籍居民低了 0.41 分。与家庭阶层地位认同平均得分类似，非户籍居民 5 年后的个人阶层地位认同平均得分略高于户籍居民。这表明，非户籍居民比户籍居民对于未来阶层地位上升有更高的预期。

表 2 - 9　不同户籍居民的个人阶层地位认同平均得分比较

单位：分

	户籍居民	非户籍居民
5 年前	4.51	4.10
现在	4.94	4.80
5 年后	5.73	6.05

（六）五大城市群居民的个人阶层地位认同平均得分存在一定差异

从五大城市群居民个人阶层地位认同平均得分的比较（见图 2 - 7）情

况可以看出，5 年前个人阶层地位认同平均得分最高的是长三角城市群居民（4.73 分），长江中游城市群居民和成渝城市群居民得分最低，均为 4.17 分，比得分最高的长三角城市群居民低了 0.56 分。现在个人阶层地位认同平均得分最高的同样是长三角城市群居民（5.17 分），珠三角城市群居民（5.11 分）次之。其余三个城市群居民的平均得分都低于 5 分。平均得分最低的长江中游城市群居民比最高的长三角城市群居民低了 0.58 分。5 年后个人阶层地位认同平均得分最高的是珠三角城市群居民（6.40 分），京津冀城市群居民（5.59 分）、长江中游城市群居民（5.46 分）和成渝城市群居民（5.65 分）平均得分比较接近。整体来看，无论是 5 年前、现在还是 5 年后，长三角城市群居民的个人阶层地位认同平均得分均处于较高水平，成渝城市群居民相应的平均得分均处于较低水平，长江中游城市群居民相应的平均得分均为最低分。

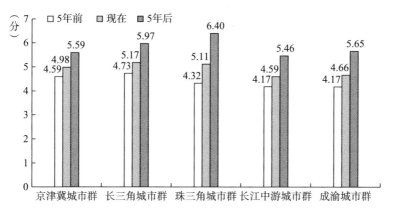

图 2 - 7　五大城市群居民个人阶层地位认同平均得分比较

（七）客观阶层地位较高群体的主观阶层地位认同往往向下偏移，而客观阶层地位较低群体的主观阶层地位认同往往向上偏移

在表 2 - 10 中，我们将第一节中受访者的客观阶层地位和本节的主观阶层地位认同放在一起进行比较，先将客观阶层划分为十个阶层，然后将每个阶层的占比与对应的主观阶层地位认同的占比作比较，再按照合并后的五大阶层的占比分别与主观阶层地位认同相应得分的群体占比进行对比。整体来看，主观阶层地位认同得分主要集中在 5 分和 6 分，合计占比达到 52.43%，客观阶层相对比较分散，占比最高的是商业服务业从业人

员阶层，占33.20%。国家与社会管理者阶层（1.45%）和私营企业主阶层（2.27%）在社会整体中的占比明显高于主观阶层地位认同得分为10分（0.90%）和9分（0.57%）的占比，说明这两个阶层存在主观阶层地位认同向下偏移的情况。专业技术人员阶层（22.88%）的占比明显高于主观阶层地位认同得分为7分（9.44%）的占比，也存在主观阶层地位认同向下偏移的情况。商业服务业从业人员阶层（33.20%）和产业工人阶层（15.77%）则可能存在主观阶层地位认同向上偏移的情况，占比都明显高于相对应的主观阶层地位认同得分为4分（12.47%）和3分（9.82%）的占比。综合来看，客观阶层较高群体的主观阶层地位认同往往向下偏移，而客观阶层较低群体的主观阶层地位认同往往向上偏移。

将国家与社会管理者阶层、私营企业主阶层和经理人员阶层合并为管理者阶层，则管理者阶层在社会整体中占比为4.39%，主观阶层地位认同得分为8～10分的占比为5.65%，两者相差1.26个百分点。专业技术人员阶层占比（22.88%）和主观阶层地位认同得分为7分的占比（9.44%）相差较大。由办事人员阶层和个体工商户阶层组成的一般非体力劳动阶层在社会中占比为16.78%，和主观阶层地位认同得分为5分和6分的合计占比（52.43%）相差较大。由商业服务业从业人员阶层和产业工人阶层构成的工人阶层占比为48.97%，主观阶层地位认同得分为3分和4分的合计占比为22.29%，两者相差较大。农民阶层占比（4.69%）与主观阶层地位认同为2分的农业劳动者阶层占比较为接近。这样来看，管理者阶层的主观阶层地位认同与客观阶层的实际情况比较一致，专业技术人员阶层的主观阶层地位认同存在向下偏移的情况，农民阶层的主观阶层地位认同与客观阶层也比较一致。

表2-10 个人客观阶层地位与主观阶层地位认同比较

单位：%，分

		客观阶层地位占比	主观阶层地位占比	得分
管理者阶层	国家与社会管理者阶层	1.45	0.90	10
	私营企业主阶层	2.27	0.57	9
	经理人员阶层	0.67	4.18	8
专业技术人员阶层	专业技术人员阶层	22.88	9.44	7

		客观阶层地位占比	主观阶层地位占比	得分
一般非体力 劳动阶层	办事人员阶层	8.89	20.13	6
	个体工商户阶层	7.89	32.30	5
工人阶层	商业服务业从业人员阶层	33.20	12.47	4
	产业工人阶层	15.77	9.82	3
农民阶层	农业劳动者阶层	4.69	4.89	2
	无业失业半失业人员阶层	2.30	5.30	1
合计		100	100	

四　小结

本研究基于"新时代特大城市居民生活状况调查"的相关数据，对我国特大城市居民的阶层流动状况进行了描述分析。研究发现，职业代际流动、教育代际流动和主观阶层地位认同在不同出生世代居民、不同户籍居民和五大城市群居民之间均存在明显的差异。整体上，不同出生世代居民的代际流动率差异和代际流动率不断上升的趋势，反映了改革开放之后经济迅速发展，为社会带来了大量的结构性向上流动的机会和空间。与户籍居民相比，非户籍居民的代际向上流动率明显更高，说明更多的非户籍居民实现了向上社会流动。代际流动率在五大城市群之间的差异说明，虽然宏观社会结构的变迁为社会整体的代际向上流动提供了机会，但是不同城市经济发展的模式、城市发展速度和产业结构等因素会对代际向上流动产生了一定的影响。整体来看，我国社会流动率受到很多因素的影响，代际流动率随时期的变化最为明显，代际向上流动率经过快速的提升后保持在较高的水平。

第三章 特大城市居民的职业流动

袁 博

众多研究表明，现代社会的职业身份获得往往受个体的受教育水平、家庭背景，以及社会网络等多重因素的影响，使得原本并不具有道德或价值判断的职业分类开始暗含地位获得与资源分配，乃至社会文化等方面的巨大差异。而这些因职业身份不同导致的社会差异，正是引发社会分层与不平等问题的重要原因之一。由此可知，职业对于人们社会境遇的影响是巨大的。那么，建构开放且公平的社会流动通道，对个体社会地位的获得及建构良性的社会阶层结构来说都是至关重要的。

作为社会流动研究的关键组成部分，职业流动又可分为垂直视角下的代际流动和水平视角下的代内流动。前者主要关注父子两代人或多代人之间的职业地位差异与阶层地位传递；而后者则重点关注个体劳动者职业生涯的变动，尤其是初职与现职之间的职位变化及其影响因素。本章主要基于特大城市的调查数据，将分析重点放在代内职业流动方面。

一 特大城市居民的职业构成

本节主要从调查数据的描述性层面出发，勾勒出目前我国十个特大城市居民的基本就业状况与职业类别分布情况。另外，将其中部分调查数据与国家统计局数据做对比分析，目的是更好地呈现我国特大城市居民的基本就业状况与职业类别分布特点。

（一）基本就业状况

一个城市居民的就业状况，既是衡量该城市劳动力市场发育的重要指标，也是该城市社会结构健康与否的间接反映。在调查中，我们将受访者的就业状况具体分为四类，分别为"目前从事非农工作"、"目前无工作但曾经工作过"、"全职务农"、"从未工作过"。本节主要从不同城市、性别、年龄维度与就业状况的交互分类入手，描述特大城市居民的基本就业状况。

1. 就业状况的城市差异

不同规模与不同区域的城市劳动力市场，其居民就业特征可能存在一定的差异。首先，从十个特大城市总体的就业状况来看，我国特大城市中有58.69%的居民目前从事非农工作，如果再加上2.59%的全职务农人员，则这十个特大城市的平均就业人口比例将超过六成（61.28%），该比例要比依据国家统计局同期公布的数据计算得出的全国城乡就业人口比例（55.60%）高出5.68个百分点（国家统计局，2019），这说明我国特大城市居民的就业水平要明显高于全国城乡平均水平，反映出特大城市强大的就业吸纳能力。此外，特大城市中有31.52%的居民目前无工作但曾经工作过；还有7.20%的居民从未工作过（见表3-1）。

其次，从不同城市间居民的就业状况来看，杭州有近七成（68.00%）的居民目前从事非农工作，且仅有25.90%的居民处于目前无工作但曾经工作过的状态。相比之下，天津的这两类人员分别占45.20%和48.00%，可见这两个城市居民的就业结构差异较大。此外，深圳目前无工作但曾经工作过的居民仅占15.68%，从未工作过的居民占12.59%，二者之和为28.27%，说明深圳目前只有不到三成的居民处于未就业状态，该比例在十个特大城市中是最低的，究其原因，我们认为这可能与深圳更为年轻的就业人口结构密切相关。

表3-1 特大城市居民就业状况的城市差异

单位：%

	北京	天津	上海	杭州	广州	深圳	武汉	长沙	成都	重庆	合计
目前从事非农工作	56.54	45.20	60.36	68.00	61.04	64.24	57.36	59.51	60.02	54.60	58.69
目前无工作但曾经工作过	38.36	48.00	34.73	25.90	32.57	15.68	36.84	28.47	27.42	27.20	31.52
全职务农	0.80	2.00	1.80	1.60	0.80	7.49	0.80	2.76	2.29	5.60	2.59
从未工作过	4.30	4.80	3.10	4.50	5.59	12.59	5.01	9.26	10.27	12.60	7.20

再次，为了进一步了解特大城市中目前无工作但曾经工作过的居民的具体分布情况，我们将这类人员又具体分为六类："已退休"、"丧失劳动能力"、"单位原因失去工作"、"个人原因离职"、"没有经济压力无须工作"，以及"其他"。由表3－2可知，已退休（64.17%）和个人原因离职（22.20%）的比例要明显高于其他原因，总计占比超过八成。从具体城市看，上海、北京、天津已退休的比例较高，在八成左右；而个人原因离职的比例较低，在11.00%～14.00%之间。相比之下，广州、成都、重庆、长沙四个城市已退休的比例在五成左右，而个人原因离职的比例在26.00%～33.00%之间。上述情况也间接反映出这两类城市目前无工作但曾经工作过的居民的构成差异，这与各自城市的年龄结构、劳动力市场发育、就业压力，以及职业流动有关。

表3－2　特大城市目前无工作但曾经工作过的居民的具体分布

单位：%

	北京	天津	上海	杭州	广州	深圳	武汉	长沙	成都	重庆	合计
已退休	79.74	78.38	80.17	64.86	56.44	63.46	66.12	47.92	56.04	48.52	64.17
丧失劳动能力	1.32	1.25	1.46	0.77	2.45	1.92	3.83	4.17	1.10	5.56	2.38
单位原因失去工作	2.11	6.44	3.79	3.09	6.75	3.21	7.10	5.21	6.23	10.00	5.39
个人原因离职	13.68	11.43	11.95	26.25	29.45	19.23	20.22	32.64	26.74	30.37	22.20
没有经济压力无须工作	1.05	0.62	0.58	0.00	0.61	6.41	0.82	3.13	0.73	0.74	1.63
其他	2.11	1.87	2.04	5.02	4.29	5.77	1.91	6.94	9.16	4.81	4.39

最后，我们将从未工作过的居民样本分为"还在上学"、"毕业后未找到合适工作"、"不想或不需要工作"，以及"其他"四种类型。从数据结果可知，广州（72.88%）、成都（70.09%）、杭州（69.57%）还在上学的居民比例排前三。而深圳毕业后未找到合适工作人员的比例高达31.25%，远超其他城市（见表3－3），我们认为这可能与深圳对年轻大学毕业生的吸引力及大量外来务工人员有关。

表3-3 特大城市从未工作过的居民的具体分布

单位：%

	北京	天津	上海	杭州	广州	深圳	武汉	长沙	成都	重庆	合计
还在上学	62.79	52.00	50.00	69.57	72.88	51.56	54.90	60.42	70.09	58.14	60.24
毕业后未找到合适工作	4.65	10.00	5.56	8.70	6.78	31.25	7.84	9.38	3.74	6.98	9.49
不想或不需要工作	9.30	8.00	13.89	10.87	6.78	5.47	17.65	11.46	11.21	9.30	10.39
其他	23.26	30.00	30.56	10.87	13.56	11.72	19.61	18.75	14.95	25.58	19.89

2. 就业状况的性别差异

传统的性别不平等与现代化过程中的性别分工，导致劳动力市场的性别差异似乎存在于任何一个现代化城市中（武中哲，2017）。从统计数据看，截至2018年，我国城乡人口性别比为104.64（男性占51.13%，女性占48.87%），人口结构从总体上呈现男多女少的状态（国家统计局，2019）。但本次调查数据显示，当前我国特大城市人口的性别结构总体上呈现女多（56.76%）男少（43.24%）的特点。也就是说，虽然目前我国男性人口更多，但在特大城市中女性比例却更高。相反的是，虽然特大城市中女性的比例更高，但在主要劳动力市场的性别差异上，即目前从事非农工作人口的性别比却正好相反：男性占54.33%，女性占45.67%（见表3-4）。这表明，即便特大城市中的女性比例更高，但主要劳动力市场仍然更多地被男性劳动者占据。除此之外，在目前无工作但曾经工作过、全职务农，以及从未工作过这三类人员的性别差异方面，均呈现女性比例高于男性的特点，其中目前无工作但曾经工作过的女性比例（67.63%）更是男性（32.27%）的2倍以上。这也从侧面验证了目前特大城市的劳动力市场仍是以男性为主导的特点。

表3-4 特大城市居民就业状况的性别差异

单位：%

	目前从事非农工作	目前无工作但曾经工作过	全职务农	从未工作过	合计
男	54.33	32.37	45.38	40.86	43.24
女	45.67	67.63	54.62	59.14	56.76

3. 就业状况的年龄差异

人口的年龄构成对一个城市的经济社会发展，尤其是就业结构有着重要的影响。从五大城市群与就业状况相交互的维度来看城市居民的平均年龄，一方面，五大城市群中目前从事非农工作的居民平均年龄为 39.31 岁。相比之下，目前无工作但曾经工作过的居民，以及全职务农居民的年龄均值均超过了 50 岁，而从未工作过的居民年龄均值为 28.98 岁。另一方面，从五大城市群居民的年龄差异看，珠三角城市群目前从事非农工作的居民的年龄均值最小（37.43 岁），而成渝城市群居民的年龄均值最大（40.37 岁），这间接反映出东部地区城市相较于西部地区城市有更多更为年轻的劳动力（见表 3 – 5）。

表 3 – 5　五大城市群居民就业状况的年龄差异

单位：岁

城市群	京津冀	长三角	珠三角	长江中游	成渝	合计
目前从事非农工作	39.78	39.24	37.43	39.71	40.37	39.31
目前无工作但曾经工作过	57.68	56.05	52.60	54.14	52.56	54.61
全职务农	60.07	59.62	58.98	55.03	55.43	57.83
从未工作过	31.56	28.36	25.77	29.52	29.69	28.98
合计	47.27	45.82	43.69	44.60	44.51	43.92

（二）职业类别分布

职业分类是以职业同质性为基本原则，运用既定的规则、标准及方法，对全社会就业人员所从事的各类职业进行分析研究，按照不同职业性质、工作方式，以及技术要求等进行划分与归类的过程（国家职业分类大典修订工作委员会，2015）。在本次调查中，我们按照现行职业分类标准（GB/T 6565 – 2015），将有过工作经历的受访者所从事的职业划分为七大类（现行标准为八大类，此次调查在抽样环节排除了第七类职业"军人"）。本节主要报告基于此职业分类标准，特大城市居民中目前就业人员与曾经就业人员的职业类别分布情况，排除了从未工作过的居民。

1. 职业类别分布的城市差异

一方面，从十个特大城市居民的职业类别分布（见表 3 – 6）的总体情况看，目前我国特大城市居民所从事的最主要的职业大类为社会生产服务和生活服务人员（41.92%）；排在第二位的是专业技术人员（24.65%）。此外，特大城市居民中职业为农林牧渔业生产及辅助人员的比例已经非常小，占比为4.07%。这一职业类别分布的总体情况充分说明，当前我国特大城市居民的职业分布已呈现明显的城市化、服务化，以及技术化的趋势。

另一方面，具体到十个特大城市职业类别分布的差异上，可以发现以下一些突出的差异化表现：（1）北京的专业技术人员比例最高（36.26%），而重庆最低（12.76%），北京专业技术人员的比例是重庆的2.84倍；（2）深圳有半数以上（52.77%）的居民目前或曾经从事社会生产服务和生活服务类工作；（3）重庆有8.05%的居民目前或曾经从事农林牧渔业生产及辅助工作，远高于其他特大城市；（4）天津生产制造及有关人员的比例最高（28.50%），而深圳最低（6.33%），且天津的这一比例几乎是深圳的5倍。上述职业类别分布的差异，说明不同特大城市有不同的产业结构、人口构成，并且对技术精英的吸纳程度不同。

表3－6　特大城市居民职业类别分布的城市差异

单位：%

	北京	天津	上海	杭州	广州	深圳	武汉	长沙	成都	重庆	合计
党政机关、群团组织、企事业单位负责人	3.47	3.71	2.64	5.32	2.35	3.43	3.33	3.41	1.36	1.15	3.02
专业技术人员	36.26	22.56	24.21	27.98	29.63	29.29	21.67	22.31	19.80	12.76	24.65
办事人员和有关人员	10.31	10.17	11.84	10.64	6.74	3.17	10.41	7.80	12.78	4.83	8.87
社会生产服务和生活服务人员	32.36	31.57	36.26	40.53	42.57	52.77	42.81	46.15	45.36	48.85	41.92
农林牧渔业生产及辅助人员	1.63	3.18	3.07	2.66	3.42	4.62	2.68	5.49	5.88	8.05	4.07
生产制造及有关人员	14.66	28.50	21.78	12.45	13.69	6.33	18.88	14.18	14.59	23.68	16.87
不便分类的其他人员	1.30	0.32	0.21	0.43	1.60	0.40	0.21	0.66	0.23	0.69	0.60

2. 职业类别分布的户籍差异

一方面，从五大城市群居民总体分户籍的职业类别分布看，本地户籍居民在党政机关、群团组织、企事业单位负责人，专业技术人员，办事人员和有关人员，以及生产制造及有关人员这四个职业大类的比例上均高于外地户籍居民；而在社会生产服务和生活服务人员，以及农林牧渔业生产及辅助人员这两个职业大类的比例上则低于外地户籍居民（见表3-7）。这从侧面反映出当前我国特大城市劳动力市场仍然存在较为明显的户籍分割，表现为本地户籍居民从事管理类和技术类职业的比例明显高于外地户籍居民，本地户籍居民在主要劳动力市场上仍占据绝对优势。

另一方面，从五大城市群居民分户籍的职业类别分布看，可以发现一些特点：（1）珠三角城市群和成渝城市群的居民在党政机关、群团组织、企事业单位负责人这一职业大类上的比例并无明显的户籍差异；（2）成渝城市群的外地户籍居民在专业技术人员这一职业大类上的比例（17.11%）高于本地户籍居民（16.12%）；（3）长三角城市群的外地户籍居民在生产制造及有关人员这一职业大类上的比例（21.64%）明显高于本地户籍居民（15.50%）。上述差异也反映出不同城市群在就业与产业结构上的差异，例如，长三角城市群对外来生产制造业人员更有吸引力，成渝城市群对外地技术性人才更有吸引力。

表3-7　五大城市群居民职业类别分布的户籍差异

单位：%

城市群	京津冀		长三角		珠三角		长江中游		成渝		合计	
	外地	本地	外地	本地	外地	本地	外地	本地	外地	本地	外地	本地
党政机关、群团组织、企事业单位负责人	4.03	1.74	4.77	1.68	2.88	2.79	4.01	1.49	1.24	1.32	3.39	1.80
专业技术人员	30.20	25.51	28.09	20.17	34.17	22.17	22.83	19.62	16.12	17.11	26.28	20.91
办事人员和有关人员	11.50	4.64	13.09	5.67	7.77	0.93	10.94	3.62	9.26	7.37	10.51	4.45
社会生产服务和生活服务人员	28.22	47.83	36.06	45.59	41.17	56.43	40.41	56.29	44.78	55.00	38.13	52.23
农林牧渔业生产及辅助人员	2.18	3.48	2.13	5.04	2.11	6.98	2.84	7.68	7.59	4.74	3.37	5.58
生产制造及有关人员	23.00	16.23	15.50	21.64	10.65	9.92	18.53	10.87	20.57	13.95	17.65	14.52
不便分类的其他人员	0.86	0.58	0.36	0.21	1.25	0.78	0.44	0.43	0.44	0.53	0.67	0.50

二 特大城市居民①的职业流动特征

本节将主要围绕特大城市居民的代内职业流动特征展开，从在职居民的具体职业流动频次、流动原因、流动途径，以及流动类型四个方面对流动特征进行归纳。

（一）职业流动频次

作为职业流动最为直接、显著的描述性特征，个体的职业流动频次或职业群体的职业流动率，能够直观地反映一个社会的流动情况与活力。在本研究中，我们将特大城市在职居民的职业流动频次定义为：从初职到现职期间更换工作的次数。需要说明的是，如果不对在职居民的出生世代进行划分，那么理论上在职居民的职业流动频次可能会与其出生世代有较强的共线性特征，所以在分析职业流动频次时，我们还将目前特大城市在职居民具体划分为四个出生世代："50/60 后"（1954～1969 年生）、"70 后"（1970～1979 年生）、"80 后"（1980～1989 年生）、"90/00 后"（1990～2001 年生）。通过对比不同出生世代在职居民的职业流动频次，能够更清晰地了解我国特大城市居民的职业流动情况。

1. 流动频次的出生世代差异

首先，从没有区分出生世代的十个特大城市在职居民的总体流动频次的分布看，换过工作的居民比例（50.15%）与未换过工作的居民比例（49.85%）大约各占一半，其中换过 1～2 次工作的居民比例为 29.27%，而换过 3 次及以上工作的居民比例为 20.88%，所以从总体上看，我国特大城市在职居民的职业流动性是比较高的（见表 3-8）。

其次，从区分出生世代的十个特大城市在职居民的职业流动频次的分布看，可以发现：（1）"80 后"在职居民未换过工作的比例最小（45.62%），即"80 后"在职居民中有 54.39% 的人换过工作，而"90/00 后"在职居民中仅有 43.59% 的人换过工作；（2）"70 后"在职居民换过 3 次及以上

---

① 需要说明的是，本节与第三节中所称的特大城市居民，指的是目前从事非农工作的在职居民，不包含目前无工作但曾经工作过的居民、全职务农居民，以及从未工作过的居民。

工作的比例最高（24.00%），说明 40～49 岁年龄段的在职居民相对而言换工作更为频繁（见表 3－8）。

表 3－8　特大城市在职居民职业流动频次的出生世代差异

单位：%

	"50/60 后"	"70 后"	"80 后"	"90/00 后"	合计
未换过工作	47.47	49.91	45.62	56.41	49.85
换过 1～2 次工作	30.51	26.09	31.58	28.89	29.27
换过 3 次及以上工作	22.02	24.00	22.81	14.70	20.88

2. 流动频次的城市差异

一方面，从没有区分出生世代的十个特大城市在职居民职业流动的总体均值看，在职居民的职业流动总体均值为 2.56 次，也就是说，目前从事非农工作的特大城市居民，在其过往的职业生涯中，已平均换过 2 次以上的工作。其中重庆在职居民的职业流动总体均值为 3.04 次，在十个特大城市中位居第一；而深圳在职居民的职业流动总体均值仅为 1.73 次，排在十个特大城市末尾。可见，职业流动总体均值最高的城市要比最低的城市高 1.31 次，差异较大。

另一方面，从区分出生世代的十个特大城市在职居民分世代的职业流动均值看，可以发现以下一些特征：（1）在职居民的职业流动频次与出生世代确实存在较强的共线性特征，即年龄越大，其职业流动均值越大；（2）在 "50/60 后" 的在职居民中，重庆在职居民的职业流动均值（4.17 次）最大，而上海最小（2.01 次）；（3）在 "70 后" 在职居民中，长沙在职居民的职业流动均值（3.19 次）最大，而深圳最小（1.93 次）；（4）在 "80 后" 在职居民中，长沙在职居民的职业流动均值（2.97 次）最大，而深圳最小（1.29 次）；（5）在 "90/00 后" 在职居民中，天津在职居民的职业流动均值（2.86 次）最大，而深圳最小（1.61 次）（见表 3－9）。上述数据说明，相较于上海与深圳这类沿海经济发达城市，中西部内陆城市各个出生世代的在职居民的职业流动频次都更高，但这种高频次的职业流动是否带来了职业地位的升迁或收入的增加，还有待进一步考证。

表 3 – 9　特大城市在职居民的职业流动均值分布

单位：次

	北京	天津	上海	杭州	广州	深圳	武汉	长沙	成都	重庆	合计
"50/60 后"	2.33	2.17	2.01	2.98	3.27	2.08	2.41	3.19	2.56	4.17	2.72
"70 后"	2.79	2.34	2.49	2.61	2.88	1.93	2.45	3.19	3.16	2.91	2.68
"80 后"	2.60	2.19	2.21	2.42	2.77	1.29	2.88	2.97	2.72	2.76	2.48
"90/00 后"	2.11	2.86	1.71	2.58	2.16	1.61	2.72	2.64	2.36	2.31	2.31
合计	2.46	2.39	2.11	2.65	2.77	1.73	2.62	3.00	2.70	3.04	2.56

（二）职业流动原因

人们为什么换工作？从职业流动的方向和动机看，一些人可能是主动"跳槽"以谋求更高的收入、更好的工作环境，或职业地位的升迁；而另一些人则可能是因为组织调动、单位倒闭，或被解雇而被动离职（吕晓兰、姚先国，2013）。本节从特大城市在职居民职业流动的原因入手，基于前人研究经验，将人们换工作最主要的原因分为 9 类："组织调动"、"挣钱少"、"工作太苦太累"、"原单位倒闭"、"自己创业"、"原单位人际环境不佳"、"家庭相关（如孩子上学、照顾老人等）"、"被解雇"和"其他"。考虑到不同出生世代居民的职业流动原因可能深受其所处时代的社会环境与经济文化因素影响，所以我们将从职业流动的出生世代差异与城市差异两方面来解析特大城市在职居民最近一次换工作最主要的原因。

1. 流动原因的出生世代差异

首先，从特大城市在职居民最近一次换工作最主要的原因看：一方面，有 31.16% 的在职居民最近一次换工作最主要的原因是挣钱少；另一方面，有 16.15% 的在职居民最近一次换工作最主要的原因是家庭相关（如孩子上学、照顾老人等），其他各类原因，例如自己创业、组织调动、原单位倒闭等累计占比为 52.69%。这说明我国特大城市在职居民考虑是否换工作的最主要原因有二，即收入和家庭因素（见表 3 – 10）。

其次，从划分出生世代的视角看职业流动的原因，可以发现以下一些特征：（1）相比其他出生世代在职居民，"50/60 后"在职居民更多的是因为组织调动（10.94%）、原单位倒闭（12.83%），以及被解雇（3.02%）等换工作；（2）与其他出生世代在职居民相比，"70 后"在职居民更多的是因为自己创业（10.41%）而离开原工作单位；（3）相比其他出生世代在职居民，"80后"在职居民更多的是因为家庭相关（如孩子上学、照顾老人等）（20.92%）、原单位人际环境不佳（4.38%）而换工作；（4）与其他出生世代在职居民相比，"90/00后"在职居民更多的是因为挣钱少（40.82%）或工作太苦太累（8.57%）而离开原工作单位（见表3－10）。上述数据充分验证了出生于不同世代的在职居民职业流动原因的时代性特征，而且这一特点也较为符合大众对不同出生世代人群的主观印象。

表3－10　特大城市在职居民最近一次换工作原因的出生世代差异

单位：%

	"50/60后"	"70后"	"80后"	"90/00后"	合计
组织调动	10.94	8.25	6.67	4.49	7.59
挣钱少	21.32	28.23	34.26	40.82	31.16
工作太苦太累	8.49	5.62	6.67	8.57	7.34
原单位倒闭	12.83	8.85	4.78	5.71	8.04
自己创业	9.62	10.41	9.36	10.82	10.05
原单位人际环境不佳	2.83	3.35	4.38	3.27	3.46
家庭相关（如孩子上学、照顾老人等）	13.77	20.10	20.92	9.80	16.15
被解雇	3.02	1.20	0.50	0.82	1.38
其他	17.17	14.00	12.45	15.71	14.83

2. 流动原因的城市群差异

从不同城市群在职居民最近一次换工作的原因差异看，可以发现：（1）相比其他城市群在职居民，京津冀城市群在职居民更多的是因为组织调动（9.68%）或原单位倒闭（9.01%）而离开原工作单位；（2）相比其他城市群在职居民，珠三角城市群在职居民更多的是因为挣钱少（36.87%）、自己创业（14.29%）、原单位人际环境不佳（4.44%）而离开原工作单位；（3）相比其他城市群在职居民，长江中游城市群在职居民更多的是因为家庭相关（如孩子上学、照顾老人等）（25.16%）或被解雇（2.20%）而离开原工作单位；（4）相比其他城市群在职居民，成渝城市群在职居民更多的是因为工作太苦太累（10.59%）而离开原工作单位（见表3－11）。上述数据反映出不同城市群居民因城市经济发展程度不同，或社会文化环境差异导致的不同类型的职业流动。例如，京津冀城市群在职居民更依赖单位组织，珠三角城市群在职居民更看重收入或自我价值的实现，长江中游城市群在职居民更重视家庭因素，而成渝城市群在职居民更关注工作强度。

表 3 - 11 五大城市群在职居民最近一次换工作原因的城市群差异

单位：%

城市群	京津冀	长三角	珠三角	长江中游	成渝	合计
组织调动	9.68	8.91	7.92	6.45	5.21	7.63
挣钱少	33.78	33.95	36.87	19.65	33.57	31.57
工作太苦太累	6.31	6.93	5.79	5.50	10.59	7.02
原单位倒闭	9.01	6.93	5.41	8.18	8.80	7.66
自己创业	6.98	9.34	14.29	11.48	7.36	9.89
原单位人际环境不佳	3.60	3.68	4.44	2.67	3.77	3.63
家庭相关（如孩子上学、照顾老人等）	12.61	12.16	16.99	25.16	19.57	17.30
被解雇	0.90	1.13	0.77	2.20	0.90	1.18
其他	17.12	16.97	7.53	18.71	10.23	14.11

（三）职业流动途径

职业流动途径，或称职业流动渠道，通常指的是就业者获取工作的方式。获取工作的方式有很多，主要包括"顶替父母/亲属"、"国家招录、分配/组织调动"、"个人直接申请/应聘"、"他人推荐"、"家族企业/公司"，以及"其他"。出于研究需要，学者们一般会将上述流动途径进行分组归类，以便分析。例如将国家招录、分配/组织调动及个人直接申请/应聘归为"正式途径"，而将他人推荐、顶替父母/亲属归为"非正式途径"（陆德梅，2005）。在本节中，因考虑到有过工作经历的受访者年龄跨度较大，其职业获取方式可能会受到不同时代背景下经济政策的间接影响，所以为了更好地凸显这种出生世代差异，我们采取相关学者的归类方法，将顶替父母/亲属和国家招录、分配/组织调动这两种方式定义为"计划分配途径"；将个人直接申请/应聘方式定义为"市场途径"；将他人推荐与家族企业/公司定义为"社会网络途径"（边燕杰、张文宏，2001）；此外，还有其他一些混合或无法归类的途径。在本节中，我们将重点分析特大城市目前在职且有过职业流动经历的居民获取现职的主要途径。

1. 流动途径的出生世代差异

从出生世代差异看，（1）相比其他出生世代居民，"50/60后"居民更多的是通过社会网络途径（22.92%）和计划分配途径（13.72%）获取现职；（2）相比其他出生世代居民，"70后"居民更多的是通过其他途径（13.62%）获取现职；（3）相比其他出生世代居民，"90/00后"居民更多的是通过市场途径（73.77%）获取现职（见表3-12）。而上述数据也验证了，在不同的时代背景下，不同的经济政策于对特大城市居民职业流动途径有不同的影响，且这种影响具有惯性。具体来说，"50/60后"居民初入劳动力市场时，国家尚处于计划经济时期，再分配制度主导着劳动力市场，人们大多只能通过顶替父母/亲属或国家招录、分配/组织调动的途径进入职场，而目前的数据结果也表明，这种计划分配途径在这代人现职获取方面，仍然具有较强的延续性。"70后"居民初入职场时，我国进入了以计划经济为主、市场经济为辅的时期，虽然职业获取不再局限于计划分配途径，但市场制度并不健全，完全自由的职业流动通道尚未形成，所以在此期间，通过市场、计划分配、社会网络等混合（其他）途径获取就业信息成为这一阶段的特征。而"90/00后"居民进入劳动力市场时，我国已形成比较健全的市场机制，开放的职业流动通道、规范的劳动合同，以及双向选择机制，让"90/00后"居民能够更加自由地通过市场途径获取工作。

表3-12　特大城市居民职业流动途径的出生世代差异

单位：%

	"50/60后"	"70后"	"80后"	"90/00后"	合计
计划分配	13.72	7.33	5.96	2.96	7.49
市场	50.72	60.88	68.97	73.77	63.59
社会网络	22.92	18.16	14.41	15.38	17.72
其他	12.64	13.62	10.68	7.89	11.20

2. 流动途径的城市群差异

首先，从五大城市群居民职业流动途径的总体分布看，有超过六成（64.60%）的居民是通过市场途径，即通过个人直接申请/应聘的方式获取现职；而通过计划分配途径（7.39%）获取现职的比例不到通过社会网络途径（16.92%）获取现职比例的一半（见表3－13）。这说明，目前五大城市群居民职业流动的主要途径是通过市场，辅以社会网络途径，但仍有部分居民的职业流动途径是计划分配（组织调动）。

其次，从不同城市群居民职业流动途径的差异看，可得出以下几个特点：（1）珠三角城市群居民职业流动途径的市场化程度最高（71.77%），而长江中游城市群最低（54.92%）；（2）京津冀城市群和长三角城市群均有10%左右的居民通过计划分配途径获取现职，远高于其他城市群居民；（3）成渝城市群和长江中游城市群有超过1/5的居民依靠社会网络途径获取现职，高于其他三个沿海城市群。上述数据反映出目前我国东部地区特大城市与中西部地区特大城市居民在职业流动途径上的巨大差异，即在以市场机制主导的前提下，东部地区居民更倾向于通过计划分配途径和市场途径获取现职，而中西部地区居民更倾向于通过社会网络途径获取现职（见表3－13）。

表3－13 五大城市群居民职业流动途径的城市群差异

单位：%

城市群	京津冀	长三角	珠三角	长江中游	成渝	合计
计划分配	10.86	9.65	6.92	5.54	3.99	7.39
市场	68.07	62.36	71.77	54.92	65.86	64.60
社会网络	12.20	16.03	13.11	22.62	20.62	16.92
其他	8.87	11.96	8.20	16.92	9.53	11.10

（四）职业流动类型

根据不同的研究目的与研究者的分析视角，职业流动可被分为多种类型。除了传统意义上的城乡流动外，还可以根据劳动力所处部门划分跨越体制内外的职业流动（郑路，1999），根据产业结构划分跨越"开放－垄断"产业的职业流动（张展新，2004），根据流动原因区分主动流动与被动流动，等等（吕晓兰、姚先国，2013）。在本节中，我们更加关心在市场化机制得以充分发展的今天，在特大城市的劳动力市场中，是否仍然存在以体制分割为代表的"结构壁垒"（边燕杰等，2006）。所以，我们通过区分目前在职且有过职业流动经历的受访者的初职与现职单位类型，将其职业流动经历划分为四类:"体制内流向体制外"、"体制外流向体制内"、"体制内单向流动"及"体制外单向流动"①。通过分析这几种职业流动类型分布的城市差异,以及基于流动表分析的流入率与流出率,笔者尝试描述我国特大城市居民目前职业流动类型的现状。

1. 流动类型的城市群差异

一方面,从总体分布看,在那些目前在职且有过职业流动经历的居民中,有近六成(57.93%)的居民仅是在体制外单向流动,即初职在体制外工作且现职仍在体制外工作;仅有26.94%目前在职且有过职业流动经历的居民经历过跨体制的职业流动,其中从体制内流向体制外的居民占18.08%,而从体制外流向体制内的居民仅占8.86%(见表3-14)。这一点能够部分验证目前我国的职业流动仍然存在所谓的"体制壁垒"假设,且从体制外向体制内流动的壁垒尤为严重(张海东、杨城晨,2018)。

另一方面,从城市群间的差异看,可得出以下几点结论:(1)长江中游城市群目前在职且有过职业流动经历的居民从体制内流向体制外的比例最高(23.76%),而珠三角城市群的这一比例最低(14.48%);(2)无论是哪个城市群,目前在职且有过职业流动经历的居民从体制外流向体制内的比例均不超过10%;(3)京津冀城市群目前在职且有过职业流动经历的居民在体制内单向流动的比例最高(21.19%),而成渝城市群目前在职且有过职业流动经历的居民在体制外单向流动的比例最高(64.18%)(见表3-14)。上述数据再次证明了确实存在从体制外流向体制内的结构壁垒,且相较于成渝城市群和长三角城市群更多的体制外单向流动而言,京津冀城市群居民更多的是在体制内单向流动。

表3-14 五大城市群居民职业流动类型的城市群差异

单位:%

城市群	京津冀	长三角	珠三角	长江中游	成渝	合计
体制内流向体制外	15.95	17.45	14.48	23.76	18.73	18.08

---

① 体制内单位包括党政机关与人民团体、国有企业及国有控股企业、国有或集体事业单位、集体所有或集体控股企业;体制外单位包括私有/民营或私有/民营控股企业、三资企业、个体工商户、无单位或其他。

城市群	京津冀	长三角	珠三角	长江中游	成渝	合计
体制外流向体制内	9.52	9.30	9.33	7.97	8.18	8.86
体制内单向流动	21.19	14.16	18.65	12.76	8.91	15.13
体制外单向流动	53.33	59.08	57.54	55.50	64.18	57.93

2. 跨体制的职业流动表分析

从特大城市目前在职且有过职业流动经历的居民的跨体制职业流动表看，一方面，职业流动表的行百分比代表流出百分比，记录的是初职相同的人现在分别获得了哪些不同类别的职业。从表 3 – 15 可以看出：初职在体制内的特大城市居民，现在有 44.43% 的人仍留在了体制内，即有55.57% 的人流到了体制外；但初职在体制外的特大城市居民，现在只有13.17% 的人流到了体制内，仍有 86.83% 的人留在体制外。

另一方面，职业流动表的列百分比也被称为流入百分比，记录的是现职相同的人分别来自哪些不同类别的初职职业。从表 3 – 16 可以看出，现职在体制内工作的特大城市居民，有 62.46% 的人初职就在体制内，有37.54% 的人初职在体制外；而现职在体制外的特大城市居民，初职就在体制外的比例达到了 76.00%，仅有 24.00% 的人初职在体制内。上述数据表明，我国特大城市居民的代内职业流动，体现在跨体制职业流动方面，一方面呈现很强的代内继承性，即个体现职的获取，在很大程度上取决于其初职的职业；另一方面也表现出流动遇到体制壁垒，且尤其体现在从体制外流向体制内方面。

表 3 – 15　特大城市居民的跨体制流动：流出百分比

单位：%

初职	现职		合计
	体制内	体制外	
体制内	44.43	55.57	100.00
体制外	13.17	86.83	100.00
合计	28.80	71.20	100.00

表 3-16　特大城市居民的跨体制流动：流入百分比

单位：%

初职	现职		合计
	体制内	体制外	
体制内	62.46	24.00	43.23
体制外	37.54	76.00	56.77
合计	100.00	100.00	100.00

三　特大城市居民的职业流动与工作满意度

工作满意度作为一种重要的工作态度，通常指的是员工针对工作特点进行评估而产生的对工作的积极感觉（罗宾斯、贾奇，2016）。以往的研究表明，工作满意度作为一种重要的中介效应，既能显著地影响员工的工作绩效与组织行为（叶仁荪、王玉芹、林泽炎，2005），也会受到来自父母社会地位与家庭经济水平等社会经济因素（才国伟、刘剑雄，2013）、性别角色与家庭分工因素（许琪、戚晶晶，2016），以及工作报酬、晋升机会、工作环境等一系列与工作本身相关的因素影响（黄桂，2005）。我们发现，虽然工作满意度的影响因素作为组织行为学领域的经典议题被关注，但管理学者们对组织外部的因素，尤其是职业流动对工作满意度的影响涉及较少。出于对我国劳动力市场中可能存在的"体制壁垒"等问题的关注，我们认为应该将职业流动相关因素与员工的工作满意度结合起来分析，这既能回应我国当前社会结构研究中的制度特殊性问题，也能为相关交叉研究补充经验事实。基于此，在本节中，我们将首先描述特大城市在职居民的整体工作满意度与各类细分工作满意度特征，然后建立多个分析逻辑一致的多元回归模型，选取这些在职居民中有过职业流动经历的居民，考察他们的整体工作满意度和其人口与社会经济特征、职业流动频次、职业流动途径，以及职业流动类型等因素之间的相关关系，分析职业流动相关特征对个体工作满意度的影响机制。

（一）工作满意度

在本次调查中，我们询问了在职居民的工作满意度情况，具体包括他们的整体工作满意度及对工作收入和福利待遇、工作安全性、工作稳定性、工作环境、工作时间、晋升机会、能力和技能展现、他人予以工作的尊重，以及在工作中表达意见的机会的满意度。采用李克特五级量表，1分表示非常不满意，5分表示非常满意。考虑到工作满意度的城市群与出生世代差异，我们将从这两个方面进行描述。

1. 工作满意度的城市群差异

一方面，从五大城市群在职居民工作满意度得分的总体均值看，我国特大城市居民整体工作满意度总体均值为3.75分，即整体工作满意度介于中等与比较满意之间。在各项细分工作满意度方面，工作安全性满意度总体均值最高，达到了3.92分；而晋升机会满意度的总体均值最低，仅3.31分。这也反映出特大城市在职居民在细分工作满意度上的差异性特征，即工作安全性较高，但职业晋升机会较少（见表3-17）。

另一方面，从各城市群在职居民工作满意度得分的差异看，可得出以下一些结论：（1）在整体工作满意度方面，长三角城市群在职居民最高（3.84分），长江中游城市群居民最低（3.70分），但城市群间差异不大；（2）长三角城市群居民在工作收入和福利待遇（3.61分）、工作安全性（4.04分）、工作稳定性（3.95分）、工作环境（3.90分）、工作时间（3.73分）等上的满意度得分均位居五大城市群之首；（3）成渝城市群居民在工作收入和福利待遇（3.30分）、工作稳定性（3.72分）、工作环境（3.61分）、工作时间（3.57分）、晋升机会（3.11分）、能力和技能展现（3.50分）等上的满意度得分均位列五大城市群末尾。上述数据结论也表明，长三角城市群居民相较于成渝城市群居民有更高的工作满意度（见表3-17）。

表3-17　五大城市群在职居民工作满意度得分的城市群差异

单位：分

城市群	京津冀	长三角	珠三角	长江中游	成渝	合计
整体工作满意度	3.77	3.84	3.71	3.70	3.71	3.75
工作收入和福利待遇	3.58	3.61	3.48	3.32	3.30	3.46
工作安全性	3.91	4.04	3.84	3.95	3.85	3.92
工作稳定性	3.83	3.95	3.77	3.84	3.72	3.82

续表

城市群	京津冀	长三角	珠三角	长江中游	成渝	合计
工作环境	3.77	3.90	3.74	3.78	3.61	3.76
工作时间	3.62	3.73	3.59	3.70	3.57	3.64
晋升机会	3.39	3.38	3.41	3.24	3.11	3.31
能力和技能展现	3.68	3.65	3.57	3.55	3.50	3.59
他人予以工作的尊重	3.82	3.82	3.68	3.74	3.73	3.76
在工作中表达意见的机会	3.66	3.71	3.56	3.62	3.49	3.61

2. 工作满意度的出生世代差异

从特大城市在职居民工作满意度得分的出生世代差异看：（1）"50/60 后"在职居民在整体工作满意度与工作时间满意度上的满意度得分最高，而在工作安全性、工作环境、晋升机会、能力和技能展现，以及在工作中表达意见的机会、他人予以工作的尊重上的得分最低；（2）"70 后"在职居民在工作稳定性和他人予以工作的尊重上的满意度得分最高；（3）"80 后"在职居民在工作收入和福利待遇、工作环境、晋升机会、能力和技能展现，以及在工作中表达意见的机会上的满意度得分最高；（4）"90/00 后"在职居民除了在工作安全性上的满意度得分最高外，在整体工作满意度、工作收入和福利待遇、工作稳定性、工作环境、工作时间、他人予以工作的尊重等上的满意度得分最低（见表 3-18）。

上述数据结论所呈现的整体趋势表明，"70 后"与"80 后"在职居民对自身所从事工作的满意度较高，而年龄较大的"50/60 后"与较为年轻的"90/00 后"在职居民对工作的满意度较低。我们认为，这种工作满意度的出生世代差异可能与在职居民所处的职业地位有一定关联。

表 3-18　特大城市在职居民工作满意度得分的出生世代差异

单位：分

	"50/60 后"	"70 后"	"80 后"	"90/00 后"	合计
整体工作满意度	3.79	3.76	3.75	3.68	3.75
工作收入和福利待遇	3.46	3.44	3.50	3.43	3.46
工作安全性	3.89	3.92	3.92	3.94	3.92
工作稳定性	3.83	3.84	3.83	3.80	3.82

续表

	"50/60 后"	"70 后"	"80 后"	"90/00 后"	合计
工作环境	3.74	3.75	3.80	3.74	3.76
工作时间	3.68	3.65	3.65	3.58	3.64
晋升机会	3.16	3.29	3.39	3.34	3.29
能力和技能展现	3.52	3.60	3.63	3.57	3.58
他人予以工作的尊重	3.74	3.78	3.75	3.74	3.75
在工作中表达意见的机会	3.53	3.63	3.64	3.60	3.60

（二）人口与社会经济特征对工作满意度的影响

本部分重点分析的是：目前在职且有过职业流动经历的居民的人口与社会经济特征对其整体工作满意度有何影响？需要注意的是，在后续所有回归分析部分，我们剔除了没有职业流动经历的样本，最终进入模型的是2968 个目前在职且有过职业流动经历的样本。

所有模型的因变量都为整体工作满意度，从该指标的获取题项"请用1～5 分来表达您对目前这份工作下列方面的满意度"的李克特量表可知，该变量为连续变量，1 分表示非常不满意，5 分表示非常满意，其样本均值为 3.71 分，标准差为 0.81。作为本部分自变量的人口与社会经济特征，主要包括样本的性别、年龄、婚姻状况、户籍、受教育水平、个人年收入、城市群差异等（见表 3 - 19）。在将这些自变量纳入回归分析模型之前，我们对其做了虚拟变量处理。同时考虑到年龄可能会引发的非线性效应，所以将其转化为"年龄^2/100"。为提升数据的拟合度，对个人年收入变量加 1 后取 e 为底的自然对数放入模型。

模型 1 展示了样本的人口特征与社会经济特征对其整体工作满意度的影响（见表 3 - 20）。首先，模型共线性结果显示，纳入模型的所有变量，其方差膨胀因子（Variance Inflation Factor，VIF）均小于 5，说明该模型不存在明显的共线性问题。其次，从回归分析的结果看：（1）样本的年龄对提升其整体工作满意度有显著的正向影响，即样本的年龄越大，就越有可能对自身目前所从事的工作持满意的态度；（2）样本的受教育水平对提升其整体工作满意度有显著的正向影响，即个体的受教育水平越高，就越有可能有更高的整体工作满意度；（3）相较于外地户籍样本，本地户籍样本有更大的可能性对现职持满意的态度；（4）性别、婚姻状况、个人年收入，以及城市群差异对样本的整体工作满意度并没有显著的直接影响。上述结果表明，特大城市在职居民的人口与社会经济特征确实能够显著影响其整体工作满意度，尤其体现在年龄、受教育水平以及户籍等方面。

表 3 - 19 对样本相关变量的描述性统计

类别变量	变量取值	频数	百分比（%）
性别	女	1375	46.3
	男	1592	53.7
婚姻状况	未婚*	486	16.5
	已婚	2462	83.5
户籍	外地	965	32.6
	本地	1998	67.4
城市群	京津冀	452	15.2
	长三角	736	24.8
	珠三角	550	18.5
	长江中游	652	22.0
	成渝	578	19.5
流动途径	计划分配	217	7.3
	市场	1897	64.0
	社会网络	511	17.2
	其他	338	11.4
流动类型	体制内流向体制外	514	18.4
	体制外流向体制内	247	8.8
	体制内单向流动	411	14.7
	体制外单向流动	1628	58.1
连续变量	变量取值	均值	标准差
年龄	18~65 岁	39.80	10.15
受教育水平	0 = 未受教育； 6 = 小学；9 = 初中； 12 = 普高/职高； 15 = 大专； 16 = 大学本科； 19 = 研究生及以上	13.28	3.30

续表

连续变量	变量取值	均值	标准差
个人年收入 （+1 后取 e 为底的 自然对数）		10.95	1.93
职业流动频次		2.57	2.09
整体工作满意度	1－5 分	3.71	0.81

* 将少量离异、丧偶样本统一为未婚样本。下同。

表 3 - 20　影响特大城市在职居民整体工作满意度的 OLS 回归模型

	模型 1	模型 2	模型 3	模型 4	模型 5
	B（SE）				
常量	3.022 *** （0.122）	3.121 *** （0.125）	3.227 *** （0.143）	3.117 *** （0.139）	3.343 *** （0.161）
控制变量					
性别[a]	－ 0.036 （0.030）	－ 0.028 （0.030）	－ 0.038 （0.030）	－ 0.046 （0.031）	－ 0.042 （0.031）
年龄^2/100	0.005 * （0.002）	0.005 * （0.002）	0.004 （0.002）	0.004 （0.002）	0.003 （0.002）
已婚[b]	0.049 （0.044）	0.049 （0.044）	0.036 （0.044）	0.031 （0.045）	0.016 （0.045）
本地户籍[c]	0.145 *** （0.033）	0.146 *** （0.033）	0.141 *** （0.033）	0.128 *** （0.035）	0.128 *** （0.035）
受教育水平	0.032 *** （0.005）	0.031 *** （0.005）	0.031 *** （0.005）	0.029 *** （0.006）	0.028 *** （0.006）
个人年收入	0.007 （0.008）	0.005 （0.008）	0.005 （0.008）	0.008 （0.008）	0.005 （0.008）
城市群[d]					
长三角	0.078 （0.048）	0.077 （0.048）	0.075 （0.048）	0.089 （0.050）	0.082 （0.049）
珠三角	－ 0.083 （0.051）	－ 0.088 （0.051）	－ 0.078 （0.051）	－ 0.087 （0.053）	－ 0.086 （0.053）
长江中游	－ 0.005 （0.049）	0.002 （0.049）	－ 0.015 （0.050）	－ 0.012 （0.051）	－ 0.017 （0.051）
成渝	－ 0.072 （0.052）	－ 0.065 （0.051）	－ 0.063 （0.051）	－ 0.057 （0.053）	－ 0.045 （0.053）

续表

	模型1	模型2	模型3	模型4	模型5
			B（SE）		
自变量					
流动频次		-0.027*** （0.007）			-0.026*** （0.007）
流动途径[e]					
市场			-0.181** （0.059）		-0.136* （0.063）
社会网络			-0.133* （0.066）		-0.074 （0.071）
其他途径			-0.056 （0.071）		0.004 （0.078）
流动类型[f]					
体制外流向体制内				0.004 （0.063）	0.012 （0.063）
体制内单向流动				0.040 （0.053）	0.018 （0.056）
体制外单向流动				-0.059 （0.043）	-0.056 （0.043）
N	2900	2900	2896	2741	2740
调整后 R^2	0.035	0.039	0.039	0.035	0.043

注：（1）* $p < 0.05$，** $p < 0.01$，*** $p < 0.001$；（2）参照类别如下：a = 女性，b = 未婚，c = 外地户籍，d = 京津冀，e = 计划分配，f = 体制内流向体制外。

（三）职业流动频次对工作满意度的影响

从工作搜寻理论的视角看，劳动者会将工作视为一种商品。他们通常会对那类回报价值更高的工作充满期待，并试图通过各种方法获取这份工作（Johnson，1978）。基于此，我们可以认为，出于主动原因而更换工作，多数情况下是希望获得一份更有利于自身的工作，无论这份工作的收益是表现在收入待遇方面还是照顾家庭等方面。基于人们总是期望向着更好的工作岗位流动的逻辑，我们提出了这样一个问题："跳槽"次数越多，工作满意度就越高吗？换句话说，就是：特大城市在职居民的职业流动频次对其工作满意度是否存在正向的显著影响？在对这一问题的分析上，我们仍然将样本的整体工作满意度设为因变量，而自变量则变为样本的职业流动频次。由表 3 - 19 可知，职业流动频次与工作满意度一样，是一组连续变量，其均值为 2.57 次，标准差为 2.09。此外，为凸显职业流动频次对工作满意度的净影响，我们将人口与社会经济特征作为控制变量一并放入回归模型中进行分析。

模型 2 即是在模型 1 的基础上加入了样本职业流动频次变量的回归模型，尝试解释特大城市在职居民的职业流动频次对其整体工作满意度是否存在显著影响（见表 3 - 20）。首先，模型共线性结果显示，纳入模型的所有变量，其方差膨胀因子（VIF）均小于 5，说明该模型不存在明显的共线性问题。其次，数据结果显示，在控制了性别、年龄、受教育水平、个人年收入，以及城市群差异等一系列变量后，样本职业流动频次与其整体工作满意度呈现显著的负相关，即：特大城市在职居民的职业流动次数越多，其对现职的整体工作满意度也就越低，且这一结论在 0.001 的水平上显著相关。那么，应该如何理解职业流动频次对工作满意度的负向影响？我们认为有两方面可能的原因：一方面，结合表 3 - 14 可知，五大城市群特大城市在职居民的职业流动大多为体制外单向流动，而这种职业流动可能并没有带来实质性的职业地位变化，也就是没能给流动者带来收入和福利待遇、工作稳定性等方面的提升，反倒是这种频繁的工作变动带来了不稳定性，有可能使样本的工作满意度有所下降；另一方面，数据显示，目前我国特大城市在职居民的职业流动，有很大一部分可能并不是基于主动原因而"跳槽"的，他们可能是出于组织调动、被解雇或原单位倒闭等被动原因而更换工作的，这就与工作搜寻理论的出发点不同，从而导致相反的数据结果。

（四）职业流动途径对工作满意度的影响

如前文所述，职业流动途径的变迁是具有时代特征的。从再分配经济到双轨制经济，再到以社会主义市场经济为主体，人们搜寻工作的手段，即其职业流动途径是显著不同的。而在这些差异化的途径中，计划分配途径与市场途径本身就具有互斥性，而社会网络途径作为一种非正式途径则具有兼容性（边燕杰、张文宏，2001）。那么我们不禁要问：这种职业流动途径上的差异，是否会影响流动者的工作满意度？究竟是市场途径，还是计划分配途径，抑或是社会网络途径更有利于提升流动者的工作满意度？在这一组问题中，因变量仍然是整体工作满意度，而自变量则换为样本的职业流动途径。这是一组多分类变量，所以在将其放入模型之前需要做虚拟变量处理，在模型中以计划分配途径作为参照组。

模型3考察了职业流动途径对整体工作满意度的影响（见表3-20）。首先，模型共线性结果显示，纳入模型的所有变量，其方差膨胀因子（VIF）均小于5，说明该模型不存在明显的共线性问题。其次，数据结果显示，在控制了人口与社会经济特征变量后，相较于计划分配途径，通过市场途径和社会网络途径获取现职的特大城市居民的整体工作满意度更低，且这一结论分别在0.01和0.05水平上显著。而其他途径与计划分配途径相比，在整体工作满意度方面并无显著差异。上述结论也说明，正是因为相较于通过市场途径或社会网络途径获取的工作，通过计划分配途径获取的工作更多的是体制内单位的工作，而体制内单位相较于体制外单位而言，本身就具有收入和福利待遇、工作稳定性，以及晋升机会等多方面的职业优势，从而使得这些通过计划分配途径获取现职的特大城市居民更有可能拥有较高的整体工作满意度。

（五）职业流动类型对工作满意度的影响

如前文数据结果的显示，虽然市场经济的充分发展正在不断弱化"体制壁垒"与"地区壁垒"对劳动者职业流动的限制（边燕杰等，2006），但这种基于制度化因素的市场分割现象现在仍然存在于我国特大城市之中。而且，结合数据可以做出的初步判断是，我国的体制内劳动力市场就如同西方学者所述的主要劳动力市场（primary labor market）一样，具有绝对的市场优势，且这种优势就体现在对来自次要劳动力市场（secondary labor market）也就是体制外劳动力市场中的优势劳动力的吸引与选拔过程中。那么可以推论的是，无论是向体制内流动，还是流出到体制外工作，有能力实现跨体制流动的劳动者理应具备更强的市场能力，因为他们更有可能获取自己所期望的工作。基于此，我们提出以下假设：特大城市在职居民的职业流动类型与其工作满意度显著相关。那么，在这一组分析当中，因变量不变，自变量为样本的职业流动类型，具体可以分为四类，为多分类变量，在做虚拟变量处理后，以体制内流向体制外为参照组放入回归模型。

　　模型 4 重点讨论了这四种职业流动类型，即跨体制流动与体制内外单向流动对特大城市在职居民整体工作满意度的影响。首先，模型共线性结果显示，纳入模型的所有变量，其方差膨胀因子（VIF）均小于 5，说明该模型不存在明显的共线性问题。其次，数据显示，在控制住人口与社会经济特征变量后，并未发现样本的职业流动类型与其整体工作满意度之间存在统计学意义上的相关。但在观察其影响系数的具体方向后可知，从体制外流向体制内的样本与体制内单向流动的样本在工作满意度方面，与体制内流向体制外的样本呈正向影响关系，而始终在体制外单向流动的样本则与体制内流向体制外的样本呈负向影响关系。这说明，虽然职业流动类型对特大城市在职居民的整体工作满意度没有达到置信水平 0.05 意义上的显著影响，但更粗略的估计认为，有过跨体制流动经历的在职居民，尤其是从体制外流向体制内的在职居民，比从体制内流向体制外的在职居民和始终在体制外单向流动的在职居民，更有可能有更积极的工作评价。这一点能够部分地回应我们所提出的理论假设。

　　此外，模型 5 是纳入了控制变量、流动频次、流动途径，以及流动类型后的全模型。从全模型的数据结果可以推论，户籍、受教育水平这两个人口与社会经济特征变量仍对整体工作满意度有显著影响，而自变量结果与模型 2 至模型 4 大致相似，即样本职业流动频次越多，整体工作满意度越低；通过计划分配途径获取现职的样本相较于通过市场途径获取现职的样本有更高的整体工作满意度。全模型调整后的 R^2 高于之前分模型的 R^2，说明模型具有一定的解释意义。

四　小结

　　通过大样本的问卷调查，本章基本勾勒出当前我国特大城市居民的职业构成与流动特征。在职业构成方面，数据显示，当前我国特大城市已形成较为完善的劳动力市场，虽然不同特大城市的劳动力市场结构各具特点，但已总体呈现以男性为主导，以服务业从业人员为主体，且技术精英大量崛起的新趋势。在流动特征方面，超半数在职居民有过职业流动的经历，这验证了特大城市居民较高的职业流动性；职业流动原因以谋求更高收入与照顾家庭并重；职业流动途径以市场途径为主体，辅以社会网络途径；职业流动类型仍以体制外单向流动为主，跨体制流动尤其是从体制外流向体制内仍存在"体制壁垒"效应。

在对特大城市目前在职且有过职业流动经历的居民的工作满意度进行职业流动相关因素的回归分析后我们发现：一方面，在我国的特大城市中，出于被动原因或没有实质性提升职业地位的居民，一般没有更为积极的工作满意度评价；另一方面，通过计划分配途径获取现职的居民要比通过市场途径或社会网络途径获取现职的居民更可能有更高的工作满意度。此外，虽然在统计学意义上并不显著，但我们仍能发现一种趋势，即有过跨体制流动经历的居民，尤其是从体制外流向体制内的居民，要比从体制内流向体制外，或在体制外单向流动的居民有更高的工作满意度。

上述描述性结论与回归分析结论向我们展示了当前我国特大城市居民职业流动的特征与变动规律：一个流动的、充满活力的劳动力市场正在特大城市中逐步形成。但我们仍然不能忽视"区域壁垒"与"体制壁垒"对人们实现公平的职业流动的阻碍。我们认为，进一步健全市场经济体制、充分发挥劳动力的人力资本优势、破除各类"结构壁垒"，是向着更加合理的社会结构发展的必由之路。

第四章　特大城市居民的地域流动

刘晓瞳

　　2019 年末，中国大陆总人口突破 14 亿，人户分离的人口有 2.80 亿，其中流动人口达到 2.36 亿，[①] 社会成员在不同地区之间的迁移已经成为一种社会常态。伴随着我国新型城镇化建设的不断推进，越来越多的人向有更高的收入和更好的就业前景的区域流动。作为我国经济增长的引擎，长三角、珠三角、京津冀三大城市群的经济总量占全国经济总量的比例超过 40%，[②] 在科技创新等方面拥有无法超越的优势，对流动人口[③]保持着强大的吸引力和吸纳能力。同时，随着国家级城市群发展规划的出台，以长江中游城市群和成渝城市群为代表的中西部地区也成为全方位深化改革开放和推进新型城镇化建设的重点区域。有研究指出，在未来一段时期，以珠三角、长三角、京津冀、长江中游和成渝城市群为代表的五大城市群将是我国流动人口的主要集聚区和城镇化的主战场（国家卫生健康委员会，2018）。综观有关流动人口的研究，大多聚焦于全国流动人口或者某个特定类别的流动人口，从而得出关于我国流动人口的一般性结论，但是针对不同地区间流动人口的差异而展开的研究却很少。而本次调查的十个特大城市位于中国最具经济活力的五大城市群，这为比较中国经济最发达地区的外来人口差异提供了可能。

　　本章主要关注的是特大城市居民的地理位置变动，即地域流动情况，

---

① 国家统计局：《中华人民共和国 2019 年国民经济和社会发展统计公报》，http://www.stats. gov.cn/tjsj/zxfb/202002/t20200228_1728913.html，2020 年 2 月 28 日。

② 《长三角、珠三角和京津冀三大城市群占全国经济总量 40% 以上》，http://www.jjckb.cn/ 2019-03/20/c_137908861.htm，2019 年 3 月 20 日。

③ 本章交替使用外来人口与流动人口两个概念，不做区分。

因此研究对象为特大城市的外来人口。此次调查的受访者为在本市/直辖市居住满 6 个月及以上，且目前在该地址居住了 7 天或将要居住 7 天以上的 18 周岁至 65 周岁的中国公民。根据受访者目前的户籍所在地，将目前户籍所在地不在本市/直辖市的样本统一划分为外来人口。各特大城市外来人口的比例见表 4-1。天津、重庆和武汉的外来人口比例较低，深圳的外来人口占比最高（17.79%），其他特大城市外来人口的比例在 10% 左右。本章将围绕三类问题展开。首先，特大城市外来人口是什么样的？与之相对应的是外来人口的基本特征。具体而言，笔者将从不同地区外来人口的个体特征和流动特征两个维度进行描述与比较。其次，特大城市外来人口在流入地的工作和生活状况如何？或者说他们在当地的社会融入情况如何？笔者重点从社会融入的起点（经济融入）和终点（心理和身份层面的融入）两个角度进行考察。最后，回到政策议题最关心的问题上。在城镇化进程中，流动人口自身的居留意愿或落户意愿显然将会发挥重要作用，特大城市除了能够"吸引人"，还得能够"留住人"。那么，特大城市的外来人口愿意在当地落户吗？哪些因素会影响外来人口的落户意愿？这些因素对不同户籍类型外来人口落户意愿的影响存在何种差异？

表 4-1 十个特大城市外来人口占比

单位：%

城市群	特大城市	百分比（$N = 2637$）
京津冀	北京	10.54
	天津	3.94
长三角	上海	10.31
	杭州	9.25
珠三角	广州	11.45
	深圳	17.79
长江中游	武汉	5.92
	长沙	14.00
成渝	成都	11.87
	重庆	4.93
合计		100.00

一 特大城市外来人口的基本特征

(一) 个体特征

外来人口的个体特征不仅能够展示不同特大城市及城市群外来人口的构成和素质,而且从流入地的角度看,外来人口的个体特征也在相当程度上反映了不同特大城市及城市群对外来人口吸引能力的差异。下面,笔者具体将从户籍类型、年龄分布、婚姻状况、受教育程度四个方面进行描述性统计分析。

1. 户籍类型

如表4-2所示,除北京、深圳外,十个特大城市农业户籍外来人口所占比例均高于非农业户籍外来人口。其中,杭州农业户籍外来人口占72.84%,高于其他城市;长沙次之(72.28%)。深圳农业户籍外来人口的比例为40.94%,低于其他城市。如果从城市群(见表4-3)看,京津冀城市群和珠三角城市群中农业户籍外来人口与非农业户籍外来人口的比例比较接近,各占50%左右。而长江中游城市群中农业户籍外来人口的比例比非农业户籍外来人口的比例高出36.9个百分点。由此可见,以武汉和长沙为中心城市的长江中游城市群仍处于城镇化进程的加速阶段,吸引了大量农业户籍外来人口。

表4-2 十个特大城市不同户籍外来人口的比例

单位:%

户籍类型	北京	天津	上海	杭州	广州	深圳	武汉	长沙	重庆	成都
农业户籍	42.45	59.62	54.81	72.84	63.25	40.94	59.35	72.28	58.91	60.70
非农业户籍	57.55	40.38	45.19	27.16	36.75	59.06	40.65	27.72	41.09	39.30

表4-3 五大城市群不同户籍外来人口的比例

单位:%

户籍类型	京津冀城市群	长三角城市群	珠三角城市群	长江中游城市群	成渝城市群
农业户籍	47.12	63.35	49.68	68.45	60.18
非农业户籍	52.88	36.65	50.32	31.55	39.82

2. 年龄分布

当前，劳动力人口①的年龄持续走高，根据中央财经大学人力资本与劳动经济研究中心发布的《中国人力资本报告2019》，1985～2017年，全国劳动力人口（包括学生）的平均年龄从32.2岁增长到37.8岁。② 从十个特大城市外来劳动力人口的平均年龄看，天津外来劳动力人口的平均年龄最大，为43.26岁；重庆次之，为41.08岁；上海外来劳动力人口的平均年龄最小，为37.79岁，与2017年全国劳动力人口的平均年龄基本持平。如表4-4所示，分出生世代看，天津外来劳动力人口中的"50后"占19.59%，在所有城市的"50后"中占比最高。重庆的外来劳动力人口中有20.72%的"60后"和28.83%的"70后"，高于其他城市相同出生世代外来劳动力人口的比例。上海的外来劳动力人口中"80后"占比最高（41.31%），广州次之（37.06%）。成都的外来劳动力人口中"90后"占35.04%，为十个特大城市中最高的，长沙次之（30.21%）。如表4-5所示，从五个城市群来看，外来劳动力人口的平均年龄由大到小依次为京津冀城市群、成渝城市群、长江中游城市群、珠三角城市群、长三角城市群。"80后"和"90后"的外来劳动力人口是五大城市群外来人口的主要组成部分。其中，长三角城市群外来劳动力人口中"80后"和"90后"的占比最高（62.00%）。随着特大城市户籍人口老龄化程度的不断加深，作为当地劳动力人口的重要补充，外来劳动力人口无疑能够缓解企业的用工压力，在社会生产和服务活动中发挥更加重要的作用。2017年，上海老龄化率达到14.3%（65岁及以上常住人口占全部常住人口的比重），在国内主要城市（北上广深）中的老龄化程度最高。③ 因此，愈发年轻化的外来劳动力人口的流入将能让上海的发展保持充沛的活力。

---

① 劳动力人口指在一定时期内那些正在从事某项工作（就业人员）、正在寻找工作或随时准备工作（失业人员）的人员。

② 《中国人力资本报告2019发布》，https://news.gmw.cn/2019-12/16/content_33405982.htm，2019年12月16日。

③ 上海市统计局：《上海人口老龄化现状和预判》，http://tjj.sh.gov.cn/tjfx/20181123/0014-1002033.html，2018年11月23日。

表4-4　十个特大城市外来劳动力人口的年龄结构

单位：%

	北京	天津	上海	杭州	广州	深圳	武汉	长沙	重庆	成都
"50后"	12.98	19.59	6.56	7.73	7.00	16.10	10.42	11.48	9.01	16.42
"60后"	10.30	18.56	14.67	14.16	12.24	11.34	18.06	15.11	20.72	16.06
"70后"	19.47	16.49	12.74	20.60	17.83	17.23	17.36	16.31	28.83	13.14
"80后"	29.77	22.68	41.31	27.90	37.06	29.48	32.64	26.89	12.61	19.34
"90后"	27.48	22.68	24.72	29.61	25.87	25.85	21.52	30.21	28.83	35.04

表4-5　五大城市群外来劳动力人口的年龄结构

单位：%

	京津冀城市群	长三角城市群	珠三角城市群	长江中游城市群	成渝城市群
"50后"	14.76	7.11	12.52	11.16	14.29
"60后"	12.53	14.43	11.69	16.00	17.40
"70后"	18.66	16.46	17.47	16.63	17.66
"80后"	27.86	34.96	32.46	28.63	17.40
"90后"	26.19	27.04	25.86	27.58	33.25

3. 婚姻状况

如表4-6所示，成都未婚外来人口的比例（36.33%）高于其他几个特大城市，这可能与成都的外来人口中"90后"的占比较高有关。而深圳、广州未婚的外来人口比例紧随其后，分别为28.76%和28.67%。与此相对应，从表4-7中可以看出，除了成渝城市群外，珠三角城市群未婚外来人口的占比最高（28.72%）。整体而言，当前由于人们的生活节奏快、经济压力大，我国适龄群体的初婚年龄呈推后趋势，导致未婚群体所占的比例偏高，这在特大城市中表现得尤为明显。

表4-6　十个特大城市外来人口的婚姻状况

单位：%

婚姻状况	北京	天津	上海	杭州	广州	深圳	武汉	长沙	重庆	成都
未婚	23.88	18.27	22.68	21.40	28.67	28.76	20.51	28.34	26.92	36.33
已婚	72.76	74.04	72.86	76.95	69.28	64.38	74.36	67.03	69.23	60.78
离异或丧偶	3.36	7.69	4.46	1.65	2.05	6.86	5.13	4.63	3.85	2.89

表 4 - 7　五大城市群外来人口的婚姻状况

单位：%

婚姻状况	京津冀城市群	长三角城市群	珠三角城市群	长江中游城市群	成渝城市群
未婚	22.31	22.08	28.72	26.00	33.56
已婚	73.12	74.80	66.27	69.22	63.27
离异或丧偶	4.57	3.12	5.01	4.78	3.17

4. 受教育程度

如果说人口是经济社会活动的基础，那么人才就是经济发展和城市建设的首要资源。如表 4 - 8 所示，从受教育程度来看，重庆的外来人口中受教育程度为小学及以下的比例为 19.23%，高于其他几个特大城市相同受教育程度外来人口的比例。天津的外来人口中拥有初中学历的比例最高（38.46%），重庆次之（33.85%）。外来人口中拥有大学专科及以上学历的比例从高到低排名前三的依次为北京、深圳、上海，分别为 55.39%、49.89% 和 46.87%，尽管近年来二三线城市也竞相出台吸引人才的政策，但是北上深对高学历人才的吸引力更胜一筹。值得注意的是，成都的外来人口中拥有大学专科及以上学历的比例排在第四位（41.53%）。这表明以开放包容著称的成都，对于高素质人才的吸引力持续增强，成为众多高学历人才安放梦想的新去处。从城市群来看，拥有大学专科及以上学历的外来人口的比例由高到低依次为京津冀城市群、珠三角城市群、长三角城市群、长江中游城市群和成渝城市群（见表 4 - 9）。虽然本次调查并没有覆盖五大城市群的所有城市，但是从区域协调发展的角度，不断升温的招才引智政策无疑会产生"虹吸效应"，势必会加剧区域之间发展的不平衡。

表 4 - 8　十城市外来人口的受教育程度

单位：%

受教育程度	北京	天津	上海	杭州	广州	深圳	武汉	长沙	重庆	成都
小学及以下	9.72	8.66	9.58	10.66	11.71	7.53	12.90	10.33	19.23	16.30
初中	14.03	38.46	23.62	27.46	26.42	14.62	24.52	24.46	33.85	20.13
高中/中专	20.86	25.96	19.93	22.95	24.75	27.96	25.81	25.64	21.54	22.04
大学专科	15.47	15.38	17.34	18.85	15.38	17.42	17.42	17.93	13.08	14.06
大学本科	32.01	6.73	23.99	18.44	19.40	29.89	16.13	19.57	12.30	22.68

受教育程度	北京	天津	上海	杭州	广州	深圳	武汉	长沙	重庆	成都
研究生及以上	7.91	4.81	5.54	1.64	2.34	2.58	3.22	2.17	0.00	4.79

表 4 - 9　五大城市群外来人口的受教育程度

单位：%

受教育程度	京津冀城市群	长三角城市群	珠三角城市群	长江中游城市群	成渝城市群
小学及以下	9.42	10.10	9.16	11.09	17.16
初中	20.68	25.44	19.24	24.47	24.15
高中/中专	22.25	21.36	26.70	25.62	21.90
大学专科	15.45	18.06	16.62	17.78	13.77
大学本科	25.13	21.36	25.79	18.55	19.64
研究生及以上	7.07	3.68	2.49	2.49	3.39

（二）流动特征

流动特征指外来人口的来源、居住时间、流动原因等与迁移行为本身相关的特点。同样，流动特征也可以反映不同城市对外来人口长期、持续的吸引力。下面笔者将从外来人口的户籍所在地、居住时间、居住稳定性和流动原因四个方面展开分析。

1. 户籍所在地

本次调查询问了外来人口的户籍所在地，由此不仅可以获知外来人口的流动范围，同时也可以得知不同的特大城市对不同层级城市人口的吸引力。需要说明的是，由于北京、天津、上海、重庆为四个直辖市，因此将其与其他几个特大城市分开讨论。从户籍所在地（见表 4 - 10）看，成都的外来人口中有 82.25% 的人来自省内，高于其他特大城市，长沙次之（78.52%）。换言之，成都和长沙两个省会城市吸引了来自省内的大部分外来人口，体现了其对省内人口具有较强的吸引力。杭州的外来人口中有 35.32% 的人来自外省地级市，高于其他特大城市（除 4 个直辖市外）。深圳的外来人口中超过一半的人来自外省的县/县级市，远高于其他特大城市。在四个直辖市中，重庆的外来人口中有 24.00% 的人来自外省省会城市，占比最高。上海和重庆的外来人口中超过 50.00% 的人来自外省地级市。此外，天津的外来人口中来自外省的县/县级市的比例最高（46.59%）。

表 4 - 10　十个特大城市外来人口的户籍所在地

单位：%

户籍所在地	上海	北京	天津	重庆	广州	成都	杭州	武汉	深圳	长沙
省内	—	—	—	—	44.44	82.25	42.55	73.86	28.63	78.52
外省省会城市	12.21	18.43	14.77	24.00	10.77	7.17	5.11	6.54	4.12	2.45
外省地级市	55.73	43.14	38.64	54.00	26.94	6.83	35.32	11.76	15.84	10.33
外省的县/县级市	32.06	38.43	46.59	22.00	17.85	3.75	17.02	7.84	51.41	8.70

2. 居住时间

流动人口在某一地区居住的时间越长，表明其流动性越弱。当外来人口的流动性越来越弱时，说明他们在流入地的居住和就业进入相对稳定的状态（段成荣、吕利丹、邹湘江，2013）。从居住时间（见表 4 - 11）看，长沙外来人口的居住时间在 5 年及以下的占比最高（52.88%），成都次之（51.37%）。深圳的外来人口中有 30.62% 的人居住时间在 6 ~ 10 年，高于其他特大城市相同居住时间的外来人口比例。重庆外来人口的居住时间超过 10 年的比例最高（50.85%），杭州次之（43.27%）。整体来看，与大众印象中流动人口总是频繁地变换城市有所不同，特大城市的外来人口中有不少人长期居住在流入地，表现出明显的居住长期化趋势。从城市群（见表 4 - 12）来看，长江中游城市群、成渝城市群外来人口的居住时间在 5 年及以下的比例较高。珠三角城市群外来人口的居住时间在 6 ~ 10 年的比例为 28.11%，高于其他城市群相同居住时间的外来人口比例。京津冀城市群、长三角城市群外来人口的居住时间在 11 ~ 20 年的比例较高，分别为 28.33% 和 27.86%。此外，成渝城市群的外来人口中居住时间超过 20 年的比例最高，占 13.90%。对于发展较为成熟的京津冀城市群和长三角城市群，外来人口居住时间超过 10 年的比例较高，说明外来人口对其有较高的忠诚度。相比之下，长江中游城市群和成渝城市群这两个新兴城市群的外来人口居住时间在 5 年及以下的比例较高。可以预见，随着长江中游城市群和成渝城市群的快速发展，外来人口长期居住的比例将会进一步上升。

表 4 – 11　十个特大城市外来人口的居住时间

单位：%

居住时间	上海	北京	天津	广州	成都	杭州	武汉	深圳	重庆	长沙
5 年及以下	46.74	41.61	50.00	45.05	51.37	39.08	38.93	35.02	33.90	52.88
6~10 年	23.75	20.44	16.28	24.23	25.00	17.65	23.49	30.62	15.25	26.58
11~20 年	23.37	29.93	23.26	21.50	17.12	32.77	24.83	24.01	18.65	15.07
20 年以上	6.14	8.03	10.46	9.22	6.51	10.50	12.75	10.35	32.20	5.47

表 4 – 12　五大城市群外来人口的居住时间

单位：%

居住时间	京津冀城市群	长三角城市群	珠三角城市群	长江中游城市群	成渝城市群
5 年及以下	43.61	43.09	38.96	48.83	46.34
6~10 年	19.44	20.84	28.11	25.68	22.20
11~20 年	28.33	27.86	23.03	17.90	17.56
20 年以上	8.62	8.22	9.90	7.59	13.90

3. 居住稳定性

外来人口在城市内部也存在居住流动性，即个人改变居住场所的频率。而今特大城市日益高涨的房价和租金让许多外来人口背负着较大的经济压力，在城市中拥有稳定的住所似乎也并非易事。有研究指出，居住稳定性是地域认同的重要前提，而居住流动性往往会使个人在自我概念、社会关系和福祉方面成为个人主义，导致对居住地的情感认同偏低（Oishi，2010）。从表 4 – 13 大致可以看出，外来人口的居住时间和 5 年以内的搬家次数呈反比：在流入地的居住时间越久，近五年搬家的次数越少，居住稳定性越高。从十个特大城市外来人口近五年的搬家次数（见表 4 – 14）看，深圳的外来人口中有 75.37% 的人近五年没有搬过家，占比最高；长沙次之，有 63.96% 的外来人口近五年没有搬过家。北京的外来人口中有 16.55% 的人近五年的搬家次数在 3 次及以上，占比最高；杭州次之（15.04%）。从城市群（见表 4 – 15）来看，珠三角城市群的外来人口中有 66.49% 的人近五年没有搬过家，居住稳定性最好。京津冀城市群的外来人口中有 13.35% 的人近五年的搬家次数在 3 次及以上，高于其他几个城市群中相同搬家次数的外来人口比例。结合居住时间来看，虽然京津冀城市群的外来人口长期居住的比例较高，但是他们在城市内部更换住所也更加频繁。尽管导致搬家的原因有很多，但是"居无定所"的流动状态无疑会给人们内心带来更多的漂泊感，不利于外来人口融入当地社会。

表 4 – 13　不同居住时间的外来人口近五年的搬家次数

单位：%

居住时间	0 次	1 次	2 次	3 次及以上
5 年及以下	32.51	57.95	57.05	53.96
6~10 年	27.69	17.30	20.13	27.72
11~20 年	27.25	18.06	18.79	13.86
20 年以上	12.55	6.69	4.03	4.46

表 4 – 14　十个特大城市外来人口近五年的搬家次数

单位：%

搬家次数	北京	天津	上海	杭州	广州	深圳	武汉	长沙	重庆	成都
0 次	49.64	47.12	44.12	38.62	52.65	75.37	50.00	63.96	50.00	50.48
1 次	23.02	40.38	44.49	34.96	32.12	23.14	34.62	27.64	36.15	33.22
2 次	10.79	7.69	4.78	11.38	5.96	0.64	5.13	3.79	5.38	7.99
3 次及以上	16.55	4.81	6.61	15.04	9.27	0.85	10.25	4.61	8.46	8.31

表 4 – 15　五大城市群外来人口近五年的搬家次数

单位：%

搬家次数	京津冀城市群	长三角城市群	珠三角城市群	长江中游城市群	成渝城市群
0 次	48.95	41.50	66.49	59.81	55.01
1 次	27.75	39.96	26.65	29.71	31.28
2 次	9.95	7.92	2.72	4.19	5.83
3 次及以上	13.35	10.62	4.14	6.29	7.88

4. 流动原因

流动原因通常可被划分为以婚姻迁入、随迁家属等为代表的社会型流动和以工作调动、分配录用、务工经商为代表的经济型流动（段成荣等，2008）。最初的人口流动以社会型流动为主，随着地区发展差距不断扩大，追求经济目标逐渐成为人们流动的根本原因。在本次调查中，经济型流动包括务工、工作调动、经商、学习培训，社会型流动包括照顾老人和小孩、婚姻嫁娶和拆迁搬家。如表 4 – 16 所示，特大城市中的社会型流动比例偏低（照顾小孩除外），主要为经济型流动。其中，上海的外来人口中经济型流动的占比最高（83.27%），广州次之（80.88%）。武汉的外来人口中社会型流动的占比（32.22%）高于其他城市社会型流动的比例，长沙次之（25.88%）。从城市群（见表4-17）看，长三角城市群的外来人口中经济型流动的占比最高（78.61%），珠三角城市群次之（75.39%）。总体来看，长江中游城市群的外来人口中社会型流动的比例（27.71%）高于其他城市群（见表4-17）。

表4-16　十个特大城市外来人口流动的原因

单位：%

流动原因	北京	天津	上海	杭州	广州	深圳	武汉	长沙	重庆	成都
务工	42.03	44.83	60.84	54.13	53.58	37.04	39.60	36.24	53.33	37.67
经商	3.99	9.20	3.80	7.85	8.19	13.94	8.05	10.90	6.67	6.33
工作调动	17.39	11.49	14.07	7.85	12.63	19.83	6.71	10.90	10.00	12.00
照顾老人	0.72	1.15	1.14	1.65	1.37	1.31	4.03	0.82	1.67	2.67
照顾小孩	16.67	18.39	10.27	11.98	9.22	13.94	15.44	20.16	6.67	14.67
婚姻嫁娶	5.80	1.15	3.80	5.37	3.75	1.09	12.08	3.27	5.00	4.00
拆迁搬家	1.09	0.00	0.00	0.83	1.71	0.44	0.67	1.63	9.17	1.33
学习培训	9.42	5.75	4.56	3.72	6.48	1.09	7.38	11.72	5.00	17.33
其他	2.90	8.05	1.52	6.61	3.07	11.33	6.04	4.36	2.50	4.00

表4-17　五大城市群外来人口流动的原因

单位：%

流动原因	京津冀城市群	长三角城市群	珠三角城市群	长江中游城市群	成渝城市群
务工	42.70	57.62	43.48	37.21	42.14
经商	5.23	5.74	11.70	10.08	6.43
工作调动	15.98	11.09	17.02	9.69	11.43
照顾老人	0.83	1.39	1.33	1.74	2.38
照顾小孩	17.08	11.09	12.10	18.80	12.38
婚姻嫁娶	4.68	4.55	2.13	5.81	4.29
拆迁搬家	0.83	0.40	0.93	1.36	3.57
学习培训	8.54	4.16	3.19	10.47	13.81
其他	4.13	3.96	8.11	4.84	3.57

二 特大城市外来人口的社会融入情况

外来人口在流入地的社会融入是多维度的，往往以经济整合为起点，经过文化习得、行为适应等环节，最后达到身份认同（杨菊华，2009）。对大多数流动人口而言，社会融入的各维度之间密切相关。其中，经济整合是其他维度融入的前提和基础，没有经济融入，流动人口难以在流入地生存下去，更不可能与流入地居民进行深层次的交往。而心理和身份认同作为社会融合的终点，能够反映外来人口参与当地生活的深度（朱力，2002）。因此，本节将从经济融入、心理和身份层面的融入两个维度考察外来人口在流入地社会的融入水平。

（一）经济融入

本部分对流动人口经济融入的测量指标参考了杨菊华（2013）的研究，具体从职业类型、收入水平、住房情况、社会保障情况四个方面进行比较和分析。

1. 职业类型

以往有关流动人口的研究更多地关注农业户籍外来人口所从事的职业。例如，农民工在流入地通常从事本地居民不愿干的粗活和累活。虽然收入有了明显的提高，但职业声望依然较低。而在特大城市中，由于产业布局的差异，加之外来人口的素质不断提高，外来人口的职业分布也呈现新的特点。按照我国现行职业分类标准（GB/T 6565 - 2015），笔者将有过工作经历的外来人口的职业划分为七大类（现行标准为八大类，此次调查在抽样环节排除了第七类职业"军人"）。如表 4 - 18 所示，十个特大城市外来人口的职业类型主要是社会生产服务和生活服务人员，同时专业技术人员的占比也较高。其中，重庆外来人口的职业类型为社会生产服务和生活服务人员的占比（69.09%）高于其他城市同职业类型外来人口的比例，武汉次之（59.72%）。这说明重庆和武汉为外来人口提供了更多服务业的岗位。而上海和北京外来人口的职业类型为社会生产服务和生活服务人员的比例则相对较低，分别为 36.69% 和 47.45%。不过北京的外来人口中有 29.81% 的人为专业技术人员，高于其他特大城市同职业类型外来人口的比例，广州（24.30%）、上海（22.18%）、成都（20.59%）、深圳（20.27%）依次排在其后，这与十个特大城市外来人口的受教育程度分布基本是一致的，北京、上海依然是人才的"吸铁石"，而成都则新晋成为人才引入的"香饽饽"。从城市群（见表4－19）看，珠三角城市群的外来人口中社会生产服务和生活服务人员的占比（56.55%）最高，京津冀城市群的外来人口中专业技术人员的占比（25.64%）最高。

表4－18　十个特大城市外来人口的职业类型分布

单位：%

职业类型	北京	天津	上海	杭州	广州	深圳	武汉	长沙	重庆	成都
党政机关、群团组织、企事业单位负责人	1.57	2.08	0.81	2.61	2.45	3.01	1.39	1.53	1.82	0.74
专业技术人员	29.81	14.58	22.18	18.26	24.30	20.27	19.44	19.57	8.18	20.59
办事人员和有关人员	5.88	2.08	6.45	5.22	1.06	0.82	4.86	3.36	2.73	9.19
社会生产服务和生活服务人员	47.45	48.96	36.69	54.78	53.17	59.18	59.72	54.74	69.09	50.00
农林牧渔业生产及辅助人员	3.92	2.08	5.24	4.78	4.23	9.04	4.17	9.17	3.64	5.15
生产制造及有关人员	10.98	29.17	28.23	14.35	13.73	7.12	9.73	11.31	13.64	13.97
不便分类的其他人员	0.39	1.05	0.40	0.00	1.06	0.56	0.69	0.32	0.90	0.36

表4－19　五大城市群外来人口的职业类型分布

单位：%

职业类型	京津冀城市群	长三角城市群	珠三角城市群	长江中游城市群	成渝城市群
党政机关、群团组织、企事业单位负责人	1.71	1.67	2.77	1.49	1.05
专业技术人员	25.64	20.29	22.03	19.53	17.02
办事人员和有关人员	4.84	5.86	0.92	3.82	7.33
社会生产服务和生活服务人员	47.86	45.40	56.55	56.26	55.50
农林牧渔业生产及辅助人员	3.42	5.02	6.93	7.64	4.71
生产制造及有关人员	15.95	21.55	10.02	10.83	13.87
不便分类的其他人员	0.58	0.21	0.78	0.43	0.52

2. 收入水平

收入是外来人口经济融入最核心的指标之一，也是其改善居住条件和完善社会保障的物质基础。把十个特大城市外来人口 2018 年的个人年收入按照从低到高的顺序排列，然后根据收入的五分位依次分为低收入、中等偏下收入、中等收入、中等偏上收入和高收入五个收入组。从表 4 - 20 可见，深圳的外来人口中有 51.84% 的人处在高收入组。上海、北京和杭州的外来人口处在中等偏上收入组的比例较大，分别为 30.08%、25.18% 和 24.15%。重庆、天津和成都的外来人口处于中等偏下收入组的比例较大，分别为 42.06%、41.18% 和 40.89%。广州的外来人口中有 29.86% 的人处于中等收入组。整体来看，长沙外来人口的收入分布比较均衡（高收入组除外），收入组之间的占比相差不大。而深圳外来人口的收入分化非常明显，处于高收入组的比例最高。从城市群（见表 4 - 21）看，长三角城市群的外来人口处于中等收入组的占比最高（24.50%），成渝城市群的外来人口处于中等收入以下组的占比最高（59.48%），珠三角城市群的外来人口处于中等收入以上组的占比最高（55.79%）。

表 4 - 20　十个特大城市外来人口的个人年收入

单位：%

收入组	北京	天津	上海	杭州	广州	深圳	武汉	长沙	重庆	成都
低收入（20%）	17.27	16.67	14.66	17.37	17.71	21.60	14.97	21.59	22.22	16.49
中等偏下收入（20%）	17.99	41.18	11.65	16.10	18.06	2.38	36.05	25.57	42.06	40.89
中等收入（20%）	15.83	24.51	27.07	21.61	29.86	6.91	23.81	21.59	26.19	20.62
中等偏上收入（20%）	25.18	10.78	30.08	24.15	20.49	17.28	19.73	22.73	6.35	15.81
高收入（20%）	23.74	6.86	16.54	20.76	13.89	51.84	5.44	8.52	3.17	6.19

表 4 - 21　五大城市群外来人口的个人年收入

单位：%

收入组	京津冀城市群	长三角城市群	珠三角城市群	长江中游城市群	成渝城市群
低收入（20%）	17.11	15.94	20.11	19.64	18.23

续表

收入组	京津冀城市群	长三角城市群	珠三角城市群	长江中游城市群	成渝城市群
中等偏下收入 (20%)	24.21	13.75	8.39	28.66	41.25
中等收入 (20%)	18.16	24.50	15.71	22.24	22.30
中等偏上收入 (20%)	21.31	27.29	18.51	21.84	12.95
高收入 (20%)	19.21	18.52	37.28	7.62	5.27

3. 住房情况

住房不仅是安身之所,也是个人财富和社会地位的象征。本部分主要通过外来人口在流入地的住房类型来考察其住房情况。如表 4 - 22 所示,十个特大城市的外来人口主要还是以租房为主,拥有自有住房的比例相对较低,但不同特大城市之间的差异明显。重庆的外来人口中一半以上(56.15%)的人在流入地拥有自有住房,远高于其他特大城市外来人口拥有自有住房的比例;武汉次之(42.31%)。而北上广深的外来人口拥有自有住房的比例明显更低,这显然与流入地的房价较高有关。尤其是深圳,近年来房价大幅增长,使得外来人口在当地购房变得更加困难。从城市群(见表 4 - 23)看,成渝城市群的外来人口拥有自有住房的比例最高(45.37%),珠三角城市群的外来人口拥有自有住房的占比最低(28.01%)。

表 4 - 22　十个特大城市外来人口的住房类型

单位:%

住房类型	北京	天津	上海	杭州	广州	深圳	武汉	长沙	重庆	成都
自有住房	27.70	37.50	32.72	41.46	28.15	28.03	42.31	37.40	56.15	40.89
租房	63.31	52.88	60.66	47.97	61.26	70.70	49.36	51.76	39.23	45.05
其他	8.99	9.62	6.62	10.57	10.60	1.27	8.33	10.84	4.62	14.06

表 4 - 23　五大城市群外来人口的住房类型

单位:%

住房类型	京津冀城市群	长三角城市群	珠三角城市群	长江中游城市群	成渝城市群
自有住房	30.37	36.63	28.01	38.85	45.37
租房	60.47	54.84	67.06	51.05	43.34

续表

住房类型	京津冀城市群	长三角城市群	珠三角城市群	长江中游城市群	成渝城市群
其他	9.16	8.53	4.93	10.10	11.29

4. 社会保障情况

社会保障不仅是外来人口规避风险的途径之一，也为外来人口提高生活品质解决了后顾之忧。表4-24展示了十个特大城市外来人口"五险一金"的覆盖情况。整体来看，各特大城市外来人口养老保险和医疗保险的参保率均比较高。作为增进民生福祉、维护社会和谐稳定的重大制度安排，我国城乡居民基本养老保险和基本医疗保险的覆盖率越来越高。其中，深圳外来人口的养老保险和医疗保险的参保率最高，分别达到89.91%和92.26%；其次为上海，两种保险的参保率分别为85.24%和91.51%。相比之下，各特大城市外来人口拥有失业保险、工伤保险、生育保险和住房公积金的比例较低。不过深圳的外来人口拥有失业保险、工伤保险、生育保险以及住房公积金的比例依然是最高的，而天津、重庆和长沙的外来人口拥有失业保险、工伤保险、生育保险以及住房公积金的比例相对偏低。从城市群（见表4-25）看，长三角城市群外来人口的社会保障水平总体上是最高的。

表4-24　十个特大城市外来人口的社会保障情况

单位：%

社会保障	北京	天津	上海	杭州	广州	深圳	武汉	长沙	重庆	成都
养老保险	76.98	65.38	85.24	76.02	60.27	89.91	64.10	60.16	50.77	68.71
医疗保险	85.25	68.27	91.51	85.77	83.16	92.26	80.77	81.84	83.85	90.38
失业保险	52.19	20.19	57.30	55.69	40.61	62.83	31.41	29.00	23.26	37.46
工伤保险	54.01	20.19	58.11	58.13	44.37	62.93	31.41	29.54	25.38	38.64
生育保险	49.64	20.19	53.64	52.85	39.25	59.22	31.41	27.10	21.54	33.88
住房公积金	39.27	17.31	41.67	22.36	23.21	44.15	20.51	13.32	6.92	20.33

表4-25　五大城市群外来人口的社会保障情况

单位：%

社会保障	京津冀城市群	长三角城市群	珠三角城市群	长江中游城市群	成渝城市群
养老保险	73.82	80.85	78.50	61.33	63.41

社会保障	京津冀城市群	长三角城市群	珠三角城市群	长江中游城市群	成渝城市群
医疗保险	80.63	88.78	88.71	81.52	88.46
失业保险	43.39	56.53	54.18	29.71	33.26
工伤保险	44.71	58.12	55.75	30.10	34.70
生育保险	41.58	53.25	51.46	28.38	30.21
住房公积金	33.25	32.35	35.92	15.46	16.32

（二）心理和身份层面的融入

如果说客观的经济条件为外来人口提供了"有形的物质依靠"，那么心理和身份层面的融入则成为外来人口"无形的精神寄托"。只有实现了心理和身份层面的融入，外来人口才真正融入了当地社会。下面，笔者将从工作满意度、本地生活适应情况以及身份认同三个方面分析外来人口心理和身份层面的融入情况。

1. 工作满意度

从各特大城市外来人口工作满意度的均值看，杭州最高（3.81 分），其次为广州（3.78 分），深圳的均值最低（3.31 分）。从表 4-26 可以看出，杭州的外来人口中对工作比较满意的占比为 72.18%，高于其他城市外来人口选择比较满意的比例；上海次之（67.17%）。深圳的外来人口中有 56.79% 的人表示对工作的满意度为一般，远高于其他城市工作满意度为一般的比例。结合上文对外来人口收入水平的分析，虽然深圳的外来人口中处于高收入组的比例高于其他城市，但是其工作满意度却普遍不高。事实上，高收入与工作满意度并不必然成正比，因为收入高往往意味着高要求和高压力，牺牲休闲时间加班渐成为一些业界的常态，从而导致高收入群体对工作的满意度偏低。从对工作表示非常满意和比较满意的外来人口占比看，长三角城市群的比例是最高的（74.55%），成渝城市群次之（68.19%）。

表 4-26　十个特大城市外来人口的工作满意度

单位：%

工作满意度	北京	天津	上海	杭州	广州	深圳	武汉	长沙	重庆	成都
非常满意	12.78	6.67	1.52	8.56	12.44	1.23	11.11	11.93	8.75	8.87

续表

工作满意度	北京	天津	上海	杭州	广州	深圳	武汉	长沙	重庆	成都
比较满意	49.44	66.67	67.17	72.18	61.29	35.80	50.00	51.85	52.50	62.07
一般	33.89	23.33	25.76	10.70	18.89	56.79	30.56	30.45	21.25	19.21
不太满意	2.78	3.33	4.04	8.56	6.45	5.56	5.56	4.53	13.75	8.37
非常不满意	1.11	0.00	1.51	0.00	0.93	0.62	2.77	1.24	3.75	1.48

表 4-27　五大城市群外来人口的工作满意度

单位：%

工作满意度	京津冀城市群	长三角城市群	珠三角城市群	长江中游城市群	成渝城市群
非常满意	11.25	4.94	5.73	11.68	8.83
比较满意	53.75	69.61	46.03	51.28	59.36
一般	31.25	18.44	41.59	30.48	19.79
不太满意	2.92	6.23	5.91	4.84	9.89
非常不满意	0.83	0.78	0.74	1.71	2.12

2. 本地生活适应情况

成都外来人口对本地生活适应情况的评分最高（4.29 分），重庆次之（4.21 分）；排在最后两位的分别为上海（3.82 分）和深圳（3.72 分）。如 4-28 所示，深圳非常适应本地生活的外来人口比例最低，为 7.69%。与工作满意度相似，尽管深圳外来人口的收入水平、社会保障水平均较高，但是其本地生活适应程度却比较低。换言之，虽然在整体上深圳外来人口的经济融入水平较高，尤其是收入水平，但其在心理层面还游离于当地社会之外。与快节奏的大都市相比，成都则充满了浓郁的休闲生活气息，有大量茶馆、串串店等休闲娱乐和美食场所，这培养了当地居民高雅的生活品位，同时也形塑了其独特的城市价值，外地人更容易适应当地惬意的生活。从城市群看（见表 4-29），成渝城市群的外来人口非常适应和比较适应本地生活的比例最高（90.28%），而珠三角城市群的外来人口非常适应和比较适应本地生活的比例最低（77.63%）。

表 4-28　十个特大城市外来人口的本地生活适应情况

单位：%

	北京	天津	上海	杭州	广州	深圳	武汉	长沙	重庆	成都
非常适应	20.22	20.39	8.27	23.98	25.92	7.69	30.77	21.15	33.33	40.25

续表

	北京	天津	上海	杭州	广州	深圳	武汉	长沙	重庆	成都
比较适应	55.60	67.96	70.68	68.29	60.13	64.53	55.13	60.70	55.82	50.48
一般	19.49	10.68	16.92	3.25	10.96	21.58	10.26	11.92	9.30	7.67
不太适应	3.97	0.97	3.01	4.48	2.66	4.06	3.21	5.69	1.55	1.60
很不适应	0.72	0.00	1.13	0.00	0.33	2.14	0.63	0.54	0.00	0.00

表 4 - 29　五大城市群外来人口的本地生活适应情况

单位：%

	京津冀城市群	长三角城市群	珠三角城市群	长江中游城市群	成渝城市群
非常适应	20.26	15.82	14.82	24.00	38.24
比较适应	58.95	69.53	62.81	59.05	52.04
一般	17.11	10.35	17.43	11.43	8.14
不太适应	3.16	3.71	3.51	4.95	1.58
很不适应	0.53	0.59	1.43	0.57	0.00

3. 身份认同

身份认同是指流动人口与本地人及家乡人之间的心理距离及对自己是谁、从何处来、将去往何处的思考及认知（杨菊华，2013）。从表 4 - 30 可以看出，重庆的外来人口认同自己为本地人的占比最高（32.00%），其后依次为武汉（26.97%）、成都（26.58%）、长沙（26.56%）。上海和深圳的外来人口认同自己是本地人的占比分别为 9.89% 和 5.82%，低于其他城市外来人口认同自己是本地人的占比。重庆和成都的外来人口认同自己为本地人的比例较大可以用川渝自古以来就存在紧密的文化联结来解释，二者在文化上同根同源，文化的亲缘性有助于人们破除观念壁垒，增强区域文化认同。同时，结合前文对外来人口户籍所在地的分析，成都的外来人口中超过 80% 的人来自四川省内，这种地缘优势更加强化了身份认同。综合来看，成渝城市群和长江中游城市群外来人口的身份认同程度更高。

表 4 - 30　十个特大城市外来人口的身份认同情况

单位：%

身份认同	北京	天津	上海	杭州	广州	深圳	武汉	长沙	重庆	成都
本地人	13.31	10.23	9.89	19.42	18.79	5.82	26.97	26.56	32.00	26.58

续　表

身份认同	北京	天津	上海	杭州	广州	深圳	武汉	长沙	重庆	成都
外地人	75.54	77.27	84.41	74.79	66.44	66.81	57.89	62.33	62.00	65.45
说不清	11.15	12.50	5.70	5.79	14.77	27.37	15.14	11.11	6.00	7.97

表 4 - 31　五大城市群外来人口的身份认同情况

单位：%

身份认同	京津冀城市群	长三角城市群	珠三角城市群	长江中游城市群	成渝城市群
本地人	12.57	14.46	10.89	26.68	38.15
外地人	75.96	79.80	66.67	61.04	54.74
说不清	11.48	5.74	22.44	12.28	7.11

三　特大城市外来人口的落户意愿及其影响因素

（一）外来人口的落户意愿

国家发改委网站公布的《2019 年新型城镇化建设重点任务》指出，超大特大城市要调整完善积分落户政策，大幅增加落户规模、精简积分项目，确保社保缴纳年限和居住年限分数占主要比例①。针对超大特大城市户籍管理制度的改革，让流动人口能够真正在城市落脚，成为实现城市自身高质量发展的必由之路。随着特大城市的落户政策逐渐开始松动，不少特大城市开始争夺人才。在此背景下，特大城市外来人口的落户意愿如何呢？落户意愿不仅反映了外来人口的长期居留意愿，是衡量外来人口转向稳定生活状态的重要标志，也是判断城市吸引力的有力参考。相较于居留意愿，落户意愿更能体现外来人口对落户成本和个人发展前景进行评估之后做出的慎重选择。从调查结果（见表 4 - 32）看，深圳的外来人口想要落户的比例最高（61.21%）。重庆的外来人口想要落户的比例仅次于深圳，达到 53.78%，成都的外来人口想要落户的比例（46.71%）也比较高，这说明以成都和重庆为代表的成渝城市群具有极大的发展潜力。而长

---

① 国家发改委：《2019 年新型城镇化建设重点任务》，https://www.ndrc.gov.cn/xxgk/zcfb/tz/201904/t20190408_962418.html，2019 年 4 月 8 日。

沙的外来人口想要落户的比例最低（29.70%）。从城市群（见表 4 - 33）看，珠三角城市群的外来人口想要落户的比例最高（53.48%），长江中游城市群的外来人口有落户意愿的比例最低（33.46%）。近年来，网络媒体上关于"逃离北上广"话题的讨论很多，面对一线城市高昂的生活成本和购房压力，退居二三线城市似乎成为不少外来青年的次优选择。然而，这样的论断很可能只是基于北京等特大城市常住人口数量减少而得出的。此外，还应考虑的是，那些依然留在特大城市的常住人口中想要落户的比例是否有上升的趋势。从调查数据看，上海、北京的外来人口中大约有一半的人有落户意愿，而深圳的外来人口中有落户意愿的比例甚至已经超过了北京和上海，这说明北京、上海、深圳等特大城市外来人口的落户需求仍然强烈。

表 4 - 32　十个特大城市外来人口的落户意愿

单位：%

落户意愿	北京	天津	上海	杭州	广州	深圳	武汉	长沙	重庆	成都
有	49.82	49.43	50.94	38.40	41.46	61.21	42.67	29.70	53.78	46.71
没有	50.18	50.57	49.06	61.60	58.54	38.79	57.33	70.30	46.22	53.29

表 4 - 33　五大城市群外来人口的落户意愿

单位：%

落户意愿	京津冀城市群	长三角城市群	珠三角城市群	长江中游城市群	成渝城市群
有	49.72	45.02	53.48	33.46	48.77
没有	50.28	54.98	46.52	66.54	51.23

（二）不同户籍外来人口落户意愿的影响因素

在有关影响落户意愿因素的研究中，流出地的"推力"和流入地的"拉力"成为人口流动的重要机制，如流出地的自然环境恶劣、收入水平较低等作为推力将当地居民推出原住地，而流入地就业机会多、劳动报酬高、文化和交通等基础设施更为完善则会拉动个体或家庭迁入，因此流出地禀赋和流入地的融合度常常被作为分析外来人口落户意愿的切入点（张新、周绍杰、姚金伟，2018；邱红、周文剑，2019；李升、苏润原，2020）。而从落户意愿研究所涉及的群体看，随着新型城镇化建设的不断推进，实现农业转移人口市民化成为破解城乡二元结构的关键，以进城农民工为代表的乡－城流动人口也就成为学界关注的重点。许多研究从农村迁移劳动力的个体特征、家庭特征、经济条件、社会因素和地理区位等角度对乡－城流动人口的留城意愿或定居意愿进行了全面而深入的分析。然而，外来人口从来不是一个高度同质化的群体，其内部也存在较大差异。对外来人口而言，除了"城里人"和"农村人"的城乡分割之外，还存在"本地人"和"外地人"的地域分割（张展新，2007）。根据户籍性质，可将外来人口划分为乡－城流动人口和城－城流动人口，而后者在流动人口的研究中常常被忽视。更为现实的情况是，有研究发现，外来人口的户籍性质也可能导致流动人口的分层，城－城流动人口的经济融入水平明显高于乡－城流动人口（杨菊华，2013）。不仅如此，两类群体在个体特征、流动特征、社会融入水平等方面都存在明显的差别，这可能会影响到不同户籍外来人口的居留或落户意愿。表4－34比较了特大城市中有落户意愿的外来人口的户籍差异。一个比较有趣的发现是，在想要落户北京、上海、深圳的外来人口中，非农业户籍人口所占的比例超过了农业户籍人口的比例。而在其他几个特大城市中，有落户意愿的农业户籍人口的比例则高于非农业户籍人口的比例。这在一定程度上说明，非农业户籍的外来人口在落户门槛相对较高的一线特大城市有户籍优势。从城市群（见表4－35）看，在想要落户长三角城市群和长江中游城市群的外来人口中，农业户籍人口的比例大于非农业户籍人口的比例。而在想要落户京津冀、珠三角和成渝城市群的外来人口中，非农业户籍人口的比例则大于农业户籍人口的比例。

表4－34　十个特大城市外来人口落户意愿的户籍差异

单位：%

	北京	天津	上海	杭州	广州	深圳	武汉	长沙	重庆	成都
非农业户籍	71.43	25.00	50.89	33.33	36.36	75.76	44.90	32.05	43.40	39.64
农业户籍	28.57	75.00	49.11	66.67	63.64	24.24	55.10	67.95	56.60	60.36

表4－35　五大城市群外来人口落户意愿的户籍差异

单位：%

	京津冀城市群	长三角城市群	珠三角城市群	长江中游城市群	成渝城市群
非农业户籍	61.11	44.20	63.94	37.01	52.11
农业户籍	38.89	55.80	36.06	62.99	47.89

　　基于此，本部分将从外来人口的个体特征、流动特征、社会融入情况、地区特征四个维度比较影响不同户籍外来人口落户意愿的影响因素。个体特征包括年龄、性别、受教育程度、婚姻状况。流动特征包括外来人口的户籍类型和户籍所在地、居住时间、居住稳定性（近五年搬家次数）。社会融入情况从经济融入、心理和身份层面的融入两个维度进行考察：经济融入①具体包括个人年收入、住房情况、社会保障情况，心理和身份层面的融入包括工作满意度、本地生活适应情况、身份认同。

表 4－36　样本相关变量的描述性统计

变量	变量取值	均值/百分比
性别（%）	女	51.97
	男	48.03
婚姻状况（%）	未婚	26.77
	已婚	69.01
	离异或丧偶	4.22
年龄（岁）		38.35
受教育程度（%）	小学及以下	11.12
	初中	22.54
	高中/中专	24.03
	大学专科	16.49
	大学本科	22.28
	研究生及以上	3.54
户籍类型（%）	农业	55.57
	非农业	44.43
户籍所在地（%）	省内	43.10
	外省省会城市	8.35
	外省地级市	25.61
	外省的县/县级市	22.95

①　在研究不同户籍外来人口落户意愿的影响因素时，笔者发现职业类型在整个模型中并不显著，即职业类型对不同户籍外来人口落户意愿没有影响。考虑到模型的简洁性，因此经济融入主要考察个人年收入、住房情况和社会保障情况三个方面。

续表

变量	变量取值	均值/百分比
居住时间（%）	5 年及以下	43.62
	6~10 年	23.94
	11~20 年	22.84
	20 年以上	9.60
近五年搬家次数（%）	0 次	54.99
	1 次	31.32
	2 次	5.84
	3 次及以上	7.85
住房类型（%）	自有住房	35.12
	租房或其他	64.88
社会保障情况（"五险一金"）（%）	1 项都没有	12.17
	有 1 项	15.78
	有 2 项	25.26
	有 3 项	3.07
	有 4 项	2.84
	有 5 项	16.95
	有 6 项	23.93
个人年收入（元）		106580.7
本地生活适应情况（%）	非常适应	0.72
	比较适应	3.47
	一般	13.26
	不太适应	61.03
	很不适应	21.52
工作满意度（%）	非常满意	1.20
	比较满意	5.96
	一般	30.09
	不太满意	54.84
	非常不满意	7.91
身份认同（%）	本地人	19.42
	外地人	67.50
	说不清	13.09

续表

变量	变量取值	均值/百分比
落户意愿（%）	有	46.33
	没有	53.67
城市群（%）	京津冀	14.49
	长三角	19.57
	珠三角	29.24
	长江中游	19.91
	成渝	16.80

模型结果（见表4-37）显示，个体特征基本不会对乡-城流动人口的落户意愿产生影响，但是会影响城-城流动人口的落户意愿。在城-城流动人口中，男性想要落户的可能性比女性低42.5%。这可能是因为男性主要承担家庭在特大城市的购房任务，从而大大削弱了其落户意愿。年龄每增长1岁，想落户的可能性会降低4.3%。受教育程度越高，想落户的可能性越大。比如，研究生及以上学历的群体中有落户意愿的可能性是小学及以下受教育程度群体的16.821倍。事实上，近年来特大城市纷纷出台"抢人"政策，高学历群体在落户方面确实占据了较大优势，与之形成鲜明对比的是，学历优势并不会使乡-城流动人口增强落户意愿。在流动特征方面，相比于居住5年及以下的乡-城流动人口，居住时间在6~10年的乡-城流动人口有落户意愿的可能性增加43.4%。而居住时间在20年以上的城-城流动人口有落户意愿的可能性是居住5年及以下的城-城流动人口的2.41倍。近五年搬家次数并不对乡-城流动人口的落户意愿产生影响，而搬家次数在3次及以上的城-城流动人口，其落户意愿比近五年没有搬过家的人降低了61.8%。户籍所在地对城-城流动人口的落户意愿没有影响，而户籍在外省地级市的乡-城流动人口比省内流动人口的落户意愿增加52.6%。在经济融入维度上，乡-城流动人口的个人年收入每提高一个单位，有落户意愿的可能性会增加24.5%，但个人年收入对城-城流动人口的落户意愿没有影响。换言之，城-城流动人口的落户意愿并不源于经济因素，而更可能是出于城市体验或者个人发展前景的考虑。拥有自有住房显然会增加两类流动人口想要落户的可能性，可见，是否能在特大城市买得起住房是制约外来人口落户的关键因素。社会保障越完善，越可

能增加乡－城流动人口落户的可能性，而城－城流动人口则不受社会保障的影响，这可能与城－城流动人口的社会保障普遍比较完善有关。从心理和身份层面的融入维度来看，乡－城流动人口的本地生活适应情况越好，越可能增强其落户本地的意愿。工作满意度不会对两类流动人口的落户意愿产生影响，但是身份认同会增强两类流动人口的落户意愿。这表明，外来人口的身份认同对于其落户意愿有积极的影响。从城市群看，成渝城市群的乡－城流动人口想要落户本地的可能性比京津冀城市群的乡－城流动人口高83.3%，而长江中游城市群的城－城流动人口想要落户本地的可能性比京津冀城市群的城－城流动人口低61.8%。

表4－37　不同户籍类型外来人口落户意愿的二元 logistic 回归模型

	模型1	模型2
	乡－城流动人口 Exp（B）	城－城流动人口 Exp（B）
个体特征		
性别		
男性	0.941	0.575 ***
年龄	0.990	0.957 ***
受教育程度		
初中	1.338	2.612
高中/中专	1.428	4.134 *
大学专科	2.054 **	6.574 **
大学本科	1.852	8.943 ***
研究生及以上	0.596	16.821 ***
婚姻状况		
已婚	1.123	1.232
离异或丧偶	0.602	0.768
流动特征		
居住时间		
6~10 年	1.434 *	1.287
11~20 年	1.200	1.380
20 年以上	1.587	2.414 **
近五年搬家次数		
1 次	0.982	0.960

续表

	模型 1	模型 2
	乡－城流动人口 Exp（B）	城－城流动人口 Exp（B）
2 次	1.264	0.851
3 次及以上	0.811	0.382**
户籍所在地		
外省省会城市	0.850	0.724
外省地级市	1.526*	0.829
外省的县/县级市	1.381	1.071
经济融入		
个人年收入	1.245**	1.150
住房情况	1.453**	1.702**
社会保障情况	1.068*	1.053
心理和身份层面的融入		
本地生活适应情况	1.313**	1.010
工作满意度	1.124	0.889
身份认同	1.652**	1.821**
流入地所在城市群		
长三角城市群	0.776	0.888
珠三角城市群	1.416	1.497
长江中游城市群	0.638	0.358**
成渝城市群	1.833**	0.967
常数	0.006***	0.250
观察值	928	640
伪 R^2	0.0854	0.1520

注：1. 显著性水平：$^{***}p<0.01$，$^{**}p<0.05$，$^{*}p<0.1$；2. 参照组：性别的参照组为女性，受教育程度的参照组为小学及以下，婚姻状态的参照组为未婚，居住时间的参照组为 5 年及以下，近五年搬家次数的参照组为没有搬过家（0），户籍所在地的参照组为省内，住房情况的参照组为租房和其他，身份认同的参照组为认为自己是外地人或说不清，流入地所在城市群的参照组为京津冀城市群。

<h2 align="center">四　小结</h2>

作为城市和外来人口之间的一种双向选择，地域流动的结果不仅体现

了人们对不同城市的偏好和向往，同时也展现了不同城市自身的特点、发展潜力、不足和短板。本章主要围绕三类问题比较了不同特大城市以及城市群之间外来人口的差异，主要有以下发现。第一，不同地区接受的流动人口各有特点。从个体特征看，深圳对非农业户籍的外来人口吸引力最强，而杭州对农业户籍外来人口的吸引力最强。成都吸引的外来人口最为年轻且未婚比例最高。北京、深圳、上海这三个一线城市的"吸才"能力最强，而成都新晋成为人才聚集的城市。从流动特征看，成都和长沙对省内流动人口的吸引力最强，重庆和杭州的外来人口长期居住的比例较高，而深圳的外来人口居住稳定性最高，上海的经济型流动人口占比最大。

第二，不同特大城市外来人口社会融入的各维度并不均衡，深圳最为典型。从经济融入水平看，重庆和武汉外来人口的职业类型主要是社会生产服务和生活服务人员，而北京、广州、上海的外来人口中专业技术人员的比例排在前三位。长沙的外来人口收入分布比较均衡（高收入组除外），而深圳外来人口的收入分化非常明显。重庆的外来人口拥有自有住房的比例最高，北上广深的外来人口拥有自有住房的比例明显较低。深圳外来人口的社会保障水平最高，相比之下，天津、重庆、长沙外来人口的社会保障水平相对偏低。从心理和身份层面的融入看，杭州的外来人口对工作的满意度最高，而深圳的外来人口对工作的满意度和本地生活适应情况的评价均为最低。重庆的外来人口认同自己为本地人的比例最高，而上海和深圳偏低。

第三，尽管此次调查发现个别特大城市的外来人口在社会融合的维度上发展并不均衡，但这不一定会降低其落户意愿。换言之，只要外来人口在某一社会融合维度上占据优势，就可能有落户意愿。比如，尽管深圳外来人口的经济融入水平远高于心理和身份层面的融入水平，但是深圳外来人口想要落户的占比最高，甚至超过了北京和上海。而重庆的外来人口在心理和身份层面的融入水平明显高于经济融入水平，但是有落户意愿的外来人口比例也较高。

第四，不同户籍外来人口的落户意愿及影响因素存在明显差异。学历越高的城 - 城流动人口有落户意愿的可能性越大，然而高学历并不能增强乡 - 城流动人口在特大城市的落户意愿。随着高等教育从精英教育迈向大众教育，越来越多的农家子弟能够获得接受高等教育的机会，不过更为现实的情况是，户籍劣势仍然是他们实现进一步向上流动的阻碍。此外，不管是对城－城流动人口还是乡－城流动人口来说，是否拥有自有住房都是影响其落户意愿的重要因素，可见，不少城市通过房租补贴或者给低价商品房的方式开展"抢人大战"确实能够发挥作用。最后，从心理和身份层面的融入维度看，工作满意度并不会对两类流动人口的落户意愿产生影响，但是认同自己为本地人对外来人口的落户意愿有积极的影响。

第五章　特大城市居民的住房
资源与居住空间

杨城晨

作为对传统中国人理想生活形态的描述，"安居乐业"一词体现了住房对个体及家庭社会化生活的重要支撑意义。习近平总书记指出，住房问题既是民生问题，也是发展问题，关系千家万户切身利益，关系人民安居乐业，关系经济社会发展全局，关系社会和谐稳定。① 住有所居，是人民的基本生活需求。当前，中国特色社会主义进入新时代，住房市场化改革也已走过近三十年的历程。在这一关键节点，本章对新时代特大城市的住房资产、居住空间以及住房金融情况进行全面的梳理和呈现，真实地反映城市居民的住房现状和需求，这是我们分析新时代中国社会结构变迁的重要内容，更有助于回应社会关注，为更多人安居梦的实现提供经验支持。

一　特大城市居民的住房资产

住房差异一直被看作城市居民阶层差异的主要方面（Logan & Bian，1993；刘精明、李路路，2005）。在计划经济时期，住房作为一种稀缺的公共资源，曾经在中国城市社会分层中发挥着关键作用。由于当时居民的工资较低，收入相差不多，获得公共住房被视作一项重要的福利，住房面积大小和质量在很大程度上取决于单位的性质和个人的职业。20世纪90年代的住房市场化改革从制度层面打破了这一局面，住房正式被作为一种商品推向市场，获取住房的方式也由单位分配转向了利用货币在住房市场中购买。

---

① 参见新华网《为了梦圆安居，创造幸福生活——习近平总书记牵挂的民生事之"住有所居"篇》，http://www.xinhuanet.com/2019-08/11/c_1124861965.htm，2019年8月11日。

这就导致不同职业、收入水平和家庭财产状况的居民在获取住房资产上存在差异。在本节中，笔者通过住房自有率、自有住房市值以及自有住房的市场化程度三个维度展现当前特大城市居民在住房上的相关差异。

（一）特大城市居民的住房自有率较低，不同城市之间、社会阶层之间在自有住房上差异较大

在中国的传统文化中，"安家置业"一直是个人生命历程的必经阶段，因此，"家"对社会中每个人的重要性都不言而喻，而住房则是家的物质载体。学界普遍认为，城市居民的住房自有率得到了大幅提升，住房成为城市家庭一种重要的财产。国家统计局数据显示，至 2008 年，中国城镇居民的住房自有率已达 87.8%。《中国家庭金融调查报告·2012》显示，中国住房自有率高达 89.68%（甘犁等，2012）；有研究根据调查数据测算至 2015 年城镇居民的住房自有率达到了 95%（范雷，2016）。由于房地产市场价格不断攀升，尤其是特大城市房地产价格居高不下，购买一套住房可能需要居民花费数年甚至数十年的收入和积蓄，这就导致部分居民存在"住房焦虑"现象。因此，特大城市的住房自有情况可能与城镇居民的住房自有情况不同。另外，人们对更高质量"住有所居"的向往以及随着房地产价格的上涨所激发的家庭财富投资的购房行为（吴开泽，2016），使拥有多套自有住房的城市居民比例不断攀升。在本节中，笔者使用调查数据测算了十个特大城市居民拥有自有住房的比例，以及二套房家庭和多套房家庭的占比，并比较了不同城市之间以及社会阶层之间的相应区别。

在自有住房总体比例方面，数据显示，当前特大城市居民中报告拥有自有住房的比例为 82.81%，其中一套房家庭的比例为 62.35%，二套房家庭的比例为 16.83%，多套房家庭的比例为 3.63%（见图 5-1）。住房自有率略低于以往学界的研究，这可能与特大城市住房市场价格较高、获取住房的难度较大有关。

从不同城市居民的住房拥有情况来看，各个城市之间的差异较为明显。首先，从住房自有率来看，重庆居民的住房自有率最高，达到 89.78%，长沙次之，为 88.85%；而深圳居民的住房自有率最低，仅为 62.58%，北京次之，为 76.59%；其余城市居民的住房自有率均在 80% 以上。这反映出中西部特大城市相比东部沿海或北京等特大城市来说，住房价格相对较

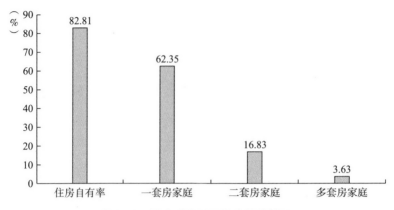

图 5 - 1　特大城市居民住房拥有情况

低，因而住房自有率明显较高。另外，从二套房家庭以及多套房家庭的占比情况看，杭州二套房家庭占比达到了 26.16%，多套房家庭的比例为 7.24%；成都二套房家庭和多套房家庭的占比分别为 23.33% 和 6.46%，两项数据高于除杭州外的其他城市（见表 5 - 1）。

表 5 - 1　不同城市居民住房拥有情况

单位：%

	一套房家庭	二套房家庭	多套房家庭	住房自有率
北京	59.30	14.17	3.12	76.59
天津	72.76	10.95	1.01	84.72
上海	65.19	15.59	3.32	84.10
杭州	53.32	26.16	7.24	86.72
广州	65.37	14.11	3.20	82.68
深圳	59.05	2.62	0.91	62.58
武汉	64.23	20.34	3.81	88.38
长沙	63.61	21.20	4.04	88.85
重庆	66.80	19.74	3.24	89.78
成都	54.34	23.33	6.46	84.03

正如前文指出的，转型时期住房市场存在着计划经济遗产与市场逻辑并存的分配机制。在这种二元制度结构下，个人属性、工作单位特征和市场发展对国家引导的住房福利和市场住房补贴产生了显著影响，同时也给住房分异造成了多重影响（Zhao & Ge，2014）。改革前社会中形成了基于

身份地位和权力构建的住房分层体系，改革后住房市场分化体现了市场能力与权力地位的双重作用。住房分层成为市场化机制下社会分层的一种表现形式，职业与收入的高低决定了人们的住房地位，住房资源的获取及其优劣与个人的社会地位和阶层位置紧密相关（李春玲，2007；李强，2009）。因此，本节考察了不同社会阶层住房拥有情况的差别。数据显示，私营企业主阶层居民的住房自有率最高，达到了 94.38%，多套房家庭的占比也显著高于其他社会阶层居民。商业服务业从业人员阶层居民的住房自有率最低，为 79.55%（见表 5-2）。调查结果进一步印证了住房拥有情况与居民所处的社会阶层高度相关这一论断。

表 5-2 不同社会阶层居民的住房拥有情况

单位：%

社会阶层	一套房家庭	二套房家庭	多套房家庭	住房自有率
国家与社会管理者	55.90	27.99	8.86	92.75
私营企业主	59.18	24.49	10.71	94.38
经理人员	53.85	23.08	7.69	84.62
专业技术人员	59.93	20.04	4.39	84.36
办事人员	63.55	18.56	3.45	85.56
个体工商户	58.37	18.17	4.01	80.55
商业服务业从业人员	61.06	15.70	2.79	79.55
产业工人	68.87	13.32	2.28	84.47
农业劳动者	66.67	16.18	1.47	84.32
无业失业半失业人员	68.46	9.32	4.66	82.44

（二）居民自有住房市值与区域和自身社会阶层密切相关

皮凯蒂（2014）在《21 世纪资本论》中指出，财富分配的不平等越来越被认为是 21 世纪社会不平等的重要方面。在中国住房市场化改革以后，住房财富越来越成为居民家庭财富的重要组成部分。2003 年，以《国务院关于促进房地产市场持续健康发展的通知》（以下简称《通知》）的发布为标志，我国住房市场开始进入房地产大幅扩张的"住房产业化"时期。《通知》强调，"要充分认识房地产市场持续健康发展的重要意义"、"坚持住房市场化的基本方向，不断完善房地产市场体系"、"要根据市需求，采取有效措施加快普通商品住房发展，提高其在市场供应中的比例"。房地产价格进入稳步上涨的阶段。住房成为收入、财产与社会分化的助推器，在福利住房体制下的住房产权不平等转化为住房财产不平等（陈钊、陈杰、刘晓峰，2008）。而房价的上涨使得越来越多的城市居民将购买住房作为一种投资和家庭财富保值增值的手段，"炒房"投机现象反映了住房的投资属性越来越被居民重视，住房作为一种重要的投资品和金融品被赋予了特定的财富属性，住房市值所代表的房地产财富成为城市居民重要的财富来源（黄静、屠梅曾，2009）。笔者测算了特大城市居民的自有住房总市值以及平均市值，并进行十个特大城市和不同社会阶层的比较。

从特大城市居民自有住房市值的分布来看，特大城市居民的自有住房总市值在 100 万元及以下的占比为 29.88%，自有住房总市值在 101 万 ~ 200 万元的比例为 25.87%，自有住房总市值在 201 万 ~ 300 万元的比例为 23.82%。另外，分别有 12.75% 和 7.67% 的居民报告其自有住房总市值在 301 万 ~ 400 万元和 401 万元及以上。十个特大城市居民的自有住房总市值均值为 215.13 万元，标准差为 3.85。此外，数据结果显示，有四成多（44.38%）的居民自有住房的平均市值在 100 万元及以下，26.78% 的居民自有住房的平均市值在 101 万 ~ 200 万元，有接近 10% 的居民自主住房的平均市值在 300 万元以上。样本均值为 155.18 万元，标准差为 2.94（见表 5 - 3）。从数据中可以明显看出，当前我国特大城市居民以自有住房市值为代表的住房资产已呈明显的"金字塔型"。

表 5 - 3 特大城市居民自有住房市值的分布

单位：%，万元

	总市值	平均市值
100 万元及以下	29.88	44.38
101 万 ~ 200 万元	25.87	26.78
201 万 ~ 300 万元	23.82	19.03
301 万 ~ 400 万元	12.75	8.11
401 万元及以上	7.67	1.70
平均值	215.13	155.18
标准差	3.85	2.94

从特大城市居民自有住房市值的城市差异看，十个特大城市由于经济
发展程度以及房地产市场价格水平的差异，其居民的自有住房总市值和平
均市值的差异也较为明显。图 5-2 的数据显示，北京居民的自有住房总市
值达到了 337.89 万元，平均市值为 219.48 万元。杭州和上海居民的自有
住房总市值位列第二和第三，分别为 297.66 万元和 249.90 万元，平均市
值分别为 169.79 万元和 167.84 万元。作为毗邻港澳地区、社会经济发展
程度较高的深圳，居民的自有住房总市值为 226.25 万元，平均市值为
192.55 万元，仅次于北京。广州居民的自有住房总市值为 205.46 万元，
平均市值为 128.38 万元。天津居民的这两项数值分别为 149.95 万元与
102.98 万元。地处成渝城市群的成都和重庆，其居民的自有住房总市值较
为接近，分别为 176.32 万元和 192.80 万元，平均市值分别为 112.21 万元
和 147.83 万元。地处长江中游城市群的武汉和长沙由于房价较低，其居民
的自有住房总市值和平均市值在十个特大城市中处于偏低位置。

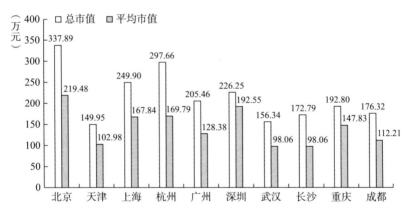

图 5-2　各特大城市居民的自有住房总市值和平均市值

从特大城市居民自有住房市值的社会阶层差异看，国家与社会管理
者、私营企业主和经理人员这三大社会阶层居民在自有住房总市值和平均
市值上也处于优势地位。国家与社会管理者阶层居民的自有住房总市值和
平均市值分别为 330.55 万元和 192.58 万元，私营企业主阶层居民的这两
项数值分别为 276.88 万元和 165.75 万元。而经理人员阶层居民的自有住
房总市值最高，达到 445.35 万元，平均市值同样也最高，为 305.18 万元。
处于社会中间位置的专业技术人员、办事人员、个体工商户和商业服务业
从业人员阶层居民的自主住房市值较为接近。专业技术人员阶层居民的自

有住房总市值和平均市值分别为 297.66 万元和 161.08 万元；办事人员阶层居民的自有住房总市值和平均市值分别为 209.66 万元和 137.77 万元；个体工商户和商业服务业从业人员阶层居民的这两项数值分别为 201.52 万元、132.83 万元和 203.44 万元、134.52 万元。

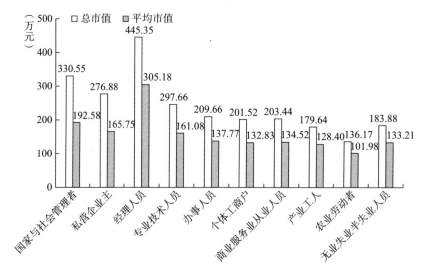

图 5 - 3　各社会阶层居民的自有住房总市值和平均市值

（三）特大城市居民自有住房的市场化程度较高

住房市场化改革最大的成果是城市居民的住房自有率大幅提高，而推动这一结果形成的原因是由再分配体制向市场体制转型的过程中，原先城市中单位产权的公房被逐步推向市场，出售给原先的职工群体。在 1990 年之后的改革初期，以 1994 年《城市房地产管理法》和《城市房屋权属登记管理办法》的出台为契机，国家初步确立了城市住房产权制度，城市中存在的存量住房可以在市场中明码标价并自由交易，住房开始具有个人财产属性和资本化的特征。这种公房产权的出售激活了城市房地产市场。1998 年，以《国务院关于进一步深化城镇住房制度改革加快住房建设的通知》（国发〔1998〕23 号）的颁布为契机，"停止住房实物分配，逐步实行住房分配货币化"成为改革的指导思想，商品房已成为城镇居民自有住房最主要的来源，购买公房的比例大幅下降。房地产市场的繁荣推动了住房价格的居高不下，这也使得部分市场能力有限、家庭经济状况不佳的居民在住房问题上遭遇了种种困难。2007 年，《国务院关于解决城市低收入家庭住房困难的若干意见》（国发〔2007〕24 号）把解决城市低收入家庭住房困难作为住房建设和住房制度改革的重要内容，加快建立健全以廉租住房制度为重点、多渠道解决城市低收入家庭住房困难的政策体系，将保障性住房作为商品房的补充，形成了多种形态并存的住房市场化体系。表5 - 4 的数据反映了当前十个特大城市居民自有住房的产权性质。从表 5 - 4 中可以看出，当前特大城市居民自有住房的市场化程度较高，有超过一半（54.88％）的居民的自有住房为商品房属性，仅有 4.41％的居民的自有住房是通过购买原公房获得的。居民自有住房为保障性住房和小产权房的比例较低，分别为 1.70％和 1.67％。由于本次调查的特大城市居民并不一定是特大城市的户籍居民，因此有 23.48％的居民的自有住房属于自建住房。值得注意的是，有 11.01％的居民的自有住房属于动迁补偿房，这也从侧面反映出当前特大城市中土地征收较为频繁以及房地产市场繁荣的景象。

表 5 - 4　特大城市居民自有住房的产权性质

单位：％

产权性质	比例
自建住房	23.48
购买商品房	54.88
保障性住房	1.70
购买原公房	4.41
小产权房	1.67
动迁补偿房	11.01
其他	2.85

从自有住房的所在区域看，和本次调查的区域类似，有近七成的居民的自有住房位于其所在的直辖市城区或是省会城市城区，其比例分别为31.52％和 35.37％。这说明，无论是一直生活在当地的居民还是移民，在当地购买或获得住房已经成为生活需求。另有 15.33％的居民的自有住房位于地/县级市城区，10.46％的居民的自有住房位于农村。居民的自有住房分布在县城、市/县城城区以外的镇以及国外/境外的比例较低，分别为4.03％、2.28％和 1.01％（见表 5 - 5）。

表 5 - 5　特大城市居民自有住房的区域分布

单位：%

所在区域	比例
直辖市城区	31.52
省会城市城区	35.37
地/县级市城区	15.33
县城	4.03
市/县城城区以外的镇	2.28
农村	10.46
国外/境外	1.01

从自有住房的获得时间看，特大城市居民自有住房为1980年以前获得的比例仅为1.18%，在1980～1989年获得的比例也只有3.81%。而伴随着住房市场化改革的推进，获得自有住房的居民比例大幅提升。其中，自有住房在1990～1999年获得的比例为11.83%，在2000～2009年获得的比例为25.71%；而有超过一半（57.47%）的居民的自有住房是在2010～2019年获得的（见表5-6）。这表明，住房市场化改革使居民获取自有住房的可能性大大增加；在市场经济体制改革不断深化的过程中，特大城市居民自有住房的市场化程度也在不断提升。

表 5 - 6　特大城市居民自有住房的获得时间

单位：%

获得时间	比例
1980 年以前	1.18
1980～1989 年	3.81
1990～1999 年	11.83
2000～2009 年	25.71
2010～2019 年	57.47

二　特大城市居民的居住空间

居住空间一直是住房分化和社会不平等研究的一个重要方面。自20世纪70年代以来，西方国家经济社会领域发生了巨大变化，新马克思主义者在城市社会学与城市地理学学科领域提出了适用于城市化进程的相关理论，其中，列斐伏尔、哈维等人的"空间生产论"产生了重要影响。从此，城市空间被纳入社会理论的分析中，社会的发展不再是"空间内部物质的生产"，而是"空间的再生产"。现代资本主义社会在城市空间中建造了"消费主义的世界"，对空间的占有和消费导致日常生活的异化（Lefebvre，1991）。空间的再生产受到权力和资本的控制，城市建成环境是资本循环的一个重要过程，主要表现为居住空间的扩大、各项基础设施的建设与社会事业的发展。城市空间作为"商品"在房地产市场上为资本赚取新的利润，使过度积累的剩余价值找到了有利可图的投资渠道（哈维，2009）。因此，城市居住空间受到资本的驱动，逐渐形成了城市的"富人区"与"贫民区"。受空间生产论影响，社会分割论与住房阶级论都将住房视为城市空间区隔的重要指标，被用来探讨住房对城市阶层的分化以及社会关系调整的重要作用。

国内的诸多研究指出，居住空间上的阶层分化特征并不仅仅是单纯的社会分层现象，同时也是一种导致社会阶层化、社会区隔趋势显性化的重要机制。不同社会阶层的人们，由于受到不同的结构性条件的制约，选择了不同的居住方式。这表现为：在一些生活质量和居住质量十分类似的社区，集中居住着一些在生活条件和生活机会上大致相似的人群。而且，在这样的封闭性社区中，人们逐渐形成了大致相似的生活方式和地位认同，从而在更广泛的意义上产生了相对封闭的社会阶层群体（刘精明、李路路，2005）。在相对隔离的区域内，同质人群有着相似的社会特征、遵循共同的风俗习惯和共同认可的价值观，或保持一种共同的亚文化。在现有的城市住房消费市场，城市居民基于其住房消费的偏好并在支付能力的制约下，对社区及其周围的公共服务和居住空间质量进行选择，形成了不同品质的社区类型（张传勇、罗峰、黄芝兰，2020）。因此，考察特大城市居民在居住空间上的差异与区隔，对于理解其住房差异具有重要作用。

（一）特大城市居民的住房品质处于中间略偏上的位置

由于住房条件的改善，住房被赋予了更多的场所感与财富感。住房的功能也由单一的提供安全庇护的内部空间发展为人们生活起居、休闲和娱乐的私密场所。住房的内部空间也开始向实用功能转变，其面积和功能分区的分化使得住房在社会中产生了品质上的差异。在这里，居民对所居住房品质的评价可以较为综合地反映出其住房品质。笔者在这里使用问卷中的"您认为您目前居住的住房品质怎么样"这一问题进行测量。1分代表最差的住房，10分代表最好的住房。数据结果显示（见表5-7），当前特大城市居民对所居住房品质的评价呈现"橄榄型"分布：认为所居住房品质得分位于中间层次即自评得分为5分的占比最多，达到了21.75%；认为所居住房品质得分为6分、7分、8分的比例较为接近，分别为18.76%、17.63%和15.14%；而认为所居住房品质得分为9~10分以及1~2分的居民占比较小（分别为3.64%、3.47%、2.84%和2.27%）。居民对所居住房品质的自评均分为5.92分，标准差为1.96，说明十个特大城市居民对所居住房品质的评价处于中间略偏上的位置。

表5-7　特大城市居民对所居住房品质自评得分的分布

单位：%

	1分	2分	3分	4分	5分	6分	7分	8分	9分	10分
比例	2.84	2.27	6.31	8.19	21.75	18.76	17.63	15.14	3.64	3.47

从住房品质的城市差异看，特大城市居民内部对所居住房品质的评价差异较大。从数据结果可以明显看出，广州、杭州、长沙和成都的居民对所居住房品质自评得分均超过了6分，分别为6.67分、6.59分、6.12分和6.10分。天津居民的住房品质自评得分高于十个特大城市的均值，为5.96分。北京、上海、武汉、重庆和深圳居民的住房品质自评得分低于十个特大城市的均值，分别为5.81分、5.72分、5.71分、5.59分和4.97分（见图5-4）。其中，自评得分最高的广州居民的得分是自评得分最低的深圳居民的1.34倍。从总体上看，各特大城市居民的自评住房品质和其城市的住房市值呈反向关系。

从住房品质的社会阶层差异来看，可以明显看出特大城市居民的住房品质自评与其所处社会阶层呈正向关系。国家与社会管理者、私营企业主、经理人员和专业技术人员阶层居民的住房品质自评得分均高于6分，分别为6.34分、6.64分、6.13分和6.19分；办事人员、个体工商户和商业服务业从业人员阶层居民的住房品质自评得分依次降低，分别为5.98分、5.93分和5.84分。而产业工人和农业劳动者阶层的住房品质自评得

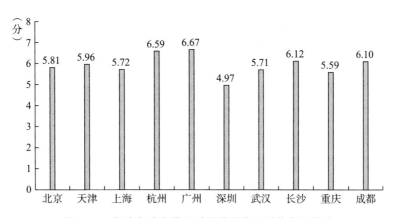

图 5 - 4　各特大城市居民对所居住房品质的自评得分

分较低，分别为 5.67 分和 5.49 分（见图 5 - 5）。由此可见，居民所处的社会阶层能够直接影响其对所居住房品质的评价。

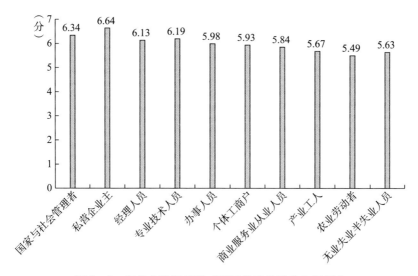

图 5 -5　各社会阶层居民对所居住房品质的自评得分

（二）特大城市居民主要居住在普通商品房小区

随着住房市场化改革进程的推进，城市空间的生产由于受到不同社会阶层人们的影响，在空间领域形成了不同的区隔。一大部分迎合中高收入群体品位与美学观的别墅区和高级商品房小区在住房制度改革之后应运而生。部分城市居民开始不仅仅满足于"我要买房子"、"我住多大的房子"，更关注"我要买什么样的房子"、"我要住哪个小区的房子",住房成为一种象征身份的"地位商品"。住房所在的小区成为住房品位的代表。从特大城市居民所居住房的小区类型看,有大约六成(59.24%)的居民所居住房在普通商品房小区,其次为未经改造的老城区,占比为12.35%。居民所居住房在单一或混合的单位社区以及新近由农村社区转变过来的城市社区的比例较为接近,分别为9.04%和7.96%。而居民所居住房在保障性住房小区、高级住宅区或别墅区以及其他的占比均较低,分别为4.85%、3.19%和3.36%(见表5-8)。由此可见,自住房市场化改革以来,住房成为一种需要购买的商品,房地产开发商成为城市商品房小区的主要建造者和住房资源的主要提供者。基于市场对住房的不同需求,目前形成了普通商品房、高级住宅区或别墅区等多层次的小区类型。而部分城市居民,由于自身经济条件、市场能力等方面的限制,依然居住在单一或混合的单位社区、未经改造的老城区或者政府低价提供的保障性住房小区中。在住房商品化的浪潮中,城市空间形成了以住房小区类型为主要形式的差异与区隔。

表5-8　特大城市居民所居住房的小区类型

单位:%

	比例
未经改造的老城区	12.35
单一或混合的单位社区	9.04
保障性住房小区	4.85
普通商品房小区	59.24
高级住宅区或别墅区	3.19
新近由农村社区转变过来的城市社区	7.96
其他	3.36

从不同特大城市居民所居住房的小区类型来看,各特大城市之间存在一定的共同点以及差异。从表5-9的数据可以看出,普通商品房小区是十个特大城市中的主体小区类型,深圳的样本中普通商品房小区更是占到全体调查样本的94.38%。上海的样本中普通商品房小区的比例也较高,为69.42%。北京、武汉和重庆居民所居住房的小区类型属于未经改造的老

城区的比例较大，分别为 22.02%、23.62% 和 20.22%。北京和天津居民所居住房在单一或混合的单位社区的比例较高，分别为 21.71% 和 19.44%。成都居民所居住房处于保障性住房小区的比例达到了 14.77%，明显高于其他城市。另外，杭州和广州居民所居住房在高级住宅区或别墅区的比例分别为 8.24% 和 7.92%，也同样高于其他城市（见表 5 – 9）。

表 5 – 9　不同特大城市居民所居住房的小区类型

单位：%

	未经改造的老城区	单一或混合的单位社区	保障性住房小区	普通商品房小区	高级住宅区或别墅区	新近由农村社区转变过来的城市社区	其他
北京	22.02	21.71	0.84	47.73	3.37	2.42	1.90
天津	13.80	19.44	1.91	54.18	1.61	0.00	9.06
上海	8.25	4.12	9.36	69.42	2.82	5.73	0.30
杭州	7.24	5.03	6.23	59.40	8.24	3.82	10.05
广州	13.04	9.73	1.60	50.55	7.92	16.85	0.30
深圳	0.20	0.00	2.81	94.38	0.00	2.61	0.00
武汉	23.62	5.43	0.70	52.46	0.10	16.58	1.11
长沙	11.13	12.81	3.65	54.29	2.07	12.71	3.35
重庆	20.22	6.84	6.44	56.24	0.30	4.43	5.53
成都	4.49	5.89	14.77	53.29	5.49	14.07	2.00

从不同社会阶层的居民所居住房的小区类型看，普通商品房小区成为所有十个社会阶层居民所居住房的主要小区类型，其比例均超过了 50%。其中经理人员阶层居民的比例最高，达到了 72.73%；私营企业主和专业技术人员阶层居民的比例次之，分别为 67.17% 和 64.37%。产业工人、商业服务业从业人员以及无业失业半失业人员阶层居民居住在未经改造的老城区的比例较高，均超过了 13.00%；同样，农业劳动者和无业失业半失业人员阶层居民居住在保障性住房小区的比例也明显高于其他社会阶层居民。另外，有 10.61% 的私营企业主阶层居民居住在高级住宅区或别墅区中，占比明显高于其他社会阶层（见表 5 – 10）。

表 5-10 不同社会阶层居民所居住房的小区类型

单位：%

社会阶层	未经改造的老城区	单一或混合的单位社区	保障性住房小区	普通商品房小区	高级住宅区或别墅区	新近由农村社区转变过来的城市社区	其他
国家与社会管理者	12.44	9.84	1.55	56.99	5.70	10.36	3.11
私营企业主	7.07	6.57	3.03	67.17	10.61	3.54	2.02
经理人员	7.79	10.39	1.30	72.73	6.49	1.30	0.00
专业技术人员	9.55	11.32	4.26	64.37	3.94	4.12	2.44
办事人员	12.91	11.59	4.64	58.77	2.64	6.62	2.81
个体工商户	11.76	6.60	3.87	55.81	2.73	15.78	3.44
商业服务业从业人员	13.77	8.56	5.45	57.39	2.67	8.66	3.49
产业工人	15.99	11.40	4.80	52.19	1.72	9.75	4.16
农业劳动者	10.14	2.42	7.97	52.17	3.14	15.46	8.70
无业失业半失业人员	13.31	5.04	7.19	57.55	1.44	10.79	4.68

（三）不同特大城市和社会阶层的居民在物业管理上的差异较大

我国现代化意义上的物业管理起步较晚，是随着市场经济制度的确立和住房市场化改革逐步引入并实施的。经过 30 多年的发展，我国城市住房小区的物业管理也呈现明显的分化特征。部分老旧小区和单位社区在计划经济时期由单位进行必要的卫生和安全管理，但在单位剥离了这项功能之后，由于种种原因没有委托物业管理公司进行管理，造成了小区环境的"脏、乱、差"以及治安管理欠佳的状况。而部分高档小区则聘请了专业的物业管理公司为小区提供优质、专业的物业服务，"严格的门禁、优雅的环境、细心的服务"是许多人对这些小区的第一印象。而是否需要缴纳物业管理费以及缴费的额度可以从侧面反映出住房所在小区的环境。调查数据显示，有 66.19% 的特大城市居民表示其所居住房需要缴纳物业管理费。从需要缴纳物业管理费的居民的缴费额度看，43.75% 的居民每月缴费额度在 0～1 元/m²，33.84% 的居民缴费额度在 1～2 元/m²，另外分别有 16.20%

和6.21%的居民的缴费额度在2~3元/m²以及3元/m²及以上。

从不同特大城市居民需要缴费的比例来看,有93.16%的深圳居民表示其所居住房需要缴纳物业管理费,在十个特大城市中占比最高。其次为上海居民(85.00%)以及杭州居民(79.18%)。而武汉和天津居民表示其所居住房需要缴纳物业管理费的比例较低,分别为47.04%以及51.31%。而在缴费额度方面,深圳居民选择低缴费额度 [0~1元/(m²·月)] 的比例在十个特大城市中最低,仅为19.96%,选择高缴费额度 [3元/(m²·月)及以上] 的比例则在十个特大城市中最高,达到了15.32%。另外,天津和广州居民选择高缴费额度的比例也较高,分别为8.77%和7.25%;而上海和重庆居民选择低缴费额度的比例较高,分别为66.53%和62.19%(见表5-11)。

表5-11 不同特大城市居民的物业管理费缴费情况

单位:%

	需要缴费的比例	0~1元/(m²·月)	1~2元/(m²·月)	2~3元/(m²·月)	3元/(m²·月)及以上
北京	56.17	47.44	31.69	14.37	6.50
天津	51.31	55.95	26.10	9.19	8.77
上海	85.00	66.53	24.34	3.44	5.69
杭州	79.18	43.03	33.68	18.82	4.47
广州	66.50	29.98	39.37	23.39	7.25
深圳	93.16	19.96	13.70	51.02	15.32
武汉	47.04	44.24	38.37	11.06	6.32
长沙	56.11	39.18	56.56	2.84	1.42
重庆	57.00	62.19	34.81	1.94	1.06
成都	70.94	40.81	51.23	6.37	1.59

从不同社会阶层居民物业管理费缴费情况看,如表5-12所示,国家与社会管理者、私营企业主、经理人员和专业技术人员阶层中分别有72.82%、80.31%、80.77%以及73.35%的居民表示其所居住房需要缴纳物业管理费,而这一比例在商业服务业从业人员、产业工人以及农业劳动者阶层中分别为64.30%、58.20%和61.07%。另外,在缴费额度上,经理人员、私营企业主以及专业技术人员阶层居民选择高缴费额度的比例较

高，分别为 5.45%、6.67% 和 7.28%；产业工人阶层居民和个体工商户阶层居民选择低缴费额度的比例较大，分别为 56.71% 和 49.14%。

表 5 – 12 不同社会阶层居民的物业管理费缴费情况

单位：%

社会阶层	需要缴费的比例	0~1元/（m²·月）	1~2元/（m²·月）	2~3元/（m²·月）	3元/（m²·月）及以上
国家与社会管理者	72.82	47.15	32.12	16.79	3.65
私营企业主	80.31	30.00	42.67	20.67	6.67
经理人员	80.77	36.36	32.73	25.45	5.45
专业技术人员	73.35	39.43	34.73	18.56	7.28
办事人员	68.14	43.54	39.75	9.37	7.34
个体工商户	60.37	49.14	29.58	15.40	5.87
商业服务业从业人员	64.30	43.05	33.39	17.13	6.43
产业工人	58.20	56.71	31.81	7.30	4.17
农业劳动者	61.07	41.83	36.54	17.79	3.85
无业失业半失业人员	73.38	42.06	33.80	18.22	5.92

三 特大城市居民的住房金融

在最基本的层面上，金融动机对金融市场和金融参与者有提高作用（Epstein & Jayadev, 2005）。具体来说，金融化需要积累的利润要通过金融手段（如利息、股息和资本利得），而不是通过贸易、商品的生产，或非金融服务手段获得。而住房金融化，简单来说就是住房从单纯的居住属性，演变成具有投资和金融等属性的复杂商品。在经历了住房产权化、住房产业化后，中国于 2009 年前后进入了住房金融化阶段（吴开泽，2019）。在这一阶段，政府部门进一步加大了对房地产等基础设施的投资力度，继续放宽了对土地融资的限制，在房价高速上涨的刺激下，对住房的投资与投机性行为增多，推动了住房金融化程度的进一步加深。在各种促进住房投资和消费的扶持政策与金融杠杆的作用下，出现了以小企业主、个体户和经济管理精英为主的炒房阶层，住房投资导致的财富增值效应越发明显，住房资产逐渐成为家庭财富的重要组成部分。而另一方面，面对高涨的房价，住房信贷以及家庭资助成为大多数年轻人获取购买住房资金的重要来源。因此在本节中，笔者从财产收益、购房资金来源和住房资产占比三个方面讨论特大城市居民的住房金融情况。

（一）特大城市居民基于住房获得的财产性收益较高

国家统计局数据显示，2009 年全国商品房平均销售价格为 4459 元/m²，别墅、高档公寓平均销售价格为 9662 元/m²，到 2018 年，这一数值分别达到了 8544.11 元/m² 和 16242.48 元/m²[①]。而在特大城市中，房地产价格的涨幅更为明显。以上海为例，住房类商品房的平均销售价格从 2010 年的 14231 元/m² 上涨至 2018 年的 28981 元/m²[②]。房地产价格稳中有升、特大城市住房价格增幅较大成为住房金融化的一个主要特征，同时导致城市居民尤其是特大城市居民住房资产的保值增值。从不同住房拥有情况的特大城市居民住房资产的增值情况（见表 5－13）看，40.24% 的居民住房资产增值 2 倍以下，27.71% 的居民住房资产增值 2~5 倍，住房资产增值 5~10 倍的居民占比为 12.46%，另有 19.58% 的居民住房资产增值 10 倍及以上。而从拥有不同房产数量的家庭来看，多套房家庭住房资产增值 2~5 倍的比例最高，达到了 40.54%，考虑到他们拥有的房产数量，这种增值幅度意味着一笔十分可观的财富。一套房家庭住房资产增值 2 倍以下的比例最高，达到了 39.65%，但考虑到其家庭只有一套自有住房，这种房产增值引发的财富效应较难实现。

表 5－13　不同住房拥有情况的特大城市居民住房资产的增值情况

单位：%

	增值 2 倍以下	增值 2~5 倍	增值 5~10 倍	增值 10 倍及以上
所有居民	40.24	27.71	12.46	19.58
一套房家庭	39.65	25.04	12.97	22.34
二套房家庭	42.72	34.74	11.24	11.30

①　该数据源于国家统计局网站（https://data.stats.gov.cn/easyquery.htm？cn＝C01）。

②　该数据源于上海市统计局网站（http://tjj.sh.gov.cn/tjnj/nj19.htm？d1＝2019tjnj/C1903.htm）。

续表

	增值 2 倍以下	增值 2 ~ 5 倍	增值 5 ~ 10 倍	增值 10 倍及以上
多套房家庭	39.34	40.54	9.31	10.81

从不同特大城市居民住房资产的增值情况看，各个特大城市之间有较大差异。北京和上海作为中国两个在经济发展程度上大幅领先的特大城市，随着房价的上涨，其居民住房资产的增值也十分明显。在住房资产增值 10 倍及以上的分布上，北京和上海的比例分别为 40.39% 和 34.48%，排在前两位，远远高于其他城市。这种房产增值给居民带来了巨额财富，同时也拉大了特大城市内部财富不平等的差距。相对而言，位于中西部地区的特大城市如重庆、长沙、成都等，其居民住房资产增值 2 倍以下的比例较高，分别为 49.77%、49.18% 和 43.81%。杭州、深圳等城市居民住房资产增值在 2 ~ 5 倍和 5 ~ 10 倍这两个区间内的分布较为集中（见表 5 - 14）。

表 5 - 14　不同特大城市居民住房资产的增值情况

单位：%

	增值 2 倍以下	增值 2 ~ 5 倍	增值 5 ~ 10 倍	增值 10 倍及以上
北京	29.43	19.07	11.11	40.39
天津	41.74	21.21	14.33	22.73
上海	34.35	19.08	12.09	34.48
杭州	40.21	37.68	10.25	11.85
广州	44.19	25.29	12.79	17.73
深圳	31.65	29.46	19.53	19.36
武汉	34.19	31.37	15.24	19.21
长沙	49.18	29.76	9.46	11.60
重庆	49.77	30.09	9.48	10.66
成都	43.81	32.89	12.25	11.05

从不同社会阶层居民住房资产的增值情况看，数据结果同样显示出社会阶层与住房资产增值幅度间存在关联。从表 5 - 15 中可以看出，国家与社会管理者和专业技术人员、经理人员阶层居民住房资产增值 10 倍及以上的比例较高，分别为 26.04% 和 18.84%、18.03%。值得注意的是，办事

人员和产业工人阶层居民住房资产增值 10 倍及以上的比例同样较高,分别为 23.78% 和 31.24%,这可能是由于在住房产权化阶段,这两类群体可以用极低的价格通过购买"房改房"、"单位公房"等方式获取自有住房,从而住房资产增值幅度较大。

表 5 – 15　不同社会阶层居民住房资产的增值情况

单位:%

社会阶层	增值 2 倍以下	增值 2~5 倍	增值 5~10 倍	增值 10 倍及以上
国家与社会管理者	38.46	25.44	10.06	26.04
私营企业主	46.82	35.26	9.25	8.67
经理人员	31.05	36.07	14.75	18.03
专业技术人员	37.28	30.46	13.42	18.84
办事人员	35.24	26.54	14.44	23.78
个体工商户	47.69	33.65	10.00	8.65
商业服务业从业人员	40.89	27.37	12.37	19.37
产业工人	36.10	20.86	11.81	31.24
农业劳动者	56.73	25.64	7.37	10.26
无业失业半失业人员	42.35	32.65	11.22	13.78

此外,除了房价上涨导致的住房资产增值外,居民通过将闲置住房出租给他人获得的租金收入也是财产性收益的一部分。调查数据显示,当前十个特大城市中有 23.68% 的居民拥有房产租金收入。在这些拥有租金收入的居民当中,有 23.64% 的居民每月租金收入在 1000 元以下,28.80% 的居民每月租金收入在 1000~2000 元,另外分别有 17.83% 和 29.69% 的居民表示其每月租金收入在 2000~3000 元以及 3000 元及以上。而且自有住房越多的居民,租金收入也越高。基于住房所形成的财产性收益已成为特大城市居民家庭收入的重要组成部分。

(二) 特大城市居民购房的资金来源更为多元

住房市场化改革后,购房者的购买力直接取决于其收入的高低。为了购买住房,个人或家庭需要有一笔数额可观的存款。高收入家庭可以依靠自身的收入购买那些地段好、房价高、品质好的住房,而低收入家庭则显得捉襟见肘。对广大民众来说,住房被视作安家立业的起点,是婚姻与组建家庭的一种刚需，因此购买住房成为绝大多数城市居民家庭的一种家庭行为（吴开泽，2017）。受到传统文化习惯和日益升高的房价的影响，有经济能力的父母在子女成年或结婚时为其购买住房或提供财务支持成为城市社会中较为普遍的现象。另外，住房市场化改革使住房贷款成为普通家庭融资最主要的渠道。但是住房信贷也会受到诸多的限制。一方面，获取商业银行住房贷款的条件除了贷款人有合法的身份之外，对银行来说，一般都要考察贷款人是否有稳定的职业和经济收入，是否有可以进行抵押或质押的资产以及担保人。由于买房首付需要贷款人一次性全额支付最低比例款项，因此排除了一些居民获取住房贷款的可能性。数据显示①，有接近八成（77.52%）的特大城市居民表示其购房主要依靠家庭存款，24.15%的居民依靠父母资助购买住房，22.40%的居民购房的主要资金来源是银行贷款，而向亲友借款和以房屋置换为主要资金来源的居民比例较低，分别为10.28%和9.67%（见图5-6）。这一结果反映出住房市场化使得居民在购房资金来源上也变得更为多元。

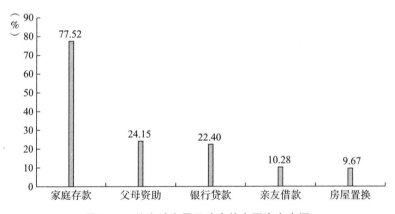

图5-6　特大城市居民购房的主要资金来源

（三）特大城市居民家庭住房资产占家庭总资产的比例较高

由于住房所具有的居住和投资的双重属性，过去十余年来，中国房价上涨速度超过了租金和收入的增长速度，这也使得我国在保持高住房自有率的同时依旧面临住房带来的社会财富分配不均问题。房产投资所带来的

---

① 本题在问卷中设置为多选题，因此各个部分比例相加大于100%。

高额收益和回报导致居民对住房资产的持有趋之若鹜。2019 年广发银行联合西南财经大学发布的《2018 中国城市家庭财富健康报告》显示，中国家庭住房资产在家庭总资产中占 77.7%，远高于美国的 34.6%；较高的住房资产占比吸收了家庭过多的流动资金，挤压了家庭的金融资产配置[①]。这里，笔者使用调查数据来测算特大城市居民家庭的住房资产占家庭总资产的比例，结果发现，当前特大城市居民家庭住房资产占比呈现"两头大、中间小"的特征，即：没有自有住房的居民家庭（家庭住房资产占家庭总资产的比例为 0）比例为 17.19%；除了住房资产以外没有其余金融资产（即住房资产占比为 100%）的居民家庭比例达到了 32.43%；住房资产占比为 66%～100% 的居民家庭比例达到了 46.13%；而住房资产占比为 0～33% 以及 33%～66% 的居民家庭比例分别为 1.09% 和 2.86%。住房资产占比的均值为 76.07%，与当前的相关研究得出的结论十分接近。

不同特大城市居民家庭住房资产占家庭总资产的比例具有较为明显的地域趋同性，即住房资产占家庭总资产的比例较高。深圳居民家庭住房资产占比为 100% 的比例明显低于其他城市，相应地，其住房资产占比为 0 的比例也明显高于其他城市。而在 66%～100% 这一区间内，成都、上海和天津的比例明显高于其他城市，同时这些城市居民家庭住房资产占比 100% 的比例也低于其他城市（深圳除外）（见表 5–16）。

表 5–16　不同特大城市居民家庭住房资产占家庭总资产的比例

单位：%

	0	0～33%	33%～66%	66%～100%	100%
北京	13.00	0.28	1.38	24.48	60.86
天津	22.78	0.12	0.83	52.19	24.08
上海	15.74	0.34	0.91	57.47	25.54
杭州	12.18	0.94	2.22	46.96	37.70
广州	16.94	0.26	1.93	39.79	41.08
深圳	37.70	5.81	8.24	42.77	5.49
武汉	14.17	0.71	0.83	49.76	34.52

---

① 详见《报告：中国家庭住房资产在家庭总资产中占比近八成》，《新京报》，https://www.sohu.com/a/289668159_114988，最后访问日期：2020 年 11 月 12 日。

	0	0~33%	33%~66%	66%~100%	100%
长沙	10.84	0.48	4.94	37.59	46.14
重庆	11.38	0.80	3.98	49.60	34.24
成都	17.98	0.47	2.47	59.69	19.39

四 小结

作为人们日常衣食住行中的重要一环，住房差异及其衍生的社会问题成为近年来社会关注的焦点。在本章中，笔者通过调查数据全面展示了特大城市居民的住房资源和居住空间的相关特征。调查数据显示，当前，中国特大城市居民的住房资产差异较大，住房居住空间与其社会阶层位置密切相关。在中国特大城市中，由于居民自身经济能力的不同，他们自有住房的市值、住房品质以及基于住房获得的财产性收益也呈现较大的差异。住房成为社会差异的重要表现形式。

古往今来，人们对住有所居充满了向往。近年来，住房保障体系不断完善，政府的住房保障能力持续增强，为中低收入者提供了政策支持。而随着"房住不炒"理念的深化和实施，随着经济社会的不断发展和住房制度改革的不断深化，住房的居住属性将得以回归，房地产投资渠道和房产增值的分配体系将变得更为合理。相信通过党和政府不懈的努力，广大群众的住房问题会得到更好的解决，"住有所居"的目标将一步步变为现实。

第六章　特大城市居民的收入差距

刘　飞　张文宏

过去四十余年是我国经济高速发展的时期，在经济转型和城市化的进程中，我国居民收入分配格局也发生了巨大变化。从 20 世纪 80 年代初期开始，居民收入差距呈现不断扩大的趋势。收入差距过大不仅会削弱经济发展带给民众的获得感，还会给社会稳定和经济发展带来诸多负面影响，影响社会的良性运行。在收入差距过大时，居民消费需求会不足，进而导致经济增长后劲不足，使贫困人口和低收入群体无力积累人力资本，陷入长期贫困。收入差距过大还会导致社会成员之间难以建立相互信任的社会关系，在社会比较的过程中，易形成个体、群体间的相对剥夺，从而引发社会矛盾。

过去十年，保障和改善民生成为社会建设的主题，中央政府在调节收入分配方面做出了很大的努力，地方政府积极转变政府职能，提供公共服务，建立居民社会保障体系，调节收入分配（李培林，2019；关信平，2019）。2010～2017 年，我国在科学、教育、文化、医疗及社保等方面的财政支出由占财政总支出的 37.45% 增至 42.56%。[①] 然而，由于导致收入差距扩大的一些因素没有从根本上改变，加上财富存量和收入流量之间相互强化的作用，居民收入分配的基本格局没有发生根本变化。收入差距过大集中体现在以下三个方面：一是行业收入差距大，一些垄断行业的工资和隐性福利远远高于社会平均水平；二是城乡居民收入差距总体仍然较大；三是区域收入差距明显（李实、朱梦冰，2018）。

综上所述，目前中国居民收入差距仍较大，虽然有研究关注城市内部

---

① 根据 2011～2018 年《中国统计年鉴》计算整理而得。

收入差距问题，但鲜有专门探讨特大城市居民收入差距的研究。本章将基于 2019 年"新时代特大城市居民生活状况调查"数据，对特大城市居民收入差距进行全面的描述分析。

一 居民收入差距

（一）居民收入的内涵及其度量

居民收入的类型很多，有劳动力收入、要素收入、公共产品折合的收入、非法收入、社会福利性收入、财产性收入等，同时也包括一些间接的、非货币化的收益。

国家统计局衡量的城镇收入为家庭人均可支配收入，包括工资性收入（工资、薪金及其他补偿）、经营性收入、财产性收入和来自公共部门或私人的转移性收入。在这种度量方法下，收入主要包括各种来源的现金收入，没有完全反映实物收入。无论是国家统计局的可支配收入还是本研究所使用的居民收入都没有完全包括社会福利和公共支出项目的市场价值。一些研究人员认为，应该估计这些项目的市场价值并将其作为收入的一部分，把这些收入的组成部分排除在外可能会导致特大城市居民的收入差距被低估，因为低收入人群如流动人口家庭几乎没有或者很少从这些公共支出项目中受益（李实、佐藤宏、史泰丽等，2013）。

由于受到诸多方面问题（如收集相关信息比较困难）的困扰，对于哪一部分应该被包括在收入中以及每一部分该如何计算，还有不同的观点。此外，许多国内综合社会调查也没有包含这类收入，因此，本章中的家庭总收入主要包括工资性收入、经营性收入、财产性收入、投资类收入及其他收入，没有完全包括社会福利和公共支出项目的市场价值。此外，遵从收入分配的通常处理方式，假定家庭总收入在各家庭成员之间是平均分配的，以家庭人均收入作为个人收入的度量。

（二）收入差距比较分析方法的确定

用什么指标来衡量与比较居民收入差距？原则上，测度随机变量离散程度的统计量都可用来测度单一指标的区域间不均等，如极差、方差、离差系数、变异系数等。分析居民收入差距的常用方法主要有极值差分析、变异系数分析、基尼系数分析、集中指数和泰尔指数分析等。有些专家还使用了 Atkinson 指标、大岛（Oshima）指标、库兹涅茨指标、塞尔指标等。在以上分析方法中，集中指数一般适用于总量的比较，而分析居民收入差距时用人均指标比总量指标更合适，因为各区域人口数量存在差异。因此，本章使用的测量居民收入差距的指标主要包括基尼系数、泰尔指数、平均对数离差、P90/P10 和 P75/P25。

　　本章还特别关注特大城市的相对贫困问题，2021 年后相对贫困将取代绝对贫困成为贫困的表现形态。相对贫困的测度方法主要有预算标准法、社会指标法、扩展线性支出系统法和收入法。收入法是近期国内相对贫困研究普遍使用的方法，该方法以社会收入集中趋势的一定比例作为相对贫困线，如均值和中位数。在相对贫困线确定的实践中，一般以收入均值的一定比例作为相对贫困线，这一比例一般为 50% 或者 60%。为了便于与既有研究中的全国相对贫困线、城镇相对贫困线进行比较，本章使用收入法来测度特大城市的相对贫困线。

二　特大城市居民收入差距现状

（一）特大城市居民收入差距[①]的总体状况

1. 2018 年特大城市居民收入差距现状

　　表 6-1 给出了测量特大城市居民收入差距的常用指标，各项不平等指标数值越大表示特大城市居民收入差距越大，其中基尼系数是最常用的指标。2018 年，特大城市居民收入的基尼系数为 0.54。进一步考察居民家庭人均收入分位数之比可知，特大城市内部居民家庭人均收入的 P90/P10 为 12.00，P75/P25 为 3.67。2018 年特大城市居民收入的基尼系数与 2018 年全国基尼系数（0.47）相比，特大城市居民内部的收入差距明显高于全国，已经达到较高的水平。

　　[①]　本章中的居民收入差距指的是居民家庭人均收入差距。

表 6-1　2018 年特大城市居民的收入差距测量

衡量收入差距的指标	家庭人均收入
基尼系数	0.54
泰尔指数	0.59
平均对数离差	0.65
P90/P10	12.00
P75/P25	3.67

2. 十等分组的收入分布特征

为了更详细地描述特大城市内部的居民收入分布状况，图 6-1 报告了 2018 年特大城市居民家庭人均收入十等分组的均值与累计收入份额。将样本人群按照家庭人均收入进行升序排序并划分为十等分组，从各组平均收入水平可以看出，第一组（最低组）至第九组的家庭人均收入和累计收入份额增长缓慢，但第十组（最高组）相较于第九组出现了大幅增长。进一步分析各收入组所占收入份额可发现，第一组（最低组）所占收入份额不足 1.00%，而第十组（最高组）所占收入份额高达 44.40%；收入最高的两组所占收入份额高达 57.82%，超过了其他组收入份额之和。调查数据表明，不同收入组人群之间存在着较大的收入差异，高收入组人群有较高的收入水平、累计收入份额较大，而中低收入组人群的收入水平相对较低、累计收入份额相对较小。

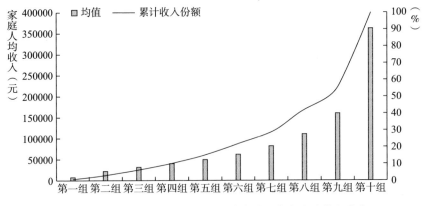

图 6-1　2018 年十等分组的特大城市居民家庭人均收入分布

3. 收入构成及收入差距的因素分解

从收入来源看，特大城市居民家庭收入可被分解为工资性收入、经

营性收入、财产性收入、投资类收入和其他收入。表 6 - 2 显示, 2018
年特大城市居民家庭收入中, 收入均值最高的为工资性收入, 其次为经
营性收入, 财产性收入最少, 仅为 2566 元。从各项收入在总体基尼系数
中所占比重来看, 工资性收入差距对总体收入差距的解释力最强, 贡献
率为 64.62%; 财产性收入差距对总体收入差距的贡献率最小。这主要是
因为工资性收入仍是特大城市居民的主要收入来源, 在家庭收入中所占份
额最大, 而财产性收入的占比则是最小的。从相应收入变化 1% 对收入差
距的影响来看, 经营性收入的正向影响最大, 而财产性收入和投资类收入
的影响较小。

表 6 - 2　特大城市居民家庭收入构成与基尼系数分解

不同来源收入	均值 (元)	对总体基尼系数的贡献率 (%)	相应收入变化 1% 对收入差距的影响
工资性收入	73756	64.62	- 0.09
经营性收入	14590	19.23	0.05
财产性收入	2566	3.00	0.01
投资类收入	4183	5.43	0.01
其他收入	5039	7.72	0.03

(二) 人口特征与居民收入差距

1. 基本人口特征

从图 6 - 2 可以看出, 从家庭人均收入的均值和中位数来看, 18 ~ 30
岁年龄组居民的家庭人均收入逐渐攀升, 随后开始逐渐下降, 41 ~ 55 岁年
龄组居民的家庭人均收入下降比较明显。其中, 最高收入年龄组为 26 ~ 30
岁, 最低收入年龄组为 61 ~ 65 岁。

图 6 - 3 报告了特大城市不同性别、户籍、婚姻状况居民家庭人均收
入的均值与中位数。结果显示, 男性的家庭人均收入的均值和中位数都
略高于女性, 两者差异并不明显; 非农业户籍居民的家庭人均收入均值
比农业户籍居民高 25691 元, 高出 32.92%, 收入中位数高 12000 元,
高出 25%; 未婚居民家庭人均收入均值明显高于已婚居民和离异或丧偶
居民。

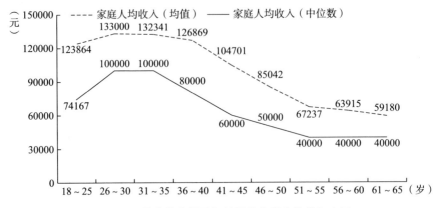

图6-2　特大城市居民年龄及其家庭人均收入水平

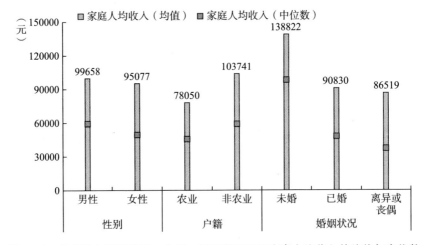

图6-3　特大城市不同性别、户籍、婚姻状况居民家庭人均收入的均值与中位数

表6-3报告了不同年龄组居民的收入差距状况。总体来看，年龄与收入差距之间不存在明显的规律性特征。各年龄组内部收入差距最大的是18~25岁年龄组，最小的为26~30岁年龄组，前者比后者基尼系数高出0.08，泰尔指数高出0.27。

表6-3　特大城市居民年龄与其收入差距

年龄组（岁）	基尼系数	泰尔指数	平均对数离差	P90/P10	P75/P25
18~25	0.55	0.68	0.82	11.67	3.67
26~30	0.47	0.41	0.57	9.75	3.40
31~35	0.49	0.50	0.59	10.00	3.00

续表

年龄组（岁）	基尼系数	泰尔指数	平均对数离差	P90/P10	P75/P25
36～40	0.51	0.54	0.57	10.00	3.21
41～45	0.54	0.57	0.59	11.25	3.60
46～50	0.54	0.59	0.59	11.54	3.75
51～55	0.53	0.54	0.61	10.00	3.13
56～60	0.50	0.49	0.51	9.07	2.92
61～65	0.48	0.57	0.56	6.67	2.00

从不同性别、户籍和婚姻状况各组内部的居民家庭人均收入差距看，性别组和户籍组内部的居民收入差距并不明显，而不同婚姻状况组内部居民收入差距较为明显，离异或丧偶组的基尼系数均高出未婚组和已婚组0.09，泰尔指数分别高出0.37和0.33（见表6-4）。

表6-4 特大城市不同性别、户籍、婚姻状况居民家庭人均收入差距

基本人口特征	基尼系数	泰尔指数	平均对数离差	P90/P10	P75/P25
性别					
男性	0.53	0.54	0.62	11.67	3.60
女性	0.54	0.62	0.66	11.11	3.33
户籍					
农业	0.54	0.63	0.70	12.00	4.00
非农	0.53	0.57	0.61	11.25	3.59
婚姻状况					
未婚	0.52	0.52	0.70	12.00	3.84
已婚	0.52	0.56	0.60	11.11	3.33
离异或丧偶	0.61	0.89	0.80	13.89	3.33

表6-5报告的是特大城市居民家庭人均收入差距按照年龄、性别、户籍和婚姻状况分组的泰尔指数分解结果。其中，年龄组内差距、组间差距各解释了96.43%和3.57%的总体家庭人均收入差异；性别组内差距解释了99.29%的总体家庭人均收入差异，性别组间差距的解释力极小；户籍组内差距、组间差距分别解释了99.29%和0.71%的总体家庭人均收入差异；婚姻状况组内差距、组间差距分别解释了98.57%和1.43%的总体家庭人均收入差异。

表 6 – 5　特大城市居民收入差距按基本人口特征分组的泰尔指数分解结果

基本人口特征	组内差距	组内差距比例（%）	组间差距	组间差距比例（%）
年龄	1.35	96.43	0.05	3.57
性别	1.40	99.29	0.01	0.71
户籍	1.39	99.29	0.01	0.71
婚姻状况	1.38	98.57	0.02	1.43

2. 社会阶层特征

图 6 – 4 报告了特大城市居民的受教育程度、职业与其家庭人均收入水平。结果显示，特大城市居民家庭人均收入的高低与居民受教育程度的高低呈现完全的正相关性，也就是说，居民家庭人均收入随着受教育程度的提高而逐渐增加，最高的硕士研究生及以上学历群体与最低的初中及以下学历群体的家庭人均收入均值的绝对差异达到 169197 元，前者的家庭人均收入是后者的 4.37 倍；同时，从图 6 – 4 可以看出，随着受教育程度的提高，特大城市居民家庭人均收入增加的速度越来越快，相邻受教育程度组别之间的收入连线越来越陡峭。

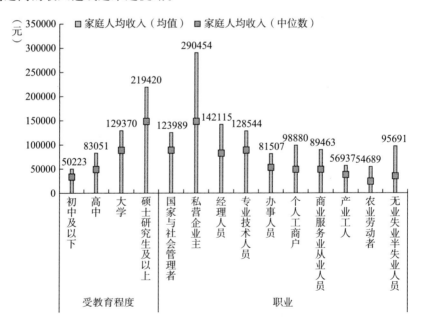

图 6 – 4　特大城市居民的受教育程度、职业与其家庭人均收入水平

在不同职业群体中，2018 年特大城市居民家庭人均收入从高到低职业排序前五的依次是私营企业主、经理人员、专业技术人员、国家与社会管理者和个体工商户，收入最低的职业是农业劳动者。最高收入职业组的家庭人均收入均值比最低收入职业组高出 235765 元，前者大约是后者的 5.31 倍。

进一步考虑不同受教育程度组内居民收入差距状况。从表 6-6 可以看出，组内居民收入差距最大的是高中学历组，最小的是大学学历组。不过各组内部的居民收入差距相差不大。以基尼系数为例，差距最大的高中学历组，比差距最小的大学学历组仅高出 0.07。从不同职业组内部的居民收入差距状况来看，除无业失业半失业人员外，农业劳动者内部的家庭人均收入差距最大，差距最小的为国家与社会管理者，前者基尼系数比后者高出 0.28，泰尔指数高出 1.12。值得注意的是，农业劳动者内部收入差异性偏高，但其家庭人均收入又相对最低，这意味着从事该职业的家庭更有可能成为低收入家庭。

表 6-6 特大城市居民受教育程度、职业与收入差距

	基尼系数	泰尔指数	平均对数离差	P90/P10	P75/P25
受教育程度					
初中及以下	0.50	0.50	0.55	8.33	2.69
高中	0.53	0.66	0.58	7.50	2.89
大学	0.46	0.41	0.52	7.81	3.10
硕士研究生及以上	0.47	0.50	0.52	8.00	2.50
职业					
国家与社会管理者	0.39	0.27	0.62	6.25	2.92
私营企业主	0.60	0.70	0.91	18.00	4.71
经理人员	0.53	0.52	0.62	9.00	4.12
专业技术人员	0.48	0.47	0.58	8.33	3.00
办事人员	0.46	0.40	0.47	8.33	2.87
个体工商户	0.53	0.53	0.65	13.04	4.00
商业服务业从业人员	0.51	0.50	0.57	10.64	3.33
产业工人	0.46	0.41	0.44	6.88	2.35
农业劳动者	0.67	1.39	1.01	21.00	4.00
无业失业半失业人员	0.67	1.07	0.87	20.00	5.56

表6-7报告了特大城市居民内部收入差距按受教育程度、职业分组的泰尔指数分解结果。从表6-7可以看出，首先，与总体收入差异程度进行比较，各受教育程度组内部的居民收入差距小于特大城市居民内部总体收入差距，即受教育程度组间的收入差距比较明显。在受教育程度组中，组间差距占比为7.14%，组内差距占比为92.86%，受教育程度对特大城市居民家庭人均收入具有决定性的影响。其次，职业分组的泰尔指数分解结果表明，组间差距解释了5.00%的总体家庭人均收入差异，组内差距解释了95.00%的总体家庭人均收入差异。概言之，受教育程度、职业仍然解释了大部分特大城市内部居民家庭人均收入差异。

表6-7　特大城市居民内部收入差距按受教育程度、职业分组的泰尔指数分解结果

分组依据	组内差距	组内差距比例（%）	组间差距	组间差距比例（%）
受教育程度	1.30	92.86	0.10	7.14
职业	1.33	95.00	0.07	5.00

3. 城市与城市群

图6-5显示，位于不同城市群的特大城市居民的家庭人均收入存在较大差距，家庭人均收入最高的是深圳，最低的是重庆，二者相差132110元。另外，调查样本中家庭人均收入较高的5个特大城市分别为深圳、北

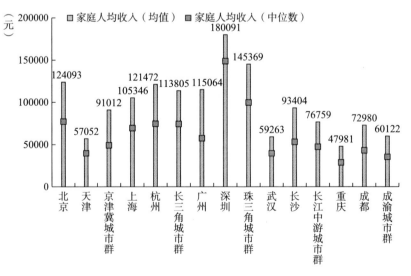

图6-5　特大城市居民所在城市、城市群与其家庭人均收入水平

京、杭州、广州、上海；而收入较低的特大城市主要集中在长江中游城市群及成渝城市群。从城市群来看，珠三角城市群的家庭人均收入最高，其次分别为长三角城市群、京津冀城市群、长江中游城市群及成渝城市群，珠三角城市群的家庭人均收入分别是后者的 1.28 倍、1.60 倍、1.89 倍、2.42 倍。这表明，不同地区之间存在明显的收入差距。

进一步考虑不同城市群和特大城市内部居民的家庭人均收入差距。从表 6-8 可以看出，在所有的特大城市中，家庭人均收入差距最大的是广州，最小的是深圳，以基尼系数为例，前者收入的基尼系数比后者高0.20，这表明特大城市内部居民的家庭人均收入差距在不同的特大城市之间存在明显的差异。从五大城市群的角度观察，各城市群居民的家庭人均收入差距不大，长三角城市群的家庭人均收入差距最小，成渝城市群最大，后者比前者仅高出 0.04，但泰尔指数是前者的 1.28 倍。

表 6-8 居民所在特大城市、城市群与其家庭人均收入差距

	基尼系数	泰尔指数	平均对数离差	P90/P10	P75/P25
京津冀城市群	0.52	0.59	0.48	9.07	2.86
北京	0.50	0.54	0.44	8.33	3.37
天津	0.44	0.49	0.38	5.33	2.00
长三角城市群	0.49	0.47	0.64	10.00	3.43
上海	0.47	0.47	0.50	8.00	2.78
杭州	0.51	0.46	0.76	10.42	3.75
珠三角城市群	0.51	0.53	0.52	11.25	3.60
广州	0.59	0.75	0.74	12.50	3.53
深圳	0.39	0.33	0.22	4.17	2.25
长江中游城市群	0.52	0.56	0.65	10.00	3.64
武汉	0.47	0.42	0.53	8.00	2.78
长沙	0.53	0.61	0.71	11.11	3.33
成渝城市群	0.53	0.60	0.68	10.00	3.06
重庆	0.51	0.52	0.62	12.50	2.78
成都	0.54	0.63	0.69	10.00	3.00

根据表 6-9 中的泰尔指数分解结果，家庭所在地理位置的不同对居民家庭人均收入有非常重要的影响。城市群的组内差距解释了 96.43% 的总

体家庭人均收入差异，组间差距对总体家庭人均收入差异的解释率为
3.57%；特大城市的组内差距解释了 95.00% 的总体家庭人均收入差异，
组间差距解释了 5.00% 的总体家庭人均收入差异。

表 6-9　特大城市内部居民家庭人均收入差距按城市群、城市分组的泰尔指数分解结果

分组依据	组内差距	组内差距比例（%）	组间差距	组间差距比例（%）
城市群	1.35	96.43	0.05	3.57
城市	1.33	95.00	0.07	5.00

（三）城市中的相对贫困问题

本节最后一部分关注特大城市的相对贫困问题。笔者先对国内外关于
相对贫困线的设定进行简要回顾，再结合国内外既往研究经验来划定特大
城市的相对贫困线，据此分析各特大城市的相对贫困发生率。需要说明的
是，本部分对于特大城市相对贫困的分析只是探索性的。

1. 相对贫困线设定的国内外经验

（1）欧盟统计局测算的相对贫困发生率，也称"贫困风险率"，是指
人均可支配收入低于贫困风险阈值的人群所占的比重。该阈值为经平均加
权后全国人均可支配收入中值的 60%。根据欧盟理事会的决定，贫困风险
率是根据每个欧盟成员国的实际情况来衡量的，而不是采用一个共同的欧
盟阈值。

（2）OECD 国家相对贫困线以居民人均收入中位数的 50% 为标准，但
不同 OECD 国家在设置本国相对贫困线的方式上有所差异。例如，澳大利
亚设置了两条相对贫困线，将家庭同等可支配收入中位数的 50% 作为低相
对贫困线、60% 作为高相对贫困线，并度量处于相对贫困线以下的人口占
比，以及处于相对贫困线以下人口的收入与相对贫困线的距离两项指标。

（3）国内使用收入法测量相对贫困线的研究中，沈扬扬和李实
（2020）结合国外经验，划定了由低到高的三条相对贫困线：家庭人均收
入中位数的 40%、家庭人均收入中位数的 50% 和家庭人均收入中位数的
60%。周力（2020）依据全国居民可支配收入中位数的 50%，利用中国家
庭追踪调查数据测算发现，2018 年城市相对贫困发生率约为 12%，且存在
明显的区域异质性。

2. 相对贫困线与相对贫困发生率的测算

参照既往国内外相对贫困线的划定经验，按照特大城市居民家庭人均收入中位数的 40%、50% 和 60% 测得的相对贫困线分别为 21600 元、27000 元和 32400 元，这一结果明显高于基于 2018 年中国住户收入调查（CHIP）测算的全国城镇相对贫困线（见表 6–10）。进一步将相对贫困线与城镇低保平均标准（6956 元）进行比较（沈扬扬、李实，2020），上述三条相对贫困线分别相当于城镇低保平均标准的 3.11 倍、3.88 倍和 4.66 倍。

表 6–10　特大城市总体相对贫困线与全国城镇相对
贫困线、城镇低保平均标准的比较

单位：元

家庭人均收入中位数	特大城市总体相对贫困线	全国城镇相对贫困线	相对贫困线与城镇低保平均标准（6956 元）的倍数关系（倍）
40%	21600	11785	3.11
50%	27000	14731	3.88
60%	32400	17677	4.66

本章采用三种方式测量的相对贫困线来测算特大城市的相对贫困发生率：第一种，根据特大城市总体家庭人均收入中位数测量相对贫困线；第二种，根据各特大城市居民家庭人均收入中位数分别测量相对贫困线；第三种，基于 CHIP 2018 计算的全国城镇相对贫困线（沈扬扬、李实，2020）。如图 6–6 所示，以特大城市总体家庭人均收入中位数的 40% 为标准，特大城市总体相对贫困发生率为 14.63%。相对贫困发生率高于总体平均水平的有重庆、武汉、成都、天津和长沙，其中，重庆有超过 30% 的人口处于相对贫困线之下，排在第二位的武汉比重庆低 11.04 个百分点，相对贫困发生率最低的城市为深圳，仅为 5.09%。进一步将相对贫困线分别提高至家庭人均收入中位数的 50% 和 60%，各特大城市相对贫困发生率排序保持不变。图 6–7 报告了基于分城市相对贫困线测量的相对贫困发生率，以家庭人均收入中位数的 40% 这一标准为例，各特大城市相对贫困发生率均低于 15.00%，相对贫困发生率最高的城市为长沙，最低的城市为天津，两者相差 6.36 个百分点。这一结果与基于总体样本测得的相对贫困发生率有明显差异，这主要是城市收入差异所致。

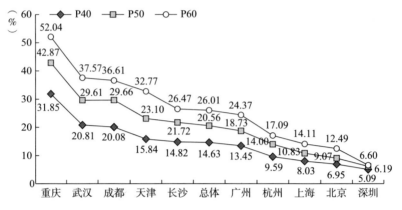

图 6-6　基于特大城市总体相对贫困线测量的相对贫困发生率

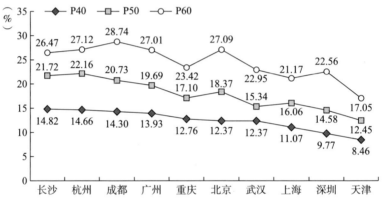

图 6-7　基于分城市相对贫困线测量的相对贫困发生率

　　如图 6-8 所示，如果用基于 CHIP 2018 计算的全国城镇相对贫困线来测算相对贫困发生率，随着相对贫困标准的降低，无论总体还是各特大城市的相对贫困发生率都有明显下降。特大城市总体的相对贫困发生率为 6.28%，高于总体平均水平的城市有重庆、武汉、成都、广州和长沙。重庆的相对贫困发生率仍然是十个特大城市中最高的，大约 13% 的居民家庭人均收入位于相对贫困线以下，北京的相对贫困发生率最低，仅为 2.94%，上海的相对贫困发生率为 3.04%，处于比较低的水平。进一步将相对贫困线分别调至家庭人均收入中位数的 50% 和 60%，尤其是调至中位数的 60% 时，成都与天津的相对贫困发生率变化幅度较大，这与两座城市的家庭人均收入水平整体相对偏低有关。

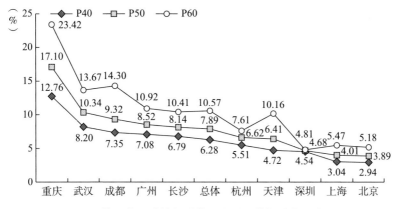

图6-8 基于全国城镇相对贫困线测量的相对贫困发生率

三 对特大城市居民收入差距的分析与评价

前文已经对中国特大城市居民收入差距的现状有了一个总体描述，并特别关注了特大城市的相对贫困问题，那么该如何理解特大城市居民的收入差距呢？又该如何审视特大城市的相对贫困问题呢？

（一）对特大城市居民收入差距的解读

特大城市居民收入差距总体较大。对于这一结果的理解，有两点值得注意：第一，根据城乡住户调查一体化改革后的数据来看，2017年城镇居民人均可支配收入约为36396元，农村居民人均可支配收入约为13432元，前者相当于后者的2.71倍，虽然2009年后城乡居民收入差距呈明显缩小的趋势，但城乡居民家庭人均收入差距仍然较大（国家发展和改革委员会就业和收入分配司、北京师范大学中国收入分配研究院，2019）。特大城市居民家庭人均收入水平明显高于全国城镇居民家庭人均收入水平，收入差距大于全国水平是相对合理的。第二，与基于其他调查数据计算的居民收入差距相比，特大城市的收入差距也在合理范围内。如谢宇和周翔（Xie & Zhou，2014）根据 CGSS 2012、CFPS 2012、CHFS 2011 和 CLDS 2012 测算的中国基尼系数分别为 0.56、0.53、0.63 和 0.54，而国家统计局公布的 2012 年基尼系数为 0.47，基于社会调查数据测算的基尼系数通常较高。

就收入来源而言，工资性收入是特大城市居民最主要的收入来源，保持工资性收入的较高增速有利于改善居民在国民收入分配格局中的地位；经营性收入是第二大收入来源，财产性收入和投资类收入在居民家庭收入中所占的比例仍然偏低，而目前投资途径少，收入来源单一，这是抑制居民财产增加的主要障碍。上述结果与近年的全国统计数据结果基本相符，《中国居民收入分配年度报告（2018）》（国家发展和改革委员会就业和收入分配司、北京师范大学中国收入分配研究院，2019）显示，2016年工资性收入约占居民可支配收入的84%，经营性收入占比约为11%，财产性收入占比仅为4%；根据《中国统计年鉴（2019）》（国家统计局，2019）报告的全国居民家庭人均收入结构数据计算，工资性收入、经营性收入、财产性收入在居民家庭人均收入中的占比分别约为60%、19%和3%。从特大城市居民家庭各分项收入对总体基尼系数的贡献率来看，工资性收入和经营性收入对总体基尼系数的贡献率分别为64.62%和19.23%，而财产性收入和投资类收入对总体基尼系数的贡献率分别为3.00%和5.43%。

相比于其他基本人口特征和职业而言，受教育程度对特大城市居民收入差距有重要的影响。个人受教育程度的高低与家庭人均收入呈现显著的正相关，随着个人受教育程度的提高，家庭人均收入随之增加。最高学历群体家庭人均收入是最低学历群体家庭人均收入的4.37倍，而且受教育程度的组间差距约占总体家庭人均收入差距的7.14%。教育作为人力资本最主要的组成部分，不仅可以提高个人的劳动生产率，也会促进社会整体生产率的提高，而且相当多的实证研究表明，教育可以有效促进个人收入的增长。例如，姚先国等（2013）使用中国城镇住户调查数据（1998～2009年）进行分析发现，高校扩招后城镇劳动者的教育收益率仍保持增长，表明高校扩招带来的人力资本增加对个人收入有着显著的促进作用。而本章的结果表明，从基尼系数、泰尔指数和平均对数离差指标来看，大学群体内部的收入差距在各学历组中是最小的，这意味着提高居民受教育程度仍是提高其收入的重要途径。

城市、城市群之间的差异也是解释总体家庭人均收入差距的重要因素。深圳的居民家庭人均收入最高，重庆的居民家庭人均收入最低，前者大约是后者的3.75倍。城市群之间的差异同样明显，珠三角城市群的居民家庭人均收入最高，分别为长三角城市群、京津冀城市群、长江中游城市群及成渝城市群的1.28倍、1.60倍、1.89倍、2.42倍。城市之间、城市群之间的差异与中国区域之间的差异一致,《中国统计摘要 (2020)》(国家统计局,2020) 显示,近年来中部地区全体居民人均可支配收入增速超过全国居民人均可支配收入增速,东部地区全体居民人均可支配收入增速与全国居民人均可支配收入增速持平,但地区间收入差异仍然比较明显。以 2017 年为例,东部地区和中部地区居民人均可支配收入分别为 33414 元和 21834 元,前者为后者的 1.53 倍。东部地区的省份收入普遍较高,收入低的省份主要集中在中西部地区,收入最高的 7 个省市依次是上海、北京、浙江、天津、江苏、广东、福建,可以发现,上述 7 个省市都在东部地区。

(二) 对相对贫困标准的测度及对相对贫困发生率的评价

本章按照特大城市居民家庭人均收入中位数的 40%、50% 和 60% 测得的相对贫困线分别为 21600 元、27000 元和 32400 元。以家庭人均收入中位数的 40% 的相对贫困线为例,重庆、武汉、成都、天津和长沙的相对贫困发生率明显高于总体平均水平,其中重庆相对贫困发生率超过 30%,即使将标准替换为基于 CHIP 2018 计算的全国城镇相对贫困线,各城市相对贫困发生率排名与前述结果基本一致。如果根据各城市家庭人均收入中位数分别计算的相对贫困线测量相对贫困发生率,各城市相对贫困发生率均低于 15.00%。地区因素是影响中国特大城市收入差距最主要的因素之一,不同城市群之间、城市群内部存在明显的收入差异,因此,在测量不同城市相对贫困线时应充分考虑该因素。

对于这一结果,这里要再次强调这只是一项探索性的研究。理由主要有以下两点:第一,在后扶贫时代,贫困的定义已从单一的收入标准转变为多维贫困标准。2000 年制定的《中国农村扶贫开发纲要 (2001~2010 年)》就已将扶贫目标定为"两不愁,三保障",这充分体现了贫困的多维特征,仅基于收入或消费来衡量相对贫困具有一定的局限性。第二,需要充分认识到由绝对贫困向相对贫困过渡阶段的复杂性。在 2020 年底,按照现行标准,告别绝对贫困后,部分脱贫的民众返贫风险仍较高,所以巩固扶贫攻坚成果仍是这一阶段的重要任务;前一阶段我国绝对贫困线是按 2010 年物价水平计算的年人均纯收入 2300 元,大幅提高贫困线标准会给公共财政支出造成压力,也会打破政策的连续性。

不过,该结果也会对看待特大城市相对贫困问题带来一些启示。例如，在设定相对贫困线时，需要充分考虑中国区域间的差异问题。通过分析各特大城市的相对贫困发生率可以发现，位于内陆地区的特大城市相对贫困发生率明显高于东部沿海地区，这与不同城市群的收入差异密切相关。因此，不同区域、人口规模的特大城市可结合各自实际情况设定符合自身情况的相对贫困线，将该相对贫困线用于特大城市贫困治理，而统一的全国城镇相对贫困线则主要用于监测各特大城市及总体相对贫困状况。

四　缩小居民收入差距的政策建议

（一）优化居民收入结构

工资性收入在居民家庭人均收入中占比较大，是影响特大城市居民收入高低的重要因素，因此，必须保障城镇居民稳定就业，尤其是解决部分困难群体的就业问题。经营性收入是居民收入的第二大来源，因此，应不断规范和健全市场机制，营造良好的经营环境，鼓励劳动者通过创业获得经营性收入。财产性收入和投资类收入在居民收入中所占比重较小，对此应拓宽居民财产投资渠道，向居民提供多元化的理财产品。此外，还应促进证券市场平稳健康发展，从制度上保证投资者特别是中小投资者的合理回报。

（二）加快健全再分配调节机制

充分发挥税收的调节功能，不断完善对城镇高收入者个人所得税的征收、管理措施，提高个税起征点，保护低收入者权益。完善社会保障制度，全面统筹针对城镇低收入群体的医疗、教育、住房、就业等专项救助和临时救助，避免对低收入群体的制度性挤出。政府治理能力的高低决定了财政支出的规模、结构和效率，影响着公共产品的供给和公共服务的均衡，因此，需要推动市域社会治理现代化建设，全面提升市域社会治理现代化水平，从而让低收入群体更多地分享发展成果，促进社会公平，缩小特大城市内部居民收入差距。

（三）构建解决相对贫困的长效机制

构建监测相对贫困的科学指标体系。后扶贫时代，由绝对贫困转向多维相对贫困，在过渡阶段应设定科学合理的相对贫困线，在后期构建多维相对贫困标准。这要求政府准确把握相对贫困群体的差异化需求。相对贫困群体没有能力进行风险管理，因而更易受到健康风险、经济风险、社会风险的影响，因此，加强社会保障有助于降低风险发生概率、减轻危害程度。教育作为人力资本投资可有效提高居民的收入，进一步完善教育救助制度，保障相对贫困家庭成员的受教育权，这是避免贫困代际传递、贫困家庭因学致贫的重要举措。

第七章　特大城市居民的消费结构

于宜民

　　"今天，在我们的周围，存在着一种由不断生长的物、服务和物质财富所构成的惊人的消费和丰富现象，它构成了人类自然环境中的一种根本变化。恰当地说，富裕的人们不再像过去那样受到人的包围，而是受到物的包围"（鲍德里亚，2014）。在此基础上，当下的消费社会得以形成，在改变了人们日常生活的同时，也对个体认知、社会环境和生活方式产生了深远的影响。中共中央政治局于 2020 年 7 月 30 日召开的会议指出，在当前的时代背景之下，"要持续扩大国内需求，克服疫情影响，扩大最终消费，为居民消费升级创造条件。要以新型城镇化带动投资和消费需求，推动城市群、都市圈一体化发展体制机制创新"①。

　　改革开放四十余年，我国居民的生活发生了翻天覆地的变化，人们的消费方式和消费文化亦是如此。从计划经济时期物资匮乏下的按需分配，到如今人们物质和文化生活的内容都在不断丰富。在收入不断增加的过程中，居民的消费水平也在提高，消费结构不断优化。在互联网时代，网上购物、手机投资理财等新型消费成为时下的热点。此外，在西方文化的影响下，奢侈品消费、有机生活等消费理念和行为同样影响着大众的生活。把握我国居民消费的现状，深入了解居民的消费习惯、消费结构，将有利于相关政策的制定和执行。

　　我国的经济发展一直遵循"城市带动农村"的规律，因此，关注特大城市居民的消费现状，不仅仅是因为该地区有高度发达的经济和文化、较大的人口密度和较高的消费水平，更是因为这些城市的消费现状对周边的

---

① 《中共中央政治局会议：要持续扩大国内需求，为居民消费升级创造条件》，http://finance.ifeng.com/c/7yX8DGbQqdE，最后访问日期：2020 年 11 月 13 日。

地区有着非常重要的辐射作用。

一　特大城市居民的消费习惯

（一）日常消费

表7-1给出了特大城市居民在日常消费方面的一些习惯。在调查问卷中的具体问题是："您是否有以下日常消费习惯？（1）经常去大型超市购买食材；（2）留意食品的营养成分；（3）经常食用保健品；（4）定期进行体检。"回答"是"计1分，回答"否"计0分。

表7-1　对特大城市居民日常消费习惯的描述性统计分析

单位：%

日常消费习惯	频数	比例
经常去大型超市购买食材	5082	61.7
留意食品的营养成分	5080	58.5
经常食用保健品	5074	19.0
定期进行体检	5084	61.1

由表7-1的数据可知，有61.7%的受访者经常去大型超市购买食材。自20世纪90年代起，大型超市逐渐进入人们的生活。大型超市的优势在于商品种类齐全，消费者可"一站"买齐需要的商品。如今，进口超市、精品超市、有机超市的发展，也让部分追求生活品质的人，更愿意去这些场所进行日常采购。与之相比，传统的菜市场似乎日渐式微。与大型超市琳琅满目的进口商品相比，传统菜市场更多售卖的是本地农产品。但传统菜市场的优势在于离居民区较近，日常采购更加便利，价格低廉，与标准化管理的大型超市相比更有市井的人情味。

如今，正规厂家所生产食品的外包装上通常附有营养成分表，在某种程度上会影响人们对某些食品的选择。例如，健身人士最关心食物蛋白质的含量；减肥的女性最留意食品的能量和脂肪成分；高血压患者比较在意食品中钠的含量；注重健康生活的人则会观察食品中是否含有反式脂肪。表7-1的数据显示，在特大城市中已经有接近六成的居民会留意食品的营养成分。

人们在选择食品的过程中不仅追求"吃得饱",也追求"吃得好,吃得对"。

由艾瑞咨询公布的《2019 年中国大健康消费发展白皮书》指出,2019年以京东、天猫为主的主流电商平台保健类产品成交额高达 452.6 亿元,与 2018 年的 358 亿元相比保持持续稳定的增长[①]。尤其是在缓解疲劳的保健品成交额方面,以北上广等特大城市为代表的经济较发达省市成交额明显更高。而本次调查数据显示,已经有 19.0% 的特大城市居民有经常食用保健品的习惯,这表明目前我国保健品消费市场仍有较大的发展空间。

此外,体检也是特大城市居民的日常消费行为之一。表 7-1 的数据显示,有超过六成的居民有定期进行体检的习惯。艾瑞咨询的相关报告[②]显示,北上广深的白领是购买体检服务的主力军。值得注意的是,购买体检服务的消费者不仅关注个人健康,还帮家人购买体检服务,这已经成为许多年轻人献孝心的方式之一。

(二) 奢侈品消费

表 7-2 和表 7-3 给出了特大城市居民在奢侈品消费方面的一些特征。调查问卷中的具体问题是:"以衣服为例,对于您来说,一件的价位在多少元以上可以称得上是'奢侈品'?""根据以上定义,过去一年您家购买超过(含)该价位奢侈品的数量是多少件?"笔者将对第一个问题的回答定义为表 7-2 中的"奢侈品单价",将对第二个问题的回答定义为"奢侈品数量",并且将两者相乘得出受访者在奢侈品消费方面支出的金额,即"奢侈品消费金额"。

表 7-2 对奢侈品消费的描述性统计分析

单位:元,件

	频数	均值	标准差
奢侈品消费金额	5007	2963.86	13605.65
奢侈品单价	5035	2071.33	5251.26
奢侈品数量	5012	2.05	8.33

---

① 艾瑞咨询:《2019 年中国大健康消费发展白皮书》,http://www.199it.com/archives/1000328.html,最后访问日期:2020 年 12 月 1 日。

② 艾瑞咨询:《2019 年中国大健康消费发展白皮书》,http://www.199it.com/archives/1000328.html,最后访问日期:2020 年 12 月 1 日。

相关研究指出，需求价格弹性在 1 以上的非正常商品，即价格和质量都比同类型的普通商品要高，且价格远高于普通商品的就可以被定义为奢侈品（陈星如，2019）。在对特大城市居民的统计中，奢侈品的年人均消费金额为 2963.86 元，对奢侈品单价所做出的判断均值为 2071.33 元，人均购买奢侈品的数量为 2.05 件，特大城市居民对奢侈品的主观判断与经济学者所下的定义基本吻合。麦肯锡《2019 中国奢侈品报告》显示，2018年中国居民平均每户用于消费奢侈品的支出近 8 万元。[①] 该数据与本章的统计数据相去甚远。通过进一步分析原始数据可知：在奢侈品消费金额这一变量上，5007 个样本中有 2222 个样本购买奢侈品的消费金额为 0 元，占总样本量的 44.38%。这或许表明，奢侈品消费并不是每个居民追求的消费方式。

与普通的日常消费不同，奢侈品消费属于炫耀型、享受型消费，并不是每个居民都能接受这样的消费观念。仅对那些有购买奢侈品习惯的受访者进行分析，或许更能客观地反映特大城市居民奢侈品消费的现状。笔者将奢侈品消费金额为 0 元的样本剔除，结果见表 7 - 3。

表 7 - 3　对奢侈品消费的描述性统计分析（仅针对购买者）

单位：元，件

	频数	均值	标准差
奢侈品消费金额	2785	5328.57	17895.64
奢侈品单价	2813	1735.60	4909.13
奢侈品数量	2785	3.68	10.90

在有购买奢侈品习惯的居民中，2018 年用于奢侈品消费的平均支出为5328.57 元，其中最小值为 50 元，最大值为 500000 元。最小值 50 元显然并不符合奢侈品的定义，即使已经将没有奢侈品消费习惯的居民样本剔除，数据中仍然存在不符合奢侈品消费定义的样本，这会对数据的整体客观性产生影响。值得注意的是，在奢侈品单价方面，表 7 - 3 中的数据低于表 7 - 2 中的数据；但在奢侈品数量方面，表 7 - 3 中的均值（3.68 件）又

---

① 麦肯锡：《2019 中国奢侈品报告》，https://www.sohu.com/a/312151678_802361，最后访问日期：2020 年 12 月 3 日。

高于表 7 - 2 中的均值 （2.05 件）。消费者在对奢侈品的认同上存在一定的分歧，尤其是部分消费者对奢侈品价格的定义标准偏低。这在一定程度上也解释了为何本调查数据所得结果与其他一些针对奢侈品消费的调查报告存在一定的差异。

调查数据显示，奢侈品消费在我国仍然是少数群体的狂欢。虽然我国民众的奢侈品消费在国际市场中所占的比重逐年攀升，但对本调查所涉及的特大城市居民而言，奢侈品消费仍然与他们的日常生活相去甚远。奢侈品消费的文化，并未得到居民的普遍认同。

（三）网络消费

特大城市居民的网络消费情况可以从表 7 - 4 至表 7 - 7 中看出。调查问卷中的具体问题是："您平时使用互联网进行下列活动（网络购物、网上投资理财、移动支付）的频率是多少？"问卷将回答的 5 个选项作为定序变量，"几乎每天"赋值为 4，"一周多次"赋值为 3，"一月几次"赋值为 2，"一年几次"赋值为 1，"从不"赋值为 0。

国家统计局公布的数据显示，2019 年我国网上零售额已经达到 106324 亿元，同比增长 16.5%。[①] 2020 年第 45 次《中国互联网络发展状况统计报告》显示，我国网络购物用户规模自 2015 年起一直保持着稳定增长的态势，从 2015 年的 60% 增长至 2020 年的 78.6%。与此同时，手机网络购物用户规模增长幅度更大，超过了传统网络购物的用户规模，从 2015 年的 54.8% 增长至 2020 年的 78.9%。[②] 网络消费的成交额和用户普及率都在持续增长，且仍有一定的上升空间。

表 7 - 4　对网络消费习惯的描述性统计分析

	频数	均值	标准差
网络购物	5057	1.60	1.28
网上投资理财	5044	0.56	1.09

---

① 国家统计局：《2019 年全国网上零售额 106324 亿元　同比增长 16.5%》，http://www.199it.com/archives/999427.html，最后访问日期：2020 年 12 月 1 日。

② 第 45 次《中国互联网络发展状况统计报告》，http://www.cac.gov.cn/2020 - 04/27/c_1589535470378587.htm，2020 年 12 月 1 日。

续表

	频数	均值	标准差
移动支付	5055	2.84	1.54

在网络购物方面，一月几次网络购物的人最多，占总样本的31.92%；其次是一周多次（见表7－5）。在全部样本中，几乎每天都进行网络购物的居民占比最小。虽然网络购物已经非常发达，但依然会受到时效性、商品质量等因素的影响。在日常生活中，仍然有很多消费需求是无法通过网络购物来满足的。

表7－5 对网络购物的统计分析

单位：%

	频数	百分比
从不	1545	30.55
一年几次	602	11.90
一月几次	1614	31.92
一周多次	946	18.71
几乎每天	350	6.92

与网络购物相比，对网上投资理财的接受度较低。在特大城市中，仅有27.22%的居民做过网上投资理财。其中，"一年几次"的比例最高，为12.25%（见表7－6）。值得一提的是，几乎每天都进行网上投资理财的居民数量比一周多次的居民数量略多。对这部分居民而言，网上投资理财已经成为一种生活方式。

表7－6 对网上投资理财的统计分析

单位：%

	频数	百分比
从不	3671	72.78
一年几次	618	12.25
一月几次	309	6.13
一周多次	202	4.00
几乎每天	244	4.84

在本调查所涉及的三种网络消费习惯中，移动支付的均值高达 2.84 分，显著高于网络购物的 1.60 和网上投资理财的 0.56，仅有不到 1/5 的居民从未使用过移动支付。这一数据高于 CNNIC 的同期调查数据，这表明，特大城市的移动支付普及率高于其他地区，且对其他地区有带动作用。在使用过移动支付的居民中，几乎每天都使用的居民占比为 52.94%，移动支付已经基本取代了现金成为他们生活习惯的一部分。

表 7-7 对移动支付的描述性统计分析

单位：%

	频数	百分比
从不	974	19.27
一年几次	92	1.82
一月几次	359	7.10
一周多次	954	18.87
几乎每天	2676	52.94

二 特大城市居民家庭的消费结构

（一）特大城市居民家庭消费结构的总体特征

2018 年特大城市居民家庭的各项支出如表 7-8 所示，其中日常生活开支指除表 7-8 中的其他各项支出以外的衣食住行等支出费用，购房首付仅指 2018 年的购房首付，租房支出不包括物业管理费，购车支出包括购车和拍牌的费用，文化消费指用于旅游度假、健身和文化娱乐等的费用，赡养支出包括对父母或岳父母的经济支持和生活补贴等，子女教育支出一项包括学杂费、上兴趣班的费用、课外辅导费等。

表 7-8 特大城市居民家庭消费结构的描述性统计

单位：元

消费类型	频数	均值	标准差
家庭总支出	9886	150000.00	552000.00
日常生活开支	9880	72209.37	957000.00

续表

消费类型	频数	均值	标准差
购房首付	9268	28006.45	286000.00
房贷支出	9355	11303.08	42577.00
租房支出	9366	6456.70	26506.97
购车支出	9298	7990.31	73188.55
车贷支出	9293	2008.67	16277.46
文化消费	9633	18786.06	510000.00
医疗支出	9673	9884.45	205000.00
赡养支出	9495	8365.92	131000.00
子女教育支出	9517	13201.78	37472.08
其他支出	9056	10411.60	633000.00

作为生存型消费的日常生活开支，基本上占家庭总支出的一半。对比国家统计局发布的《2018年居民收入和消费支出情况》，该报告显示，居民的食品、烟酒消费占总消费支出的28.4%，衣着支出占6.5%，生活用品及服务支出占6.2%，交通通信支出占13.5%。[①] 将这些数据加总得出的居民人均消费支出占总支出的54.6%，与本研究的统计数据相近，证实了本研究数据的可靠性。

在诸多的发展型消费[②]（购房首付、房贷支出、租房支出、购车支出、车贷支出、文化消费、医疗支出）方面，与住房相关的支出占比最大。购房首付的均值高达28006.45元，显然高于其他的发展型消费。特大城市居民家庭在住房方面的支出（购房首付、房贷支出、租房支出）均值高达45766.23元，高于其他发展型消费的总和。

表7-8中的其他支出中，装修、结婚花费、团队建设、人情往来等是占比较大的支出事由。本调查所涉及的赡养支出、子女教育支出以及其他支出，不符合张翼（2016）的定义，因此这三项未被归入发展型消费。根据对各项消费的分析，可以发现家庭总支出、日常生活开支、文化消费、

---

① 国家统计局：《2018年居民收入和消费支出情况》，http://www.stats.gov.cn/tjsj/zxfb/201901/t20190121_1645791.html，2019年1月21日。

② 根据恩格斯和马斯洛的相关经典理论，为维持劳动力的生产和再生产所产生的基本消费为生存型消费，而为了提高生活质量并创造更多的发展机会而产生的基本消费为发展型消费（张翼，2016）。

医疗支出、赡养支出和其他支出这几项中存在个别极大值对总体均值产生较大影响的问题，考虑到个别极大值对回归结果的影响，因此，在后面的回归模型中剔除了这些极值样本。

（二）五大城市群居民家庭的消费结构差异

本部分，笔者将通过对比分析，分析五大城市群居民家庭的消费结构差异（见表7-9至表7-13）。

表7-9　京津冀城市群居民家庭的消费结构

单位：元

消费类型	频数	均值	标准差
家庭总支出	1982	126000.00	276000.00
日常生活开支	1983	87822.79	1620000.00
发展型消费	1859	83979.57	443000.00
购房首付	1884	32630.30	423000.00
房贷支出	1900	9700.87	42336.69
租房支出	1895	5610.74	18620.34
购车支出	1886	5863.88	59408.00
车贷支出	1890	972.45	8682.40
文化消费	1935	9719.61	25138.98
医疗支出	1952	9771.34	33797.15
赡养支出	1910	5102.66	19151.54
子女教育支出	1922	10905.19	33984.92
其他支出	1847	35091.36	1400000.00

表7-10　长三角城市群居民家庭的消费结构

单位：元

消费类型	频数	均值	标准差
家庭总支出	1976	205000.00	469000.00
日常生活开支	1976	102000.00	1350000.00
发展型消费	1903	133000.00	432000.00
购房首付	1921	60487.54	398000.00
房贷支出	1929	19514.17	56296.09
租房支出	1932	6808.29	32590.49

续表

消费类型	频数	均值	标准差
购车支出	1920	9947.69	59982.74
车贷支出	1922	2379.58	13672.55
文化消费	1962	34011.28	903000.00
医疗支出	1960	6903.97	17316.07
赡养支出	1945	10924.83	252000.00
子女教育支出	1940	16880.26	44342.36
其他支出	1816	4792.46	52773.65

表 7 – 11　珠三角城市群居民家庭的消费结构

单位：元

消费类型	频数	均值	标准差
家庭总支出	1953	192000.00	837000.00
日常生活开支	1956	75767.35	253000.00
发展型消费	1797	104000.00	816000.00
购房首付	1809	14190.73	178000.00
房贷支出	1821	11074.27	47162.39
租房支出	1862	14154.47	41957.64
购车支出	1833	10356.92	87621.94
车贷支出	1815	2852.37	27210.43
文化消费	1910	33843.05	687000.00
医疗支出	1886	7099.80	16496.80
赡养支出	1885	15775.84	141000.00
子女教育支出	1871	18538.71	52702.02
其他支出	1801	5254.59	50977.75

表 7 – 12　成渝城市群居民家庭的消费结构

单位：元

消费类型	频数	均值	标准差
家庭总支出	1988	88991.76	161000.00
日常生活开支	1981	40686.83	50334.33
发展型消费	1761	43675.41	112000.00
购房首付	1778	11973.96	92077.02

续表

消费类型	频数	均值	标准差
房贷支出	1813	6764.10	23828.10
租房支出	1792	2322.21	10945.34
购车支出	1781	3389.97	31317.06
车贷支出	1786	1827.47	12774.30
文化消费	1887	6689.65	14986.52
医疗支出	1924	6128.61	16586.20
赡养支出	1850	4414.03	10706.71
子女教育支出	1874	8516.22	20039.87
其他支出	1739	2538.95	60878.85

表 7 - 13　长江中游城市群居民家庭的消费结构

单位：元

消费类型	频数	均值	标准差
家庭总支出	1987	141000.00	705000.00
日常生活开支	1984	54874.30	235000.00
发展型消费	1853	81843.66	526000.00
购房首付	1876	18619.95	149000.00
房贷支出	1892	9110.06	33987.27
租房支出	1885	3273.46	10804.77
购车支出	1878	10177.45	104000.00
车贷支出	1880	2028.81	13099.59
文化消费	1939	9368.18	32953.12
医疗支出	1951	19387.56	454000.00
赡养支出	1905	5530.78	14268.93
子女教育支出	1910	11145.82	25544.69
其他支出	1853	3719.29	36590.92

　　先来看 2018 年五大城市群居民的家庭总支出，长三角城市群以家庭总支出均值 205000 元位列五大城市群的榜首。五大城市群居民家庭总支出由大到小排序依次为长三角城市群、珠三角城市群、长江中游城市群、京津冀城市群、成渝城市群。

　　在日常生活开支，即生存型消费方面，五大城市群按开支多少由大到小排序依次为长三角城市群、京津冀城市群、珠三角城市群、长江中游城市群、成渝城市群。生存型消费均值最高的长三角城市群为102000元，而最小的成渝城市群的均值还不到长三角城市群的一半。

在发展型消费方面，长三角城市群依然领跑，其次分别为珠三角城市群、京津冀城市群、长江中游城市群、成渝城市群。对比五大城市群的生存型消费和发展型消费，除京津冀城市群以外，其他城市群的发展型消费的均值都高于生存型消费。

在医疗支出方面，珠三角城市群、成渝城市群、长三角城市群的差异较小，京津冀城市群的医疗支出均值略高。多地医疗支出的均值相近，表明目前我国的医疗保障制度和药价统一等政策落到了实处，至少在五大城市群中有所体现。

在赡养支出、子女教育支出和其他支出方面，由于赡养支出和其他支出的消费内容在不同样本之间的差异比较大，在此对这两项数据不进行讨论。而在子女教育支出方面，珠三角城市群为五大城市群中子女教育支出最大的地区，其次是长三角城市群。该数据表明，东南沿海地区城市居民家庭对子女的教育投入力度更大，当然，这也可能是因为这些地区的物价水平和教育收费本身就高于其他地区。

三　特大城市居民家庭消费结构的影响因素

（一）数据的操作化与研究方法

前文已经较为详尽地描述了特大城市居民家庭的各项消费情况，本节旨在揭示影响特大城市居民家庭消费结构的因素，从而帮助我们理解居民家庭消费结构的形成，为相关政策的制定提供一定的依据。

在数据的操作化方面，研究的主要因变量（即家庭总支出、生存型消费和发展型消费）的定义和具体操作化在上文中已经有所提及，在此不再赘述。本章研究的自变量是可能影响居民家庭消费结构的两个主要因素：户籍和家庭总收入。前者在问卷中是询问受访者的户籍性质，农业户籍赋值为0，非农业户籍赋值为1；后者在问卷中是询问去年（2018年）受访者家庭（税后）总收入。另外，由于家庭总支出、生存型消费、发展型消费、家庭总收入这几个变量的数值比其他变量要大很多，因此在具体的回归模型中，将这几个变量取对数后再放入模型，以免影响回归结果的准确性。而在表7-14的描述性统计结果中，为了更加直观地呈现样本分布特征，直接给出了这几个变量取对数前的原始数据。

为了更加客观地呈现自变量和因变量之间的关系，本研究还选取了职业①、年龄、性别、婚姻状况、教育、儿子数量和女儿数量这些可能会对因变量产生影响的变量作为控制变量放入模型中。对这些控制变量的操作化如下。

职业。职业一直是社会学家划分社会阶层的重要指标，并且与本研究中的教育、收入等变量有一定的联系，因此将职业作为控制变量加入模型。

年龄。不同年龄段居民的消费结构显然存在差异，例如，处于抚养子女阶段的居民，会比子女已经成年或未生育子女的居民多出许多子女抚养方面的花销。而年长的居民可能会由于生理机能的衰退、健康状况变差等产生更多的医疗支出。因此本研究将居民的年龄作为控制变量。

性别。男性和女性的消费结构差异一直是一个引发不少讨论的话题，本研究将男性编码为1，女性编码为0。

婚姻状况。本研究仅区分已婚和未婚这两种婚姻状况，前者编码为1，后者编码为0。其中，已婚包括初婚有配偶和再婚有配偶两种情况，未婚包括未婚、离异和丧偶三种情况。

教育。该变量主要询问受访者的受教育程度，并根据其受教育年限赋值，将未上过学编码为0，小学编码为6，普通初中编码为9，普通高中编码为12，职业高中（包括中专、技校）编码为12，大学专科编码为15，大学本科编码为16，硕士研究生编码为19，博士研究生编码为22。

子女数量。子女数量既可能影响家庭的生存型消费，又可能影响家庭的发展型消费。在实际生活中，受到某些风俗习惯的影响，有些居民认为抚养儿子比女儿需要更多金钱上的投入，尤其是当子女婚嫁时。为了检验这一社会现象，笔者将子女分性别统计数量作为控制变量放入模型中。

表7-14展示了本研究模型中的因变量、自变量和诸多控制变量的样

---

① 由于职业属于分类变量，其均值和标准差不宜展示，因此未在表7-14中予以展示。

本量、均值、标准差。

表7-14　主要变量的描述性统计结果

变量	样本量	均值	标准差
家庭总支出（元）	8783	143000.00	304000.00
生存型消费（元）	8797	56712.20	85077.04
发展型消费（元）	8778	80845.50	261000.00
非农业户籍	8766	0.75	0.43
家庭总收入（元）	8797	193376.10	302976.20
年龄（岁）	8797	43.87	13.79
性别	8796	0.47	0.50
婚姻状况	8733	0.76	0.43
教育（年）	8769	12.58	3.77
儿子数量	7210	0.64	0.61
女儿数量	7212	0.58	0.65

当家庭总支出、生存型消费或发展型消费作为因变量的时候，这三个因变量是与多个因素相互联系的，如前文提到的非农业户籍、家庭总收入以及诸多控制变量。因此，本研究针对这三个因变量采用的是包含上述有关变量的多元线性回归模型，以检验自变量和控制变量对这三个因变量的作用，具体回归方程如下：

$$y = b_0 + b_1 x_1 + b_2 x_2 + \cdots + b_k x_k + \varepsilon$$

其中 y 在本研究中指家庭总收入（取对数）、生存型消费（取对数）或发展型消费（取对数），x_1，x_2，$\cdots$，x_k 表示本研究选取的自变量。b_0，b_1，b_2，$\cdots$，b_k 被称为偏回归系数，该数值表示每一个自变量对因变量不同的独立作用。ε 通常被定义为不可观测的随机误差。

（二）人口流动因素

居民家庭消费结构的城乡差异一直是我国社会学者研究的热点。陈蔓玲（2019）比较详细地分析了城镇化进程对居民家庭消费结构的影响途径，主要包括提高居民收入、改善消费环境和优化产业结构这三个方面。还有学者认为目前我国城乡居民在发展型消费方面的差异正在逐步缩小，这与城乡居民在受教育程度和健康意识方面的差异逐步缩小有着密不可分的关系（王娟，2019：38）。在诸如此类的研究中，学者们划分城镇与农村居民的依据，大都是以受访者的居住地作为标准。本研究的受访者均来自特大城市，但其中部分受访者依然有着来自乡村的"印记"，他们中的大部分人属于流动人口。在具体的操作化过程中，通常采用我国特有的社会制度（户籍）对其加以区分。

本研究试图进一步考察人口流动因素或户籍因素对居民家庭消费结构的影响，并基于以下两点考量，提出假设一。一方面，我国特大城市房价居高不下，前文的分析也发现，目前住房方面的支出占比较大。而大部分外来人口在特大城市没有住房，无论是买房还是租房，他们在住房方面的开支都高于本地居民。另一方面，农业户籍和非农业户籍的差别可以从社会保障的待遇上得到直观的体现，尤其在子女教育和医疗支出这两个方面。本研究的家庭支出中涉及住房支出、教育支出以及医疗支出，因此根据调查数据提出包含以下三个子假设的假设一。

假设一：拥有非农业户籍的居民，家庭各项开支更少；

假设1.1 拥有非农业户籍的居民比农业户籍的居民家庭总支出更少；

假设1.2 拥有非农业户籍的居民比农业户籍的居民家庭生存型消费更少；

假设1.3 拥有非农业户籍的居民比农业户籍的居民家庭发展型消费更少。

表7-15 影响居民家庭消费结构因素的多元线性回归分析结果

变量	家庭总支出	生存型消费	发展型消费
非农业户籍	-0.01	0.05	-0.18***
家庭总收入	0.49***	0.45***	0.46***
职业	-0.01	0.02	-0.08***
年龄	-0.01***	0.00	-0.04***
性别	0.00	-0.02	-0.08
婚姻状况	0.21***	0.20***	0.50***
教育	0.03***	0.02***	0.06***
儿子数量	0.06**	0.00	0.19***
女儿数量	0.07*	0.03	0.23***
常数	5.37	4.47	5.49
样本量	6578	6446	6250

变量	家庭总支出	生存型消费	发展型消费
R^2	0.29	0.21	0.22

注：（1）$^{***}p < 0.01$，$^{**}p < 0.05$，$^*p < 0.1$；（2）对家庭总收入、家庭总支出、生存型消费、发展型消费，采用的是调查数据取对数后的数值；（3）为了节省篇幅，该统计结果省略了回归系数的标准误。

根据表 7 – 15，非农业户籍对家庭总支出和生存型消费的作用并不显著。非农业户籍与发展型消费呈现较为显著的负相关，回归系数为 – 0.18。与非农业户籍的居民相比，农业户籍的居民更偏爱发展型消费。家庭总支出变量的回归系数虽然为负（即非农业户籍的居民家庭总支出更低），但是并没有呈现统计学意义上的显著。

（三）社会阶层因素

社会阶层对消费的影响也一直受到学者的关注。近年来，社会阶层被认为是一个内涵丰富的概念，其衡量标准可以是教育、收入、自评社会地位、职业（李春玲，2007；王甫勤、章超，2018）等。在此基础上，可以研究不同社会阶层人士的消费偏好。本部分选择家庭总收入作为衡量社会阶层的依据，一方面，家庭总收入可以作为判断社会阶层的标准，且家庭总收入可能影响特大城市居民的消费结构（唐畅，2019：42）；另一方面，本模型的因变量以家庭为单位，具体包括家庭年消费支出、家庭生存型消费、家庭发展型消费。与教育、职业、自评社会阶层这些个体化的变量相比，选取家庭总收入作为自变量，能够更加客观地验证假设。基于以上两个原因，笔者提出同样包括三个子假设的假设二。

假设二：社会阶层越高的家庭，家庭各项开支越多。

假设 2.1 社会阶层越高的家庭，家庭总支出也越多；

假设 2.2 社会阶层越高的家庭，生存型消费也越多；

假设 2.3 社会阶层越高的家庭，发展型消费也越多。

从表 7 – 15 可以看出，假设二的三个子假设均得到了证实。在社会阶层模型中，家庭总支出的回归系数为 0.49，生存型消费的回归系数为 0.45，发展型消费的回归系数为 0.46，三者均在 $p < 0.01$ 的水平上显著，且从回归系数的绝对值大小来看，家庭总收入对上述三个消费支出变量的

影响逐渐递减。总而言之，社会阶层越高的家庭，家庭总支出也越多，生存型消费也越多，发展型消费也越多。因此，假设二得到了证实。

（四）其他因素

目前有关居民家庭消费结构的影响因素研究，主要从六个维度（居民收入、消费品价格、人口年龄结构、城镇化进程、政府支出和互联网发展）进行（王紫鹦，2020：10）。在前文的假设中，仅验证了其中的部分内容，本数据涉及的其余一些因素，同样可以作为控制变量放入模型中。因此，观察本模型的其他控制变量，也可以得出一些结论。

职业仅与发展型消费有显著的负相关，相关系数为 -0.08。分析职业变量的特征可以发现，在特大城市中，职业地位越高的居民家庭发展型消费越多。

年龄与家庭总支出和发展型消费之间存在显著的负相关，前者的相关系数为 -0.01，后者的相关系数为 -0.04。居民年龄越大，其家庭总支出和发展型消费越少。

婚姻对各种家庭支出都有显著的积极作用，婚姻状况与本模型所涉及的三种家庭支出在 $p < 0.01$ 的水平上显著正相关。

教育对各种家庭支出的促进作用也非常显著，居民的受教育程度越高，其家庭的各项支出也越多。教育与家庭总支出的相关系数为 0.03，与生存型消费的相关系数为 0.02，与发展型消费的相关系数为 0.06，均在 $p < 0.01$ 的水平上显著。

子女数量对家庭总支出和发展型消费都有显著的正向影响，儿子数量与家庭总支出的相关系数为 0.06，与发展型消费的相关系数为 0.19；女儿数量与家庭总支出的相关系数为 0.07，与发展型消费的相关系数为 0.23。从子女总数的角度来说，每多抚养一个孩子，家庭总支出和发展型消费都要随之增加。

四　结论与讨论

本研究对我国十个特大城市居民的消费习惯进行了分析，主要涉及日常消费、奢侈品消费和网络消费这三个方面。在日常消费方面，健康已经成为居民日常消费关注的重点，接近六成的居民会留意食品的营养成分；体检服务消费已经得到了一定程度的普及；保健品消费市场仍处于蓬勃发展阶段，未来仍有上升空间；特大城市居民更倾向于在大型超市购买食材。在奢侈品消费方面，本研究所得数据与其他一些机构公布的数据存在一定的差异。在本调查数据中，有44.38%的受访者认为自己没有购买奢侈品的生活习惯。其余的受访者对奢侈品的价格定义存在偏低的情况。奢侈品消费人群在我国仍然属于小众群体。在网络消费方面，移动支付和网络购物的普及率较高，移动支付已经深入人们的日常生活中。与二者相比，网上投资理财的接受度较低，未来仍有较大的发展空间。

从整体上看，五大城市群居民家庭的生存型消费都较高；在发展型消费方面，与住房相关的支出所占比重最大，甚至高于其他发展型消费的总和。通过对五大城市群居民家庭的消费结构做进一步对比分析，可概括出以下三个特点。（1）长三角城市群在家庭总支出、生存型消费、发展型消费方面在众多城市群中居于首位，而成渝城市群则处于末位，这或许从侧面印证了经济发展与居民消费水平的关系。从全国范围内的研究来看，经济发展水平与该地区居民的消费水平有着密不可分的联系，经济越发达的地区，消费水平自然也就越高（赵静，2019：51）。（2）对大部分地区的居民家庭而言，发展型消费已经超过生存型消费，这与相关的发展规划相吻合。（3）目前五大城市群居民家庭在医疗支出方面的差距并不大，这表明我国特大城市的医疗保障制度较为完善，实施效果也比较理想。珠三角城市群、长三角城市群的居民家庭在子女教育支出上比其他城市高，但仅从目前的数据来看，还无法准确地找到其原因。

在此基础上，通过模型检验的方法找到部分可能影响特大城市居民家庭消费结构的因素。具体而言，农业户籍的居民家庭比非农业户籍的居民家庭更偏好发展型消费；社会阶层越高的家庭，家庭各项开支（家庭总支出、生存型消费、发展型消费）也越多；职业仅对居民的发展型消费产生影响；年龄与家庭总支出和发展型消费之间存在显著的负相关；教育和婚姻状况对家庭各项开支都有着积极的促进作用；子女数量对家庭的总支出和发展型消费都有正向影响。

基于上述结论，在此就以下三点展开讨论。

第一，从特大城市居民的日常消费中不难发现，目前特大城市居民正追求一种高效、健康的生活方式。传统菜市场在特大城市中逐渐式微，取而代之的是质量更高、更便捷的大型综合超市。结合目前特大城市居民的网络消费习惯，移动支付是特大城市居民的消费新趋势。目前，网上买菜已经在特大城市中悄然流行，通过网络平台，可以直接实现从田间到餐桌的构想，避免商品损耗、供求错位等诸多问题，既可以适应都市人快节奏的生活，帮助他们节省时间，使其获得更加新鲜优质的蔬菜，又可以更加有效地拓宽生产者的销售渠道，获得更高的经济收益。这需要政府相关部门在政策上予以扶持，帮助生产者与消费者搭建对接的桥梁，同时严保"网上菜篮子"的食品安全。

第二，从样本所涉及的十个特大城市的居民家庭消费结构来看，目前我国特大城市居民家庭的消费结构基本合理，并且有稳步优化的趋势。这表明我国过去在优化居民家庭消费结构方面的政策初见成效。未来，可以更多地借鉴过去的经验，保持当前稳定、健康地调整的趋势。另外，经济发展水平与居民消费水平之间存在着密不可分的关系，这一点再次得到了印证。

第三，在揭示特大城市居民消费结构影响因素的模型中，大部分结论与以往相关研究和理论相符合，但在子女数量上似乎与其他学者的研究有一些出入。有学者的研究发现，收入、财富和教育对消费水平都有着积极的促进作用，但少儿抚养和老年赡养对家庭生存型消费和发展型消费的作用存在城乡差异（陈晓毅，2015：93），少儿抚养的数量对城镇居民的生存型消费的增加有更多的正向作用。从本次调查所得结论来看，抚养子女的数量仅对家庭的发展型消费有着积极的促进作用。导致该研究结论差异的原因主要有以下几点：本研究中的子女数量，并未规定年龄，可能包括成年子女和婴幼儿子女，区别于其他研究中的少儿子女；本研究的调查对象仅为特大城市居民，而其他研究包括其他规模的城镇地区；本研究和其他研究中，生存型消费和发展型消费所包括的具体内容有所不同，也可能导致结论上的差异。

第八章　特大城市居民的社会网络构成

陈晓冰

社会性是人的基本属性，每个社会成员都无法避免与他人进行交往与互动。社会交往，指在一定的历史条件下，社会成员个体之间在相互往来的过程中，所进行的与物质和精神交流相关的社会活动，是构成社会与促进社会发展的基础。同时，社会交往还是个体社会化的一种方式。个体出生后，就开始参与到与他人的社会交往与互动中，逐渐形成个体的社会关系网络。而个体的社会关系网络是其获得社会资本的重要途径。不同的社会关系网络有不同的社会资本。在本章中，我们主要围绕特大城市居民的社会关系网络构成这一议题，从社会网络规模和关系种类、社会网络达高性和社会网络异质性三个方面进行分析，试图揭示特大城市居民的社会网络构成特征。

一　特大城市居民的社会网络规模和关系种类

本次调查中，使用过去一年，与受访者常联系的亲属、亲密朋友和熟人的数量，表示其总体社会网络规模，并使用与之常联系的亲属、亲密朋友和熟人中本地人的数量，表示其本地社会网络规模。由表8-1可知，居民的总体社会网络规模为54人，本地社会网络规模为40人。

表8-1　特大城市居民的社会网络规模

单位：人

	均值	合计
总体社会网络规模	54	4869
本地社会网络规模	40	4842

图 8 - 1 是居民社会网络的关系种类情况。由图 8 - 1 可知，在居民的总体社会网络中，亲属占 33.63%，亲密朋友占 21.51%，熟人占 44.82%。在居民的本地社会网络中，亲属占 28.85%，亲密朋友占 22.05%，熟人占 49.02%。无论是居民的总体社会网络还是本地社会网络，占比最大的都是熟人，其次是亲属，亲密朋友占比最小。可以看出，在过去一年中，与居民联系最多的是熟人，换言之，熟人交往在特大城市居民日常社会交往中占比最大。

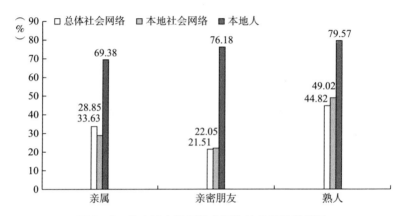

图 8 - 1　特大城市居民社会网络的关系种类情况

此外，关于同一关系种类中的本地人占比，熟人关系中的本地人占比最高，为 79.57%；其次是亲密朋友，为 76.18%；亲属关系中的本地人占比最小，为 69.38%。无论在何种关系中，本地人占比均超过 69%，可见，特大城市居民的日常社会交往对象还是以本地人为主。

（一）不同城市群居民的社会网络规模与关系种类分布情况

表 8 - 2 是不同城市群居民的社会网络规模情况，包括总体社会网络规模和本地社会网络规模。本次调查，京津冀城市群居民的总体社会网络规模为 986 人，本地社会网络规模为 984 人；长三角城市群居民的总体社会网络规模为 975 人，本地社会网络规模为 970 人；珠三角城市群居民的总体社会网络规模为 970 人，本地社会网络规模为 955 人；长江中游城市群居民的总体社会网络规模为 983 人，本地社会网络规模为 981 人；成渝城市群居民的总体社会网络规模为 955 人，本地社会网络规模为 953 人。其中，京津冀城市群居民总体社会网络规模平均为 40 人，本地社会网络规模

平均为 31 人；长三角城市群居民总体社会网络规模平均为 46 人，本地社会网络规模平均为 32 人；珠三角城市群居民总体社会网络规模平均为 43人，本地社会网络规模平均为 25 人；长江中游城市群居民总体社会网络规模平均为 57 人，本地社会网络规模平均为 45 人；成渝城市群居民总体社会网络规模平均为 84 人，本地社会网络规模平均为 72 人。可见，无论是总体社会网络规模还是本地社会网络规模，成渝城市群居民的社会网络规模都是最大的，且成渝城市群居民社会网络中本地人的占比也是最高的（85.71%），这表明成渝城市群居民在日常社会交往中更倾向于和本地人互动。

表 8 - 2　不同城市群居民的社会网络规模

单位：人

城市群	总体社会网络规模		本地社会网络规模	
	均值	合计	均值	合计
京津冀	40	986	31	984
长三角	46	975	32	970
珠三角	43	970	25	955
长江中游	57	983	45	981
成渝	84	955	72	953

表 8 - 3 是不同城市群居民社会网络的关系种类分布情况。由表 8 - 3 可知，在京津冀城市群居民的总体社会网络中，亲属占 33.67%，亲密朋友占 21.64%，熟人占 44.60%；本地社会网络中，亲属占 29.63%，亲密朋友占 22.05%，熟人占 48.22%。在长三角城市群居民的总体社会网络中，亲属占 34.46%，亲密朋友占 27.05%，熟人占 38.46%；本地社会网络中，亲属占 28.97%，亲密朋友占 28.77%，熟人占 42.11%。在珠三角城市群居民的总体社会网络中，亲属占 34.27%，亲密朋友占 20.44%，熟人占 45.29%，本地社会网络中，亲属占 29.40%，亲密朋友占 20.79%，熟人占 49.75%。在长江中游城市群居民的总体社会网络中，亲属占 33.29%，亲密朋友占 20.47%，熟人占 46.17%；本地社会网络中，亲属占 27.13%，亲密朋友占 20.95%，熟人占 51.81%。在成渝城市群居民的总体社会网络中，亲属占 32.47%，亲密朋友占 18.11%，熟人占 49.43%；本地社会网

络中，亲属占 29.04%，亲密朋友占 18.14%，熟人占 52.82%。可见，各城市群居民的日常社会交往均是以熟人交往为主。

表 8 - 3　不同城市群居民社会网络的关系种类分布情况

单位：%

城市群		京津冀	长三角	珠三角	长江中游	成渝
总体社会网络	亲属	33.67	34.46	34.27	33.29	32.47
	亲密朋友	21.64	27.05	20.44	20.47	18.11
	熟人	44.60	38.46	45.29	46.17	49.43
本地社会网络	亲属	29.63	28.97	29.40	27.13	29.04
	亲密朋友	22.05	28.77	20.79	20.95	18.14
	熟人	48.22	42.11	49.75	51.81	52.82
本地人占比	亲属	74.52	60.15	69.04	67.87	74.90
	亲密朋友	80.50	70.29	76.35	75.45	78.22
	熟人	84.30	71.01	80.93	78.40	83.32

此外，关于同一关系种类中的本地人占比情况，五大城市群的居民中，熟人关系中的本地人占比为最高，京津冀城市群为 84.30%，长江中游城市群为 78.40%，长三角城市群为 71.01%，珠三角城市群为 80.93%，成渝城市群为 83.32%。其次是本地亲密朋友关系中的本地人占比，京津冀城市群为 80.50%，长三角城市群为 70.29%，珠三角城市群为 76.35%，长江中游城市群为 75.45%，成渝城市群为 78.22%。亲属关系中的本地人占比最小，京津冀城市群为 74.52%，长江中游城市群为 67.87%，长三角城市群为 60.15%，珠三角城市群为 69.04%，成渝城市群为 74.90%。总的来说，各城市群居民的日常社会交往还是以本地人为主，且京津冀城市群和成渝城市群的居民，日常社会交往中本地人的占比相对更高。

（二）不同户籍居民的社会网络规模与关系种类分布情况

在本次调查中，按照居民的户籍类型及是否发生过流动，将其划分为持有本地户籍且从未发生流动的非流动人口、发生过流动但已取得本地户籍的永久性流动人口以及发生过流动但还未取得本地户籍的暂时性流动人口三种类型。本次调查有效样本为 10011。具体户籍情况见表 8 - 4。

表 8 - 4　特大城市居民的户籍情况

单位：%

	频数	有效百分比
非流动人口	5637	56.31
永久性流动人口	1754	17.52
暂时性流动人口	2620	26.17
总计	100.00	100.00

本次调查中，非流动人口共计 5637 人，占总人数的 56.31%；永久性流动人口共计 1754 人，占总人数的 17.52%；暂时性流动人口共计 2620 人，占总人数的 26.17%。从人数比例来看，非流动人口占比最大，其次是暂时性流动人口，永久性流动人口的占比最小。

表 8 - 5 给出了不同户籍类型居民的社会网络规模。非流动人口的总体社会网络规模平均为 55 人，本地社会网络规模平均为 48 人；永久性流动人口的总体社会网络规模平均为 58 人，本地社会网络规模平均为 36 人；暂时性流动人口的总体社会网络规模平均为 48 人，本地社会网络规模平均为 24 人。就总体社会网络规模而言，永久性流动人口的总体社会网络规模最大，暂时性流动人口的总体社会网络规模最小。就本地社会网络规模而言，非流动人口的本地社会网络规模最大，暂时性流动人口的本地社会网络规模最小。可见，是否取得本地户籍对居民的社会网络规模有一定的影响。

表 8 - 5　不同户籍类型居民的社会网络规模

单位：人

	总体社会网络规模		本地社会网络规模	
	均值	合计	均值	合计
非流动人口	55	2763	48	2754
永久性流动人口	58	831	36	825
暂时性流动人口	48	1271	24	1259

表 8 - 6 是不同户籍类型居民社会网络的关系种类分布情况。从表 8 - 6 可知，在非流动人口的总体社会网络中，亲属占 33.93%，亲密朋友占 20.25%，熟人占 45.78%；本地社会网络中，亲属占 33.84%，亲密朋友

占 20.26%，熟人占 45.86%。在永久性流动人口的总体社会网络中，亲属占 32.85，亲密朋友占 22.00%，熟人占 45.14%；本地社会网络中，亲属占 24.26%，亲密朋友占 23.89%，熟人占 51.82%。在暂时性流动人口的总体社会网络中，亲属占 33.48%，亲密朋友占 23.97%，熟人占 42.48%；本地社会网络中，亲属占 19.50%，亲密朋友占 25.25%，熟人占 55.04%。无论是在总体社会网络中还是在本地社会网络中，都是熟人占比最大，其次是亲属，最后是亲密朋友。其中，相较于流动人口，非流动人口的社会网络中亲属占比更大，这一点在本地社会网络中体现得更为明显。

表 8 - 6   不同户籍类型居民社会网络的关系种类分布情况

单位：%

		非流动人口	永久性流动人口	暂时性流动人口
总体社会网络	亲属	33.93	32.85	33.48
	亲密朋友	20.25	22.00	23.97
	熟人	45.78	45.14	42.48
本地社会网络	亲属	33.84	24.26	19.50
	亲密朋友	20.26	23.89	25.25
	熟人	45.86	51.82	55.04
本地人占比	亲属	91.11	53.13	31.96
	亲密朋友	90.66	71.61	47.83
	熟人	91.06	76.66	56.12

此外，关于同一关系种类中的本地人占比情况，在流动人口中，熟人关系中的本地人占比最高，永久性流动人口中本地人占 76.66%，暂时性流动人口中本地人占 56.12%。在亲密朋友关系中，永久性流动人口中本地人占 71.61%，暂时性流动人口中本地人占 47.83%。在亲属关系中，永久性流动人口中本地人占 53.13%，暂时性流动人口中本地人占 31.96%。在非流动人口中，亲属关系中的本地人占比最高，为 91.11%，其次是熟人关系中的本地人占比（91.06%），亲密朋友中的本地人占比相对最低，为 90.66%。简言之，非流动人口的日常社会交往对象几乎全为本地人，流动人口则因是否有本地户籍呈现不同的情况：相较于没有本地户籍的暂时性流动人口而言，已取得本地户籍的永久性流动人口的本地社会网络规模更大，日常社会互动中的本地人更多。

（三）　不同社会阶层居民的社会网络规模与关系种类分布情况

相关的实证研究显示，不同的社会阶层之间在社会网络的角色关系构成方面的差异较为明显（张文宏，2005）。表 8 - 7 是不同社会阶层居民的社会网络规模情况。其中，国家与社会管理者阶层居民的总体社会网络规模平均为 58 人，本地社会网络规模平均为 50 人；私营企业主阶层居民的总体社会网络规模平均为 75 人，本地社会网络规模平均为 51 人；经理人员阶层居民的总体社会网络规模平均为 78 人，本地社会网络规模平均为 55 人；专业技术人员阶层居民的总体社会网络规模平均为 53 人，本地社会网络规模平均为 36 人；办事人员阶层居民的总体社会网络规模平均为 58 人，本地社会网络规模平均为 46 人；个体工商户阶层居民的总体社会网络规模平均为 83 人，本地社会网络规模平均为 60 人；商业服务业从业人员阶层居民的总体社会网络规模平均为 44 人，本地社会网络规模平均为 33 人；产业工人阶层居民的总体社会网络规模平均为 50 人，本地社会网络规模平均为 41 人；农业劳动者阶层居民的总体社会网络规模平均为 67 人，本地社会网络规模平均为 54 人；无业失业半失业阶层居民的总体社会网络规模平均为 46 人，本地社会网络规模平均为 34 人。总体而言，个体工商户阶层居民的总体社会网络规模是最大的，其次是经理人员阶层居民。

表 8 - 7　不同社会阶层居民的社会网络规模

单位：人

社会阶层	总体社会网络规模		本地社会网络规模	
	均值	合计	均值	合计
国家与社会管理者	58	63	50	63
私营企业主	75	113	51	113
经理人员	78	30	55	30
专业技术人员	53	1127	36	1123
办事人员	58	400	46	400
个体工商户	83	378	60	376
商业服务业从业人员	44	1564	33	552
产业工人	50	728	41	724
农业劳动者	67	216	54	215

续表

社会阶层	总体社会网络规模		本地社会网络规模	
	均值	合计	均值	合计
无业失业半失业人员	46	110	34	109

表 8 - 8 是不同社会阶层居民社会网络的关系种类分布情况。从表 8 -
8 可知，在国家与社会管理者阶层居民的总体社会网络中，亲属占
29.97%，亲密朋友占 22.88%，熟人占 47.51%；本地社会网络中，亲属
占 25.26%，亲密朋友占 23.57%，熟人占 51.16%。

表 8 - 8　不同社会阶层居民社会网络的关系种类分布情况

单位：%

社会阶层	总体社会网络规模			本地社会网络规模			本地人占比		
	亲属	亲密朋友	熟人	亲属	亲密朋友	熟人	亲属	亲密朋友	熟人
国家与社会管理者	29.97	22.88	47.15	25.26	23.57	51.16	75.43	85.81	87.49
私营企业主	30.77	24.77	44.47	26.57	27.10	46.34	60.87	72.94	72.38
经理人员	36.95	21.44	41.61	37.43	21.70	40.88	73.41	75.93	76.66
专业技术人员	31.93	22.22	45.78	26.58	22.68	50.62	65.48	73.54	79.14
办事人员	33.16	21.53	45.30	31.06	21.57	47.37	81.14	82.02	84.04
个体工商户	34.13	20.64	45.23	27.18	21.22	51.59	59.82	67.04	72.46
商业服务业从业人员	34.08	21.78	44.09	29.10	22.31	48.47	69.28	76.35	78.82
产业工人	34.06	20.28	45.66	30.45	20.48	49.02	76.35	80.96	83.79
农业劳动者	39.24	18.20	42.56	35.20	17.99	46.81	69.76	72.30	78.64
无业失业半失业人员	37.59	20.84	41.57	28.85	23.68	47.47	66.54	80.28	85.76

在私营企业主阶层居民的总体社会网络中，亲属占 30.77%，亲密朋
友占 24.77%，熟人占 44.47%；本地社会网络中，亲属占 26.57%，亲密
朋友占 27.10%，熟人占 46.34%。

在经理人员阶层居民的总体社会网络中，亲属占 36.95%，亲密朋友
占 21.44%，熟人占 41.61%；本地社会网络中，亲属占 37.43%，亲密朋
友占 21.70%，熟人占 40.88%。

在专业技术人员阶层居民的总体社会网络中，亲属占 31.93%，亲密

朋友占22.22%，熟人占45.78%；本地社会网络中，亲属占26.58%，亲密朋友占22.68%，熟人占50.62%。

在办事人员阶层居民的总体社会网络中，亲属占33.16%，亲密朋友占21.53%，熟人占45.30%；本地社会网络中，亲属占31.06%，亲密朋友占21.57%，熟人占47.37%。

在个体工商户阶层居民的总体社会网络中，亲属占34.13%，亲密朋友占20.64%，熟人占45.23%；本地社会网络中，亲属占27.18%，亲密朋友占21.22%，熟人占51.59%。

在商业服务业从业人员阶层居民的总体社会网络中，亲属占34.08%，亲密朋友占21.78%，熟人占44.09%；本地社会网络中，亲属占29.10%，亲密朋友占22.31%，熟人占48.47%。

在产业工人阶层居民的总体社会网络中，亲属占34.06%，亲密朋友占20.28%，熟人占45.66%；本地社会网络中，亲属占30.45%，亲密朋友占20.48%，熟人占49.02%。

在农业劳动者阶层居民的总体社会网络中，亲属占39.24%，亲密朋友占18.20%，熟人占42.56%；本地社会网络中，亲属占35.20%，亲密朋友占17.99%，熟人占46.81%。

在无业失业半失业人员阶层居民的总体社会网络中，亲属占37.59%，亲密朋友占20.84%，熟人占41.57%；本地社会网络中，亲属占28.85%，亲密朋友占23.68%，熟人占47.47%。

总体而言，大体上社会阶层地位越高，居民社会网络中亲属的占比越低，这与以往的研究发现基本一致，亲属关系对社会阶层地位较低的居民而言更为重要，社会阶层地位较高居民的日常社会交往更多地涉及非亲属性关系（Adams，1970）。

此外，各社会阶层的居民中，熟人关系中的本地人占比均为最高（私营企业主阶层居民除外），国家与社会管理者阶层居民为87.49%，为各社会阶层中最高的。各社会阶层居民中，亲密朋友关系中的本地人占比，国家与社会管理者阶层居民为85.81%，是各社会阶层中最高的；个体工商户阶层居民为67.04%，为各社会阶层中最低的。各社会阶层居民中，亲属关系中的本地人占比最低。办事人员阶层居民的这一比例为81.14%，是最高的；个体工商户阶层居民为59.82%，是各社会阶层中最低的。

总的来说，各社会阶层居民的日常社会交往对象虽然主要还是本地人，但不同关系种类中的本地人占比存在明显的差异。特别是在非亲属关系中，优势地位阶层居民日常社会交往中的本地人占比更高。

二　特大城市居民的社会网络达高性

社会网络达高性是指个人的社会网络可达性高度，它说明个人社会网络中最大可能的资源是什么。在社会分层体系中，社会成员所拥有的资源量是不同的，如果个人社会网络中最高地位者的地位高，则整个社会网络蕴含的资源总量也就越大；反之，如果个人社会网络中最高地位者的地位较低，则整个社会网络蕴含的资源总量也相应较小（边燕杰，2004）。本章使用职业声望总分值和单位声望总分值表示个人社会网络达高性。边燕杰、李煜（2000）对 20 种职业和 12 种单位类型进行了评分，其中职业声望最高的是科学研究人员（95 分），最低的是家庭保姆/计时工（6 分）；单位声望最高的是党政机关（86 分），最低的是集体企业（24 分）[①]。

表 8 - 9 是特大城市居民的社会网络达高性情况。在单位类型的达高性方面，总体社会网络单位声望总分值为 144.35 分，高出本地社会网络单位声望总分值（123.46 分）20.89 分。在职业类型的达高性方面，总体社会网络职业声望总分值更高，为 245.33 分，高出本地社会网络职业声望总分值（200.85 分）44.48 分。虽然无论是总体社会网络还是本地社会网络，特大城市居民的社会网络中成员的职业类型达高性分值都高于单位类型达高性分值，但这在一定程度上是单位类型少于职业类型造成的。除此之外，总体社会网络的单位类型达高性总分值和职业类型达高性总分值同样均高于本地社会网络。

表 8 - 9　特大城市居民的社会网络达高性情况

单位：分

	均值	频数
总体社会网络单位声望总分值	144.35	3723

① 三资企业的单位声望值用外资企业和中外合资企业单位声望值总和的一半表示；中小学教师的职业声望值用中学教师和小学教师职业声望值总和的一半表示。

续表

	均值	频数
本地社会网络单位声望总分值	123.46	3670
总体社会网络职业声望总分值	245.33	3295
本地社会网络职业声望总分值	200.85	3241

（一）不同城市群居民的社会网络达高性

表 8 - 10 是不同城市群居民的社会网络达高性情况。在单位类型的达高性方面，长三角城市群居民的总体社会网络单位声望总分值为 160.89分，本地社会网络单位声望总分值为 136.30 分，均为最高。珠三角城市群居民的总体社会网络单位声望总分值为 127.53 分，本地社会网络单位声望总分值为 103.75 分，均为最低。

在职业类型的达高性方面，长江中游城市群居民的总体社会网络职业声望总分值为 273.68 分，为五大城市群中最高，本地社会网络职业声望总分值最低的是珠三角城市群居民，为 176.28 分。

表 8 - 10　不同城市群居民的社会网络达高性情况

单位：分

城市群	京津冀	长三角	珠三角	长江中游	成渝
总体社会网络单位声望总分值	130.90	160.89	127.53	153.87	145.64
本地社会网络单位声望总分值	112.93	136.30	103.75	131.41	128.34
总体社会网络职业声望总分值	210.42	253.41	233.40	273.68	259.01
本地社会网络职业声望总分值	177.53	203.95	176.28	228.24	215.14

总体而言，首先，各城市群居民总体社会网络单位声望总分值和职业声望总分值同样均高于本地社会网络的单位声望总分值和职业声望总分值。其次，比较不同的城市群可以发现，长江中游城市群、长三角城市群和成渝城市群居民的社会网络达高性相对要高于京津冀城市群和珠三角城市群的居民，换言之，长江中游城市群、长三角城市群和成渝城市群居民的社会网络中所蕴含的资源总量要比京津冀城市群和珠三角城市群的居民更多。

（二）不同户籍类型居民的社会网络达高性

表8-11给出了不同户籍类型居民的社会网络达高性情况。在单位类型的达高性方面，非流动人口的总体社会网络单位声望总分值为146.90分，本地社会网络单位声望总分值为139.40分；永久性流动人口的总体社会网络单位声望总分值为156.68分，本地社会网络单位声望总分值为124.78分；暂时性流动人口的总体社会网络单位声望总分值为129.49分，本地社会网络单位声望总分值为84.12分。在职业类型的达高性方面，非流动人口的总体社会网络职业声望总分值为239.23分，本地社会网络职业声望总分值为223.66分；永久性流动人口的总体社会网络职业声望总分值为291.06分，本地社会网络职业声望总分值为218.65分；暂时性流动人口的总体社会网络职业声望总分值为228.20分，本地社会网络职业声望总分值为134.15分。

表8-11　不同户籍类型居民的社会网络达高性情况

单位：分

	非流动人口	永久性流动人口	暂时性流动人口
总体社会网络单位声望总分值	146.90	156.68	129.49
本地社会网络单位声望总分值	139.40	124.78	84.12
总体社会网络职业声望总分值	239.23	291.06	228.20
本地社会网络职业声望总分值	223.66	218.65	134.15

总体而言，不同户籍类型居民总体社会网络单位声望总分值和职业声望总分值同样均高于本地社会网络单位声望总分值和职业声望总分值。比较不同户籍类型居民的社会网络达高性可以发现，无论是总体社会网络还是本地社会网络，无论是单位类型达高性还是职业类型达高性，暂时性流动人口的达高性总分值都是最低的；而永久性流动人口无论在总体社会网络的单位类型达高性上还是在职业类型达高性上都是三个户籍类型中最高的，但是在本地社会网络中，则是非流动人口的达高性最高。没有取得户籍的暂时性流动人口的社会网络中所蕴含的资源总量要少于有本地户籍的非流动人口和永久性流动人口。

（三）不同社会阶层居民的社会网络达高性

表 8 - 12 给出了不同社会阶层居民的社会网络达高性情况。在单位类型的达高性方面，国家与社会管理者阶层居民的总体社会网络单位声望总分值为 205.52 分，本地社会网络单位声望总分值为 177.04 分，均为各社会阶层中最高的；农业劳动者阶层居民的总体社会网络单位声望总分值为 90.27 分，本地社会网络单位声望总分值为 78.69 分，均为各社会阶层中最低的。

表 8 - 12　不同社会阶层居民的社会网络达高性情况

单位：分

社会阶层	总体社会网络单位声望总分值	本地社会网络单位声望总分值	总体社会网络职业声望总分值	本地社会网络职业声望总分值
国家与社会管理者	205.52	177.04	379.52	341.63
私营企业主	160.14	132.00	304.18	235.08
经理人员	168.74	156.16	302.60	308.24
专业技术人员	168.58	142.76	295.22	234.76
办事人员	163.06	140.72	273.98	231.63
个体工商户	139.96	110.45	236.09	175.82
商业服务业从业人员	138.00	117.60	234.66	191.86
产业工人	123.77	112.12	189.36	164.53
农业劳动者	90.27	78.69	145.78	120.20
无业失业半失业人员	100.45	82.57	163.63	130.20

在职业类型的达高性方面，国家与社会管理者阶层居民的总体社会网络职业声望总分值为 379.52 分，本地社会网络职业声望总分值为 341.63 分，均为各社会阶层中最高的；农业劳动者阶层居民的总体社会网络职业声望总分值为 145.78 分，本地社会网络职业声望总分值为 120.20 分，均为各社会阶层中最低的。

综上可知，各社会阶层居民的总体社会网络单位声望总分值高于本地社会网络单位声望总分值。不同社会阶层居民的社会网络达高性基本上呈现一种随着社会阶层降低而下降的趋势，优势地位阶层的居民，其社会网络成员的单位声望和职业声望更高，社会网络中蕴含的社会资源总量更大。

三 特大城市居民的社会网络异质性

网络异质性指个人社会网络中成员在某些社会特征方面的差异性分布情况。一个人社会网络的异质性越高，表明网络成员从事不同的职业，处于不同的职位，资源相异，能够摄取不同社会资源的概率越大（边燕杰，2004）。本章使用居民社会网络成员职业类型的数量和单位类型的数量表示其网络异质性。

表8-13给出了特大城市居民的社会网络异质性情况。在单位类型的异质性方面，总体社会网络的单位类型异质性为2.95，高于本地社会网络的单位类型异质性（2.52）。在职业类型的异质性方面，总体社会网络的职业类型异质性更高，为4.13，本地社会网络的职业类型异质性为3.38。无论是总体社会网络还是本地社会网络，特大城市居民的社会网络中成员的职业类型异质性都高于单位类型异质性，但这在一定程度上是单位类型少于职业类型造成的。除此之外，总体社会网络的单位异质性和职业异质性均高于本地社会网络。

表8-13 特大城市居民的社会网络异质性情况

	均值	频数
总体社会网络单位类型异质性	2.95	3723
本地社会网络单位类型异质性	2.52	3670
总体社会网络职业类型异质性	4.13	3295
本地社会网络职业类型异质性	3.38	3241

（一）不同城市群居民的社会网络异质性

表8-14给出了不同城市群居民的社会网络异质性结情况。在单位类型的异质性方面。长三角城市群居民的总体社会网络单位类型异质性为3.27，本地社会网络单位类型异质性为2.78，均为各城市群中最高的。

在职业类型的异质性方面，成渝城市群居民的总体社会网络职业类型异质性为 4.61，本地社会网络职业类型异质性为 3.87，均为各城市群中最高的。

表 8 - 14　不同城市群居民的社会网络异质性情况

城市群	京津冀	长三角	珠三角	长江中游	成渝
总体社会网络单位类型异质性	2.61	3.27	2.65	3.10	3.06
本地社会网络单位类型异质性	2.22	2.78	2.16	2.67	2.72
总体社会网络职业类型异质性	3.49	4.10	3.86	4.58	4.61
本地社会网络职业类型异质性	2.93	3.29	2.90	3.81	3.87

总而言之，各城市群居民总体社会网络的单位类型异质性和职业类型异质性均高于本地社会网络。特大城市居民的社会网络异质性因其所处城市群的不同而有所不同，长三角城市群和成渝城市群的居民，其网络异质性相对更高，能从社会网络中获取的资源也更为丰富。

（二）不同户籍类型居民的社会网络异质性

表 8 - 15 给出了不同户籍类型居民的社会网络异质性情况。在单位类型异质性方面，非流动人口的总体社会网络单位类型异质性为 2.98，本地社会网络单位类型异质性为 2.83；永久性流动人口的总体社会网络单位类型异质性为 3.09，本地社会网络单位类型异质性为 2.47；暂时性流动人口的总体社会网络单位类型异质性为 2.77，本地社会网络单位类型异质性为 1.81。在职业类型的异质性方面，非流动人口的总体社会网络职业类型异质性为 4.06，本地社会网络职业类型异质性为 3.79；永久性流动人口的总体社会网络职业类型异质性为 4.62，本地社会网络职业类型异质性为 3.46；暂时性流动人口的总体社会网络职业类型异质性为 3.94，本地社会网络职业类型异质性为 2.32。

表 8 - 15　不同户籍类型居民的社会网络异质性情况

	非流动人口	永久性流动人口	暂时性流动人口
总体社会网络单位类型异质性	2.98	3.09	2.77
本地社会网络单位类型异质性	2.83	2.47	1.81
总体社会网络职业类型异质性	4.06	4.62	3.94

	非流动人口	永久性流动人口	暂时性流动人口
本地社会网络职业类型异质性	3.79	3.46	2.32

综上所述，无论是总体社会网络还是本地社会网络，不同户籍类型居民的总体社会网络单位类型异质性和职业类型异质性均高于本地社会网络。在总体社会网络中，无论是单位类型异质性还是职业类型异质性，永久性流动人口的异质性都是最高的；而在本地社会网络中，无论是单位类型异质性还是职业类型异质性，非流动人口的异质性都是最高的。总的来说，特大城市居民的社会网络异质性因户籍和流动经历的不同而存在差异，特别是在本地社会网络中，暂时性流动人口的本地社会网络中成员的单位类型和职业类型异质性均最低，能够从网络中获取的社会资源也相对较为匮乏。

（三）不同社会阶层居民的社会网络异质性

表 8 - 16 给出了不同社会阶层居民的社会网络异质性情况。在单位类型的异质性方面，国家与社会管理者阶层居民的总体社会网络单位类型异质性为 3.80，本地社会网络单位类型异质性为 3.29，均为各社会阶层中最高的；农业劳动者阶层居民的总体社会网络单位类型异质性为 1.99，本地社会网络单位类型异质性为 1.73，均为各社会阶层中最低的。

在职业类型的异质性方面，国家与社会管理者阶层居民的总体社会网络职业类型异质性为 5.87，本地社会网络职业类型异质性为 5.21，均为各社会阶层中最高的；农业劳动者阶层居民的总体社会网络职业类型异质性为 2.99，为总体社会网络职业类型异质性中最低的；无业失业半失业人员阶层居民的本地社会网络职业类型异质性为 2.42，为本地社会网络职业类型异质性中最低的。

表 8 - 16　不同社会阶层居民的社会网络异质性情况

社会阶层	总体社会网络单位类型异质性	本地社会网络单位类型异质性	总体社会网络职业类型异质性	本地社会网络职业类型异质性
国家与社会管理者	3.80	3.29	5.87	5.21
私营企业主	3.21	2.71	4.65	3.62

续表

社会阶层	总体社会网络单位 类型异质性	本地社会网络单位 类型异质性	总体社会网络职业 类型异质性	本地社会网络职 业类型异质性
经理人员	3.48	3.23	4.55	4.71
专业技术人员	3.31	2.79	4.57	3.63
办事人员	3.18	2.75	4.43	3.78
个体工商户	2.99	2.40	4.22	3.18
商业服务业 从业人员	2.88	2.45	4.09	3.33
产业工人	2.61	2.36	3.47	3.02
农业劳动者	1.99	1.73	2.99	2.49
无业失业半 失业人员	2.21	1.85	3.06	2.42

综上，各社会阶层居民总体社会网络单位类型异质性和职业类型异质性均高于本地社会网络。结合居民所处的社会阶层来看，国家与社会管理者阶层的社会网络异质性都是最高的；换言之，特大城市居民的社会网络异质性因其所处社会阶层的不同而不同。

四　小结

基于上述分析，笔者对特大城市居民社会网络的构成特征做一小结。

首先，关于特大城市居民的社会网络规模和关系种类，调查数据表明，居民日常社会交往的主要对象是熟人。不同城市群、不同户籍以及不同社会阶层居民的社会网络规模和关系种类存在一定的差异。

具体而言，不同城市群居民的社会网络规模有所差异，成渝城市群居民的社会网络规模相对较大。居民社会网络中的关系种类占比不因其所在城市群的不同而有所差异，本地人是其日常社会交往的主要对象。在户籍类型方面，差异主要体现在本地社会网络中。流动人口的本地社会网络规模小于非流动人口，非流动人口的日常社会交往对象几乎均为本地人。暂时性流动人口的日常社会交往对象中本地人相对较少。最后在社会阶层方面，基础地位阶层居民与亲属的联系频率较高，而优势地位阶层居民则与非亲属关系的人联系更多。

其次，关于特大城市居民的社会网络达高性，调查数据表明，特大城市居民的总体社会网络的职业类型达高性总分值和单位类型达高性总分值均高于本地社会网络。不同城市群、不同户籍类型以及不同社会阶层居民的社会网络达高性也存在差异。

五大城市群中，长江中游城市群、长三角城市群和成渝城市群居民的社会网络达高性相对要高于京津冀城市群和珠三角城市群的居民，表明其社会网络中所蕴含的资源总量相对比较丰富。非流动人口的本地社会网络达高性远高于流动人口，但在总体社会网络的达高性上，永久性流动人口的总分值反而是最高的，暂时性流动人口的社会网络达高性依旧是三个户籍类型中最低的，表明没有取得户籍的暂时性流动人口的社会网络中所蕴含的资源总量少于有本地户籍的非流动人口和永久性流动人口。此外，居民的社会网络达高性因其所处社会阶层的不同而不同，基本上呈现一种随着社会阶层降低而下降的趋势。

最后，关于特大城市居民的社会网络异质性，本次调查结果表明，特大城市居民的总体社会网络单位类型异质性和职业类型异质性均高于本地社会网络。不同城市群、不同户籍以及不同社会阶层居民的社会网络异质性存在差异。

具体而言，长三角城市群和成渝城市群的居民，其网络异质性相对更高。居民的社会网络异质性也因户籍和流动经历的不同而存在差异，在本地社会网络中，暂时性流动人口社会网络中成员的单位类型和职业类型异质性最低，在总体网络中，永久性流动人口的社会网络异质性是最高的，能获得的网络异质资源也是最丰富的。对于社会阶层而言，居民的社会网络异质性因所处的社会阶层的不同而不同，优势地位阶层居民的社会网络异质性高，能获取的网络异质资源更丰富，基层地位阶层居民的社会网络异质性较低，所能获取的网络异质资源相对较为匮乏。

第九章　特大城市居民的社会参与情况

周诗韵

党的十八大以来，我国社会治理的体制、机制和模式的创新已经取得了一定的成效，居民自治、社会参与的活跃度显著提升，社会组织的发展速度加快、规模扩大、活动领域得到拓展。但我国的社会治理变革仍处于初步阶段，仍然存在诸多问题（如社会组织发展不均衡、居民的社会参与意识较低、缺乏自主性等），有待解决。

近年来，社会参与一直是学术研究的重点之一。已有的社会学研究中，将社会参与作为被解释变量、关注特定群体的社会参与情况及影响因素的研究较多，其中以老年群体受关注度最高（郭浩、罗洁玲、刘斯琪，2020；谭景艳，2020；颜悦，2020），此外，研究对象还涉及流动人口（移民）（孙秀林，2010）、农民工（熊远来，2020）、中产阶层（刘河庆、梁玉成，2016）等。也有相当一部分研究将社会参与作为解释变量，探讨其对居民主观幸福感（杨永娇，2016）、心理健康（李甘、郭雁飞、黄哲宙等，2020）、信任（彭定萍、丁峰，2020）等的影响。然而，目前有关社会参与的研究存在对社会参与概念界定不统一，多关注特定群体、缺少整体性的研究，多关注特定社会参与形式、缺少综合性社会参与情况的研究，对居民社会参与情况缺少全面的呈现。因此，本章基于对"新时代特大城市居民生活状况调查"数据，呈现当前特大城市居民的社会参与情况。

一　数据处理与变量操作化

（一）样本情况

因"新时代特大城市居民生活状况调查"问卷中涉及社会参与的题

目集中在 A 卷，故本章在选择样本时，将受访者限定为填写 A 卷且年龄在 18~65 岁的居民，最终样本量为 4932 人。其中，男性样本量为 2303 人（46.70%），女性为 2629 人（53.30%）。五大城市群样本量分别为：京津冀城市群 993 人（20.13%）、长三角城市群 995 人（20.17%）、珠三角城市群 983（19.93%）、长江中游城市群 991 人（20.09%）、成渝城市群 970 人（19.67%），样本分布基本均衡。

（二）主要变量的操作化

1. 因变量

本章的因变量为"社会参与"。从广义的角度，对社会参与的界定分为三类。第一类的界定范围最广，以往研究认为社会参与主要包括一切在单位和社区以及其他社会领域开展的、对社会产生某种影响的活动。既包括就业（经济）活动，又包括非就业活动；既包括有偿劳动，又包括无偿劳动。田香兰（2020）认为"社会参与是指社会各个方面，如经济、政治、文化、社会工作等活动的意识参与和行为参与"。杨宜音、王俊秀等（2013）认为"社会参与（social participation）是指社会成员在社会互动过程中，以某种方式参与、介入国家的政治、经济、社会、文化以及社区的公共事务从而影响社会发展的过程，包括人际交往、劳动参与、闲暇活动和社会互动等多种形式的活动"。也有学者认为社会参与不应从个人或家庭角度提出，而应当从个体与他人互动关系的角度提出，因此，社会参与应当包括家庭内部的活动参与以及家庭之外的社会交往参与（谭景艳，2020），这是第二类界定的核心。而第三类界定则是排除了经济活动的一切非经济参与，即认为社会参与包括公益活动参与、政治活动参与、环保活动参与、宗教活动参与、社会组织（社员俱乐部）参与、与朋友家人的活动等（豆雪姣、谭旭运、杨昭宁，2019；李甘、郭雁飞、黄哲宙等，2020；郭浩、罗洁玲、刘斯琪，2020）。

从狭义的角度看，对社会参与的定义可分为两类。第一类是仅指社会力量在代议制政治中参与投票选举活动，即政治活动参与（唐卓，2004）；第二类是基于社会参与的载体，将社会参与界定为社会成员通过各类社会组织参与社会活动的行为（杨永娇，2016）。

由于概念界定的差异，相关定量研究对社会参与的操作化也不相同，如有将个体就业情况纳入其社会参与情况的考量，也有排除就业情况的。对于社会参与这一宽泛、抽象的理论概念，已有研究的测量操作方式主要可以概括为三类：一是选择单一层面的单个具体活动的参与情况来呈现社会参与程度，如选择居民参与居委会换届选举的情况来呈现居民的社会参与情况；二是选择单一层面的多个具体活动来呈现社会参与程度，如选择社会组织（如休闲娱乐组织等）的参与情况来呈现居民整体的社会参与情况；三是选取社会参与的不同层面（如政治参与、社会组织参与、社会互动交往参与等）综合地呈现居民的社会参与情况。

本章选择从广义的角度，认同对社会参与的第三类界定，将社会参与界定为除经济活动以外，社会力量对公共事务等的参与。在操作化上，选择第三类操作化方式，选取社会参与的不同层面综合呈现居民的社会参与情况。根据"新时代特大城市居民生活状况调查"问卷涉及的相关问题，本章的社会参与包括公益活动参与、政治活动参与和社会组织参与，每个层面的参与情况由共计21项具体指标体现，详见图9-1。

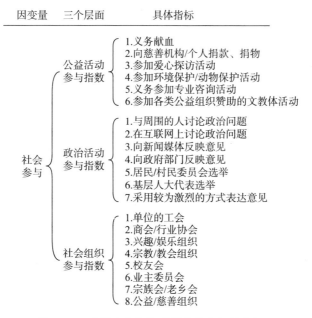

图9-1 "社会参与"的操作化指标结构图

不同于以往研究仅对具体活动参与情况进行单独的描述性统计分析，本章还基于21项具体指标提炼了三个层面的参与指数，并使用因子分析的主成分法进行指标降维，获得个体的社会参与综合指数，具体操作化和结果见本章第二节"综合指数"部分。

2. 自变量

为探究居民社会参与的影响因素，这里对两类主要自变量（人力资本和社会因素）进行分析。人力资本主要包括性别、年龄、户籍、政治面貌、受教育年限、基于职业划分的客观社会阶层。社会因素主要包括地域（城市群）、社会网络规模。主要变量操作化的简要描述见表9-1。

表 9-1　变量操作化的简要描述

变量说明	定义及说明
自变量	
人力资本	
性别（参照组：女性）	男 = 1，女 = 0
年龄（岁）	2019 - 出生年份
政治面貌（参照组：非党员）	共产党员 = 1，非党员 = 0
受教育年限（年）	将最高受教育水平换算成受教育年份
户籍（参照组：流动人口）	本地人口 = 1，流动人口 = 0
客观社会阶层① 　（参照组：无业失业半失业人员）	根据职业划分的十大社会阶层，分别为国家与社会管理者、私营企业主、经理人员、专业技术人员、办事人员、个体工商户、商业服务业从业人员、产业工人、农业劳动者和无业失业半失业人员
社会因素	
地域（参照组：成渝城市群）	五大城市群，分别为京津冀城市群、长三角城市群、珠三角城市群、成渝城市群、长江中游城市群
社会网络规模	
因变量	
公益活动参与指数	根据六项具体公益活动参与情况赋值后加总取平均值
政治活动参与指数	根据七项具体政治活动参与情况赋值后加总取平均值
社会组织参与指数	根据八项具体社会组织参与情况赋值后加总取平均值
社会参与综合指数	以上面三项为基础进行主成分分析提取综合指数

---

① 在读学生不纳入回归模型，仅纳入描述性统计分析。

二　特大城市居民的社会参与现状

（一）整体情况

1. 公益活动、政治活动、社会组织的具体参与情况

如表9-2所示，完全不参与公益活动、政治活动和社会组织的居民占比最大。其中，不参与任何社会组织的人数最多并且所占比例最高，超过了50%。完全不参与公益活动的人数较少，比例为37.43%，也就是说，参与过公益活动的人数最多、参与比例最高。

针对有社会参与活动的居民进行分析，可以发现在排除完全不参与的居民后，三类活动/组织中，居民参与1~3类的占比为80%~90%[①]，其中参与1类的人数最多、占比最高。从总体来看，公益活动的参与项目数、参与多项目的人数最多，占比最高，而参与2~4类政治活动的人数占比均高于参与2~4类社会组织的人数占比，但参与5类及以上社会组织的人数占比却高于参与政治活动的人数占比，也就是说，相对而言，部分居民尽管参与政治活动但参与的项目较少。

表9-2　特大城市居民公益活动、政治活动和社会组织的参与情况

单位：%

参与情况	公益活动（共6类）			政治活动（共7类）			社会组织（共8类）		
	频数	有效百分比	累计百分比	频数	有效百分比	累计百分比	频数	有效百分比	累计百分比
完全不参与（0类）	1835	37.43	37.43	2291	46.98	46.98	2562	52.30	52.30
参与1类	1326	27.04	64.47	1091	22.37	69.35	1167	23.82	76.12
参与2类	736	15.01	79.48	895	18.35	87.70	626	12.78	88.90
参与3类	447	9.12	88.60	339	6.95	94.65	298	6.08	94.98
参与4类	310	6.32	94.92	180	3.69	98.34	142	2.90	97.88

---

① 参与1~3类活动/组织的居民占参与主体（排除未参与居民）的比例计算公式为：$pp_{1-3} = \dfrac{参与1类的人数 + 参与2类的人数 + 参与3类的人数}{总人数 - 完全不参与的人数}$，据此计算得出参与1~3类活动/组织的居民占参与主体的比例分别为81.78%、89.91%、89.47%。

续表

参与情况	公益活动 （共6类）			政治活动 （共7类）			社会组织 （共8类）		
	频数	有效 百分比	累计 百分比	频数	有效 百分比	累计 百分比	频数	有效 百分比	累计 百分比
参与5类 及以上	249	5.08	100.00	81	1.66	100.00	104	2.12	100.00
样本量	4903			4877			4899		

图9-2至图9-4给出了公益活动、政治活动、社会组织的参与和未参与人数占总人数的比例。

如图9-2所示，除参与"向慈善机构/个人捐款、捐物"的比例外，其余各具体公益活动的参与率均不超过25%，"义务献血"的参与率最低。

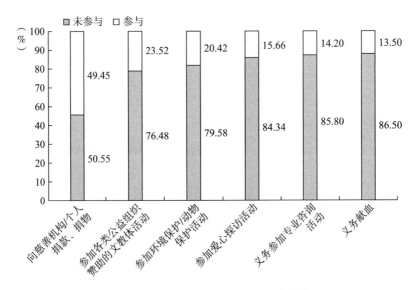

图9-2 特大城市居民的公益活动参与情况

如图9-3所示，每项具体政治活动的参与率均不超过30%，最高的为参与"与周围的人讨论政治问题"的比例，参与率近30%，"采用较为激烈的方式表达意见"的参与率最低。居民对政治活动的参与，主要集中在关心政治问题和日常政治参与方面。在意见表达的渠道选择上，居民倾向于选择政府部门而非媒体。这得益于政府致力于搭建意见收集和反馈渠道，而且渠道高效、较为通畅，对居民而言，政府部门具有公信力。

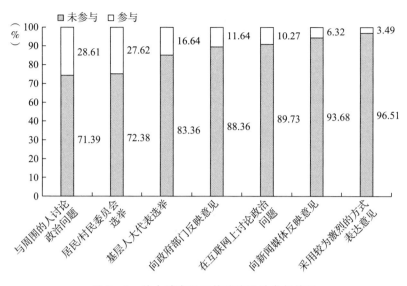

图9-3　特大城市居民的政治活动参与情况

如图9-4所示，具体社会组织的参与率均不超过25%，最高的为参与"兴趣/娱乐组织"的比例，参与率近22%，"宗教/教会组织"的参与率最低。公益/慈善组织的较高参与率得益于近年来该类社会组织的发展，也得益于经济的飞速发展，使居民有帮助他人的余力。宗族会/老乡会的参与率较低，可能是受到受访者中73.75%的人为本地人的影响，而商会/行业协会由于有特殊的组织准入门槛，其参与率低也是比较正常的。

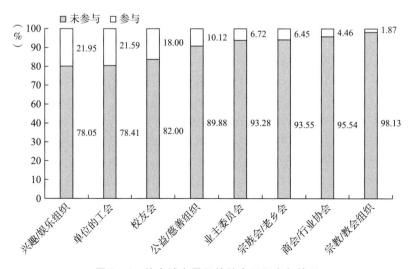

图9-4　特大城市居民的社会组织参与情况

整体来看，公益活动、政治活动、社会组织的参与率均不超过 30%（除参与"向慈善机构/个人捐款、捐物"的比例外），再一次印证了从表 9 - 2 获得的结论：特大城市居民的整体社会参与度较低，且公益活动的参与率最高。

2. 综合指数

仅通过对居民单一且具体的活动/组织的参与频数与占比进行分析，虽然能够有细致的了解，但缺少概括性。因此，为了能够对特大城市居民的社会参与情况进行整体把握，本节试图设置一个用以考量社会参与情况的综合指数。

在设置综合指数时，需要优先考虑指数的数值意义，也就是需要考虑该指数的阈值、取值范围。指数所暗含的基本逻辑是居民个体参与的活动/组织越多，其参与指数越大，反映其社会参与度越高。尽管从理论上说，在所有活动/组织上个体的社会参与度是最高的，但考虑到个人的时间及精力有限，因此在设置参与度指数时，不宜将参与全部活动/组织设为满分，因为这类情况实际上是极端个案，不符合主要情况。基于此，笔者以"参与 1 类"为 50 基准线，以"参与 2 类及以上"为满分，通过对社会参与的所有具体指标所呈现的参与指数加总后取平均值，分别获得公益活动参与、政治活动参与和社会组织参与这三类社会参与指数。为了基于三个层面的社会参与指数形成一个综合指数，笔者使用因子分析的主成分法进行指标降维。依据理论结构设置因子提取数量为 1，寻找并提取公因子，获得社会参与综合指数。通过以上操作化获得的三个层面的参与指数与一个综合指数，能够对整体社会参与度有直观的了解和把握。

因此，运用因子分析对三个层面的社会参与指数进行主成分分析，提取因子数量限定为 1，主成分用 F1 来表示，最终结果见表 9 - 3。KMO 检验值为 0.590，Bartlett 的球度检验结果显著，说明这些指标较适合进行因子分析。所有指标的共同度均大于 0.20，因子负荷值均大于 0.40，且未出现多重负荷，新因子累计方差贡献率达到 53.574%，该因子分析结果可以接受。F1 由公益活动参与指数、政治活动参与指数、社会组织参与指数代表，反映特大城市居民的社会参与情况，因此将 F1 命名为"社会参与综合指数"。将表 9 - 3 中的数值转化为 0 ~ 100 的数值，可以获得特大城市居民在三个层面的参与指数及社会参与综合指数（见表 9 - 4）。

表9－3　特大城市居民社会参与的因子分析结果

	新因子命名	共同度
	F1 社会参与综合指数	
公益活动参与指数	0.796	0.633
政治活动参与指数	0.605	0.366
社会组织参与指数	0.780	0.609
特征值	1.607	
方差贡献率（％）	53.574	
累计方差贡献率（％）	53.574	
KMO 检验值为 0.590，Bartlett 球度检验 χ^2（df）＝1366.279（3）***		

提取方法：主成分分析
旋转方法：方差最大化正交旋转

*** $p < 0.001$。

由表9－4可知，公益活动、政治活动、社会组织的参与指数均低于50，其中公益活动参与指数最大，社会组织参与指数最小，也就是说，特大城市居民公益活动参与度最高，社会组织的参与度最低。基于社会参与综合指数可以认为，总体而言，特大城市居民的社会参与度较低，不参与任何活动/组织的居民比例较高。

表9－4　特大城市居民社会参与指数情况（取值范围为0～100）

	公益活动参与指数	政治活动参与指数	社会组织参与指数	社会参与综合指数
平均值	49.05	41.84	35.79	42.13
标准差	42.70	43.30	41.27	31.19
样本量	4903	4877	4899	4840

3. 社会组织参与活跃度

为了了解所有居民（包括非社会组织成员）的社会组织参与活跃度，本章在此建构一个综合指数。首先将非成员的社会组织参与活跃度赋值为0，将成员不参与活动的赋值为1，将成员参与活动但不活跃的赋值为2，将成员参与活动且活跃的赋值为3，基于前面所述的赋值情况，将8类社会组织中居民是否为成员、若是成员则线上交流和线下活动的活跃度进行加总后除以8。为了与成员线上线下活跃度的取值范围进行统一，将社会组织参与综合活跃度再换算为［0，2］的数值。特大城市居民社会组织参与活跃度整体情况见表9－5。

表9－5　特大城市居民社会组织参与活跃度的整体情况

参与事项	平均值	标准差	最小值	最大值		样本量
				理论最大值	实际最大值	
成员线下活动平均活跃度	0.05	0.10	0.00	2.00	1.00	4932
成员线上交流平均活跃度	0.04	0.10	0.00	2.00	1.00	4932
社会组织参与综合活跃度	0.08	0.13	0.00	2.00	1.05	4899

由表9－5可知，成员线下活动及线上交流的平均活跃度较低，接近0，即不参与线下活动和线上交流而仅入会的成员占主体。尽管线上线下平均活跃度的理论最大值为2，但实际最大值仅为1，也就是说，最好的情况仅为"参与但不活跃"，这也从侧面佐证了成员活跃度低的结论。从表9－5社会组织参与综合活跃度可知，整体而言，居民社会组织参与综合活跃度较低，仅为0.08，接近0，理论最大值为2，实际最大值为1.05，说明特大城市居民社会组织参与活跃度低，多数居民不参与社会组织。

图9－5给出了每类具体社会组织的成员线上线下活跃度和综合活跃度，并按照综合活跃度进行降序排列。线上交流活跃度基本低于或与线下

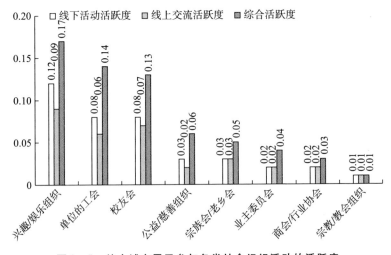

图9－5　特大城市居民参与各类社会组织活动的活跃度

活动活跃度一致，相比较而言，居民更注重参与线下活动。线下活动活跃度排序基本与综合活跃度一致，社会组织参与综合活跃度最高的是兴趣/娱乐组织，最低的是宗教/教会组织。宗族会/老乡会的参与活跃度比业主委员会的更高，而在参与率上则相反。这一方面是由于活跃度不同于参与率，排除了个案为本地人口无须加入宗族会/老乡会的影响；另一方面是由于相较于业主委员会这类功能明确的组织，宗族会/老乡会的成员更注重维系成员关系，因此参与活动的积极性和活跃度会相对较高。

4. 政治活动参与意愿

问卷在关于政治活动参与部分额外询问了未参与居民的参与意愿，因此图9-6统计了特大城市居民具体政治活动的参与意愿比例，并按照"愿意"的参与率进行降序排列。

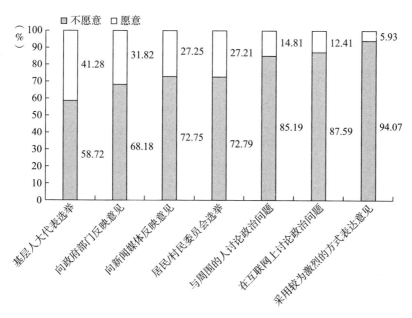

图9-6　特大城市居民政治活动的参与意愿

如图9-6所示，居民对具体政治活动的愿意参与率不超过45%，参与意愿较弱，"基层人大代表选举"这一活动的愿意参与率最高，愿意参与率为41.28%，"采用较为激烈的方式发达意见"的愿意参与率最低。愿意参与率的整体排序情况和图9-3的参与率排序完全不同。相对来说，居民参与基层民主活动的意愿较强，如参与基层人大代表选举、居民/村民委员会选举。尽管政治意见表达的实际参与率较低，但未参与居民的参与意愿较强，这进一步验证了图9-3的结论。在讨论政治问题方面，无论是与周围人讨论还是在互联网上讨论，未参与居民的参与意愿依然较弱。

（二）群体差异

本部分主要探讨特大城市居民社会参与的群体差异。上一节创建了社会参与综合指数，使用这一指数能够清晰地衡量整体社会参与情况，因此本节及本章后面部分均采用这一指数来进行社会参与研究。

1. 性别差异

如图9-7所示，特大城市居民的社会参与存在性别差异。从社会参与综合指数来看，整体上男性的社会参与度高于女性，这可能是由于女性需要担负更多的家庭责任，对于家庭活动的参与更多，因此在社会参与上的投入相对少于男性。

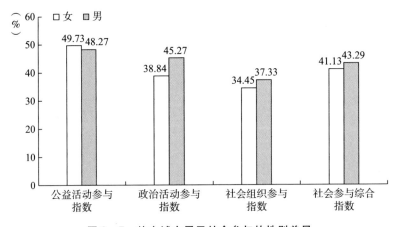

图9-7 特大城市居民社会参与的性别差异

男性的政治活动参与度和社会组织参与度均高于女性，而女性的公益活动参与度却高于男性。对于这一现象的解释可能涉及一定的性别刻板印象，正如美国印第安纳大学妇女慈善研究中心主任黛博拉·梅斯在采访中所说："通过研究发现，女性一般更具有同理心和利他主义。从参与慈善的动机来说，女性是因为有很强的同理心，希望可以反馈他人。"①

---

① 参见盛佳婉《女性使慈善更有力量》，人民政协网，http://www.rmzxb.com.cn/c/2016 - 03 -08/728105. shtml? n2m =1，2016年3月8日。

2. 年龄差异

研究居民社会参与的年龄差异，直接使用年龄并不适宜，因此笔者基于联合国世界卫生组织的年龄组划分标准及我国《老年人权益保障法》，将样本划分为18～44岁青年组、45～59岁中年组和60～65岁老年组。

如图9－8所示，特大城市居民的社会参与存在年龄组差异。从社会参与综合指数来看，整体上，青年组、中年组和老年组的社会参与度依次降低。这可能是由于随着年龄的增长，年龄较大群体的工作及家庭生活压力挤压了其社会参与的时间，加之受身体健康状况的影响，精力也随之下降，社会参与度自然随之下降。

公益活动参与、社会组织参与情况与社会参与综合指数所示情况相符，但不同的是，政治活动参与情况与年龄成正比，即年龄越大的居民，政治活动参与度越高。年龄较大群体的见闻和知识较为丰富，对参与政治活动的意义的理解更为全面和深入，因此其政治表达、基层民主的参与自主性和积极性相对较高。

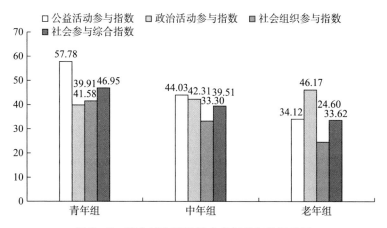

图9－8　特大城市居民社会参与的年龄组差异

3. 户籍差异

如图9－9所示，特大城市居民的社会参与存在户籍差异，即社会参与受居民流动性的影响。从社会参与综合指数来看，整体上，本地人口的社会参与度高于外来人口，且公益活动、政治活动和社会组织的参与度均呈现这一特征。这可能是由于相对于本地人口，外来人口存在定居和融入本地社会的压力，工作和生活压力较大，因此投入社会参与的时间和精力比本地人口少。

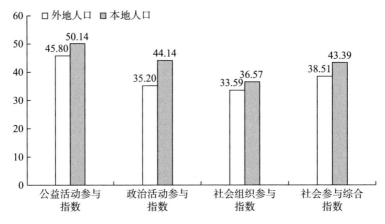

图 9 - 9　特大城市居民社会参与的户籍差异

4. 受教育程度差异

特大城市居民社会参与的受教育程度差异如图 9 - 10 所示。从社会参与综合指数来看，整体上，居民的社会参与度与受教育程度成正比，即受教育程度越高的群体，社会参与度越高，且公益活动、社会组织的参与度也呈现这一特征。结合表 9 - 4 中各参与指数的平均值可以发现，大学是社会参与的受教育程度分水岭，即受教育程度低于大学学历的居民，其社会参与度基本低于平均水平，而大学学历及以上的居民，社会参与度均高于平均水平。

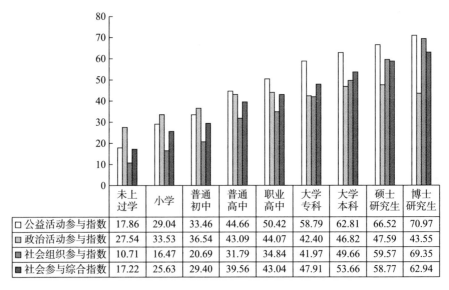

	未上过学	小学	普通初中	普通高中	职业高中	大学专科	大学本科	硕士研究生	博士研究生
□ 公益活动参与指数	17.86	29.04	33.46	44.66	50.42	58.79	62.81	66.52	70.97
▨ 政治活动参与指数	27.54	33.53	36.54	43.09	44.07	42.40	46.82	47.59	43.55
▩ 社会组织参与指数	10.71	16.47	20.69	31.79	34.84	41.97	49.66	59.57	69.35
■ 社会参与综合指数	17.22	25.63	29.40	39.56	43.04	47.91	53.66	58.77	62.94

图 9 - 10　特大城市居民社会参与的受教育程度差异

　　然而，政治活动参与度却有所不同。尽管政治活动参与度大致也呈现随受教育程度升高而升高的趋势，但在大学专科和博士研究生这两类居民中有所下降。这可能是因为拥有博士研究生学历的群体，其生活、工作、人际交往是围绕学术展开的，学术压力较大，因而政治活动的参与相对较少。而大学专科学历的群体，由于所学专业和所从事工作的技术性，对工作技术的关注更多，对于政治活动的关注和投入相对较少。

5. 社会阶层差异

　　社会阶层划分情况可参见表9-1。社会阶层是按照职业划分的，在校学生不被纳入，常见的操作化是将此类群体设为缺失值或根据其父辈职业划分阶层。但考虑到现实中在校学生尤其是大学生是社会参与的重要力量，因此应当关注这一群体的社会参与情况，故本部分将在校学生这一群体也纳入分析，最终观察11个社会阶层的社会参与情况。

表9-6　特大城市居民社会参与的社会阶层差异

社会阶层	公益活动 参与指数	政治活动 参与指数	社会组织 参与指数	社会参与 综合指数
国家与社会管理者	63.79	54.46	54.31	58.34
私营企业主	60.75	42.38	57.94	54.52
经理人员	58.62	65.00	50.00	56.61
专业技术人员	59.23	46.90	47.96	51.62
办事人员	58.85	49.87	43.34	50.80
个体工商户	45.30	38.32	29.00	37.39
商业服务业从业人员	48.69	38.18	33.94	40.35
产业工人	33.62	41.59	23.81	31.90
农业劳动者	18.16	34.58	11.25	20.15
无业失业半失业人员	32.33	31.06	16.92	26.19
在校学生	68.75	43.30	38.17	50.77
平均值	49.83	44.15	36.97	43.31

注：表中加下划线的数字为不符合整体数值变化规律的特异值。

　　从社会参与综合指数来看，在不考虑在校学生这一特殊群体（或社会阶层）的情况下，居民整体的社会参与度与社会阶层地位的高低大致成正比，且公益活动、社会组织参与度也基本呈现这一特征。国家与社会管理者、私营企业主、经理人员、专业技术人员阶层居民的社会参与度基本低于平均水平，个体工商户、商业服务业从业人员、产业工人、农业劳动者阶层居民的社会参与度均高于平均水平。

尽管整体上社会参与和社会阶层大致呈正相关关系，但办事人员、专业技术人员、经理人员、私营企业主和国家与社会管理者阶层居民的政治活动参与呈现 W 形。具体来说，经理人员阶层居民的政治参与度远高于其他四个阶层居民，而私营企业主阶层居民的政治参与度则远低于其他四个阶层居民，办事人员阶层居民的政治参与度相对高于专业技术人员阶层居民。而私营企业主的职业特性需要经营、维护和拓宽人际关系以拓展业务，因此更重视社会资本、商业资本，其参与各类社会组织的积极性较高。办事人员阶层中纳入了群众自治组织负责人（例如居委会主任和村委会主任、村党支部书记），因此这一阶层居民的政治参与度略高于专业技术人员阶层居民。

此外，在政治参与情况中还出现了其他特异值，即专业技术人员阶层居民的参与度下降和产业工人阶层居民的参与度上升。

从具体的社会阶层分析来看，经理人员阶层居民的公益活动参与度出现了骤降，甚至低于办事人员阶层居民的参与度，而政治活动参与度出现了骤升，远高于其他社会阶层，其整体社会参与度反而高于私营企业主阶层居民。

个体工商户的公益活动参与、社会组织参与和综合参与情况，在整体随社会阶层降低而社会参与度降低的变化趋势里出现了骤降，即其社会参与度反而较低。

无业失业半失业人员阶层居民在除政治活动参与以外的其他所有社会参与中的参与指数均大于农业劳动者阶层居民。

正如本小节开头提到，在校学生是最为特殊的群体，其具有高学历、高素质但无工作、零收入（一般情况下）的特征，很难对其阶层地位进行划分。作为社会参与的主力，在校学生的时间和精力充足，社会意识、政治意识、奉献意识强，因此其公益活动参与度、政治活动参与度和社会组织参与度均高于平均水平，整体社会参与度较高。

6. 城市群差异

为了分析特大城市居民社会参与的城市群差异，将十个特大城市划分为五大城市群，分别为京津冀城市群、长三角城市群、珠三角城市群、长江中游城市群和成渝城市群。图 9 - 11 为特大城市居民社会参与的城市群差异。

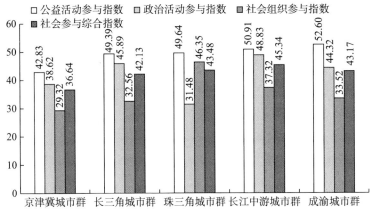

图 9 - 11　特大城市居民社会参与的城市群差异

从社会参与综合指数看，由高到低依次为长江中游城市群、珠三角城市群、成渝城市群、长三角城市群、京津冀城市群。京津冀城市群、长三角城市群和珠三角城市群作为三个经济发展水平较高的城市群，反而呈现经济越发达，居民社会参与度越低的特点。而珠三角城市群作为中国社会组织发展比较成熟的地区，有浓厚的宗族文化，居民注重基于地缘、亲缘的人际关系维护，注重乡土反哺，居民社会参与度相对较高，这一点可以由珠三角城市群居民的社会组织参与度最高得到侧面佐证。

三　特大城市居民社会参与影响因素模型

为了进一步探究特大城市居民社会参与的影响因素，并且验证前文基于描述性统计得出的结论，本部分通过建立四个 OLS 模型对居民社会参与的影响因素进行稳健性与探索性研究。

表 9 - 7　特大城市居民社会参与影响因素的 OLS 模型（非标准化系数）

自变量	模型 1 公益活动参与	模型 2 政治活动参与	模型 3 社会组织参与	模型 4 社会参与
人力资本因素				
性别[a]	- 3.409[+]	6.233[***]	0.839	0.702

续表

自变量	模型 1 公益活动参与	模型 2 政治活动参与	模型 3 社会组织参与	模型 4 社会参与
年龄	-0.326^{***}	0.295^{***}	-0.023	-0.046
户籍[b]	3.087^{*}	4.681^{**}	1.057	2.552^{**}
政治面貌[c]	10.589^{***}	9.067^{***}	9.604^{***}	9.812^{***}
受教育年限	1.986^{***}	1.272^{***}	2.416^{***}	1.969^{***}
社会阶层[d]				
国家与社会管理者	21.293^{**}	7.234	22.925^{***}	18.615^{***}
私营企业主	24.297^{***}	4.540	33.199^{***}	22.095^{***}
经理人员	20.747^{*}	22.481^{**}	23.291^{**}	21.590^{***}
专业技术人员	17.945^{***}	8.491^{*}	19.480^{***}	15.868^{***}
办事人员	20.351^{***}	9.489^{**}	19.834^{***}	17.392^{***}
个体工商户	13.545^{***}	4.699	10.490^{**}	10.081^{***}
商业服务业从业人员	14.995^{***}	3.769	13.983^{***}	11.609^{***}
产业工人	6.278	5.932	9.265^{*}	7.158^{***}
农业劳动者	-2.128	2.956	1.603	0.812
社会因素				
城市群[e]				
京津冀	-13.848^{***}	-11.681^{***}	-10.509^{***}	-12.042^{***}
长三角	-7.072^{***}	-2.342	-7.302^{***}	-5.962^{***}
珠三角	-4.426^{*}	-11.926^{***}	7.830^{***}	-1.920
长江中游	-4.413^{*}	1.603	-0.027	-1.092
社会网络规模	0.005^{+}	0.009^{**}	0.010^{***}	0.008^{***}
常量	27.793^{***}	3.361	-8.922^{+}	7.572^{*}
调整后的 R^2	0.133	0.060	0.145	0.170
F 检验值	36.783^{***}	15.807^{***}	40.642^{***}	48.190^{***}
样本数	4447	4423	4444	4392

注：a. 性别：以女性为参照组；b. 户籍：以外来人口为参照组；c. 政治面貌：以非党员为参照组；d. 社会阶层：以无业失业半失业人员阶层为参照组；e. 城市群：以成渝城市群为参照组。

$^{+} p < 0.10,^{*} p < 0.05,^{**} p < 0.01,^{***} p < 0.001$。

从模型 4 可知，综合来看，特大城市居民的社会参与受到个体人力资本和社会因素的双重影响，政治面貌、受教育年限、社会阶层、城市群和社会网络规模的影响显著，户籍的影响较显著，而性别和年龄没有显著影响。其中，本地户籍、党员、受教育年限、社会阶层、社会网络规模分别在控制其他影响因素的情况下对居民社会参与有正向影响，也就是说，本地人口、党员、受教育水平越高、社会阶层地位越高、社会网络规模越大，居民的社会参与度越高。城市群经济发展水平则对居民社会参与有负向影响，即城市群经济发展水平越高，居民社会参与度越低。这些结论与图9-7、图9-8的结果不一致。如图9-7、图9-8所示，居民整体社会参与度呈现性别和年龄组差异，但模型中性别和年龄对社会参与度没有显著影响。这可能是由于模型中纳入了其他影响因素，使得图9-7、图9-8中单独基于性别和年龄组呈现的社会参与度差异被其他影响因素解释，因此性别和年龄的影响就不再显著。

从模型1可知，特大城市居民的公益活动参与受到个体人力资本和社会因素的双重影响，年龄、政治面貌、受教育年限、社会阶层地位、城市群对居民公益活动参与度的影响显著，性别、户籍和社会网络规模的影响较显著。其中，本地户籍、党员、受教育年限、社会阶层地位、社会网络规模分别在控制其他影响因素的情况下对居民公益活动参与有正向影响，也就是说，本地人口、党员、受教育水平越高、社会阶层地位越高、社会网络规模越大，居民公益活动参与度越高。性别、年龄、城市群经济发展水平则对居民公益活动参与有负向影响，即男性、年龄越大、城市群经济发展水平越高，公益活动参与度越低。

从模型2可知，特大城市居民的政治活动参与受到个体人力资本和社会因素的双重影响，性别、年龄、政治面貌、受教育年限、城市群对居民政治活动参与度影响显著，户籍、社会阶层地位和社会网络规模的影响则较显著。其中，性别、年龄、本地户籍、党员、受教育年限、社会阶层地位、社会网络规模分别在控制其他影响因素的情况下对居民政治活动参与有正向影响，也就是说，男性、本地人口、党员、年龄越大、受教育水平越高、阶层地位越高、社会网络规模越大，居民政治活动参与度越高。城市群经济发展水平则对居民政治活动参与有负向影响，即城市群经济发展水平越高，居民的政治活动参与度越低。

从模型3可知，特大城市居民的社会组织参与度受到个体人力资本和社会因素的双重影响，政治面貌、受教育年限、社会阶层地位、城市群和社会网络规模对居民社会组织参与度影响显著，而性别、年龄、户籍的影响却不显著。其中，党员、受教育年限、社会阶层地位和社会网络规模分别在控制其他影响因素的情况下对居民社会组织参与有正向影响，也就是说，党员、受教育水平越高、社会阶层地位越高、社会网络规模越大，居民社会组织参与度越高。城市群经济发展水平对居民社会参与有负向影响，即城市群经济发展水平越高，居民的社会组织参与度越低。这些结论与图9-7至图9-9的结果不太一致。图9-7至图9-9显示，居民社会组织参与度呈现性别、年龄和户籍差异，但模型中这三个因素对社会组织参与度的影响并不显著。这可能是由于模型中纳入了其他影响因素，使得图9-7至图9-9中单独基于性别、年龄和户籍呈现的参与度差异被其他影响因素解释，因此性别、年龄和户籍的影响就不再显著。

从 F 检验值和调整后的 R^2 可知，自变量对整体社会参与度的解释力显著。从社会参与的不同层面来看，自变量对社会组织参与度的解释力最大，对政治活动参与度的解释力最小，说明政治活动参与度模型拟合度不太理想，本研究选择的自变量并非特大城市居民政治活动参与的关键影响因素，还存在其他重要的影响因素。

四　小结

（一）我国特大城市居民社会参与基本情况

在公益活动参与、政治活动参与和社会组织参与方面，我国特大城市居民完全不参与的占比最大，而参与的活动集中在1~3类，政治活动参与项目较少。整体来讲，居民社会参与度较低，接近每位居民仅参与一类活动或组织。其中，公益活动的参与度最高，接近特大城市中每5个人里就有2个人会参与公益活动；社会组织的参与度最低。

居民在参与公益活动时，对向慈善机构/个人捐款、捐物的参与率最高，对义务献血的参与率最低。居民在参与公益活动时具有选择易操作、低专业性、参与途径便捷、活动举办和宣传较多、举办组织完善的公益活动的倾向。

居民对政治活动的参与，主要集中在关心政治问题和日常政治参与方面，在互联网上讨论政治的参与率较低。在参与意愿方面，整体参与意愿较弱，相对而言，居民对基层民主活动的参与意愿较强。尽管政治意见表达的实际参与率较低，但未参与居民的参与意愿较强。在讨论政治问题方面，未参与居民的参与意愿依然较弱。

居民在参与社会组织时，倾向于参加与自己工作、生活密切相关的组织，且距离越近，参与率越高，最高的为"兴趣/娱乐组织"，对宗教/教会组织的参与率最低。特大城市居民社会组织参与活跃度低，相比较而言，居民更倾向于参与线下活动。

此外，特大城市居民的社会参与存在性别、年龄、户籍、受教育程度、社会阶层和城市群差异。整体来讲，男性的社会参与度高于女性，女性的公益活动参与度高于男性；青年组、中年组和老年组的社会参与度依次降低，但政治活动参与度则依次升高；本地人口的社会参与度高于外来人口；居民的社会参与度与学历成正比，大学是社会参与的受教育程度分水岭，即受教育程度低于大学学历的居民，其社会参与度基本低于平均水平，而大学学历及以上的居民，社会参与度均高于平均水平；社会阶层越高的居民，社会参与度越高，办事人员阶层是社会参与的阶层分水岭。在校学生的公益活动、政治活动和社会组织参与度和整体社会参与度均处于较高的水平；居民的社会参与度呈现经济越发达的城市群，居民社会参与度越低的特征，整体排名由高到低依次为长江中游城市群、珠三角城市群、成渝城市群、长三角城市群、京津冀城市群。

（二）我国特大城市居民社会参与的影响因素

综合来看，特大城市居民的社会参与受到个体人力资本和社会因素的双重影响。党员、受教育水平、社会阶层地位、城市群经济发展水平和社会网络规模的影响显著，是否为本地户籍的影响较显著，而性别和年龄没有显著影响。其中，党员、本地户籍、受教育年限、社会阶层地位、社会网络规模分别在控制其他影响因素的情况下对居民社会参与有正向影响。城市群经济发展水平则对居民社会参与有负向影响。其中，政治参与的变化趋势中特殊情况较多，且影响因素较为复杂，需要加以关注和研究。

第十章　特大城市居民的获得感研究

袁佳黎

过去四十余年，我国经济建设取得了重大成就，国内生产总值稳居世界第二，城镇化率年均提高 1.2 个百分点，8000 多万农业转移人口成为城镇居民；[①] 人民生活不断改善，一大批惠民举措落地实施，城乡居民收入增速超过经济增速，中等收入群体持续扩大；覆盖城乡居民的社会保障体系基本建立，人民健康和医疗卫生水平大幅提高，保障性住房建设稳步推进；社会治理体系更加完善，社会大局保持稳定；等等。但在取得重大成就的同时，我国也面临困难和挑战，例如，城乡区域发展和收入差距依然较大，民众在就业、教育、医疗、居住、养老等方面面临不少难题；社会矛盾和问题交织叠加，依法治国任务依然繁重，国家治理体系和治理能力有待加强；发展质量和效益还不高，创新能力不够强，实体经济水平有待提高，生态环境保护工作任重道远；社会文明水平尚需提高；等等。因此，面对发展迅速但同样存在问题的社会局面，习近平总书记提出要坚持以人民为中心的发展思想，努力抓好保障和改善民生各项工作，不断增强人民的获得感、幸福感、安全感。[②] 本章将从特大城市居民的获得感出发，探究不同群体的获得感差异，进而找寻影响获得感的因素。

---

① 《习近平：决胜全面建成小康社会　夺取新时代中国特色社会主义伟大胜利——在中国共产党第十九次全国代表大会上的报告》，新华网，http://www.xinhuanet.com/2017－10/27/c_1121867529.htm，2017 年 10 月 27 日。

② 《不断增强人民的获得感幸福感安全感》，人民网，http://theory.people.com.cn/n1/2017/1104/c409499－29626831.html，2017 年 11 月 4 日。

一　"获得感"的内涵解析

（一）"获得感"的提出

"获得感"一词源于习近平总书记在中央全面深化改革领导小组第十次会议上的讲话。2015 年 2 月，习近平总书记在中央全面深化改革领导小组第十次会议上指出，要科学统筹各项改革任务，推出一批能叫得响、立得住、群众认可的硬招实招，把改革方案的含金量充分展示出来，让人民群众有更多"获得感"。[①]"获得感"一词由此迅速成为社会各界热议的重要概念。2015 年 12 月，语言文字期刊《咬文嚼字》公布的 2015 年度"十大流行语"排行榜中，"获得感"荣居第一。[②] 2016 年 5 月，在教育部、国家语委发布的《中国语言生活状况报告（2016）》中，"获得感"入选十大新词之一。[③] 直至 2017 年，党的十九大报告再次提出，要完善公共服务体系，保障群众基本生活，不断满足人民日益增长的美好生活需要，不断促进社会公平正义，形成有效的社会治理、良好的社会秩序，使人民获得感、幸福感、安全感更加充实、更有保障、更可持续。同时提出在整个发展过程中，要注重民生、保障民生、改善民生，让改革发展成果更多更公平地惠及广大人民群众，使人民群众在共建共享发展中有更多获得感。[④]

我国现阶段正处于社会快速转型期。党的十九大报告提出，中国特色社会主义进入新时代，我国社会主要矛盾已经转化为人民日益增长的美好生活需要和不平衡不充分的发展之间的矛盾。[⑤] 因此获得感作为在全面深

[①]《习近平主持召开中央全面深化改革领导小组第十次会议》，新华网，http://www. xinhuanet. com/politics/2015 – 02/27/c_1114457952. htm，2015 年 2 月 27 日。

[②]《〈咬文嚼字〉发布 2015 十大流行语"获得感"排第一》，人民网，http://media. people. com. cn/n1/2015/1217/c40606 – 27940361. html，2015 年 12 月 17 日。

[③]《2016 中国语言生活状况报告"互联网＋"入选年度新词》，人民网，http://media. people. com. cn/n1/2016/0601/c40606 – 28400129. html，2016 年 6 月 1 日。

[④]《习近平：决胜全面建成小康社会 夺取新时代中国特色社会主义伟大胜利——在中国共产党第十九次全国代表大会上的报告》，新华网，http://www. xinhuanet. com/2017 – 10/27/c_1121867529. htm，2017 年 10 月 27 日。

[⑤]《习近平：决胜全面建成小康社会 夺取新时代中国特色社会主义伟大胜利——在中国共产党第十九次全国代表大会上的报告》，新华网，http://www. xinhuanet. com/2017 – 10/27/c_1121867529. htm，2017 年 10 月 27 日。

化改革、转变经济社会发展模式、实现共享发展的时代背景下提出的重要概念，成为检验社会发展成效、评价民众对社会生活感受的重要标尺。另一方面，获得感概念的内容丰富、贴合实际、顺应民意，紧扣新时代社会成员的心理状态与现实需求。因此，自获得感概念提出以来，便引起了各界学者们的积极关注，学者们从不同角度对获得感进行了理论解读与实证探索。目前已有的有关获得感的研究主要集中在以下三个方面：一是对获得感定义、内涵进行解读与界定，包括分析其时代内涵、社会意义等；二是围绕获得感的测量与操作化展开相应的研究；三是探讨获得感影响因素、提升路径等，以求获得提升民众获得感的有效办法。

（二）获得感的内涵与度量

作为新名词，获得感被认为与"主观幸福感"类似，是个人的主观感受，但两者之间仍存在一定的差异。一方面，部分学者证实主观幸福感存在"边际效应递减"规律：短时期内，无论在国家间还是在一国之内，幸福感与收入直接相关；但长期内，当一个国家的收入增长时，幸福感并不会提升（Easterlin and Sawangfa，2010），这也是学界热议的"收入 - 幸福感悖论"现象。因此，在中国经济快速发展的社会情境下，用主观幸福感衡量民众的感受已然不太适用。另一方面，从获得感的内涵出发，获得感是比幸福感更具体也更具有实际意义的实际感受。获得感强调的是一种"实实在在"的"获得"。也就是说，广大社会成员要基于生活质量的切实提高才能提升心理层面的获得感（张卫伟，2018）。一言以蔽之，获得感是基于客观事实的主观评价，立足于社会的发展现实才能去探究获得感，而主观幸福感则不受此限制。因此，无论是从现实背景还是从概念内涵出发，获得感与主观幸福感相比，都更适用于当前对中国社会发展进行评价的现实情况（吕小康、黄妍，2018）。

由此，本章认为，获得感是一个具有中国特色的概念。目前，很多学者就如何理解获得感进行了深入探究。概括来看，研究者更倾向于将获得感理解为一个由"获得"和"感"两个具有独立含义的词组合而成的组合词。通常学者认为获得感既包括客观层面的基于社会发展而获得的物化或非物化的利益，又包含主观层面的由改革开放带来的情感体验（周盛，2018）。对于"获得"和"感"的关系，一般研究认为"获得"侧重客观层面的收获，而"感"侧重主观层面的感受与触动，两者之间存在因果递进的关系（黄冬霞、吴满意，2017）。具体地说，获得感就是人们的经济、政治、文化、教育、医疗、环境、安全等诸多方面的利益得到实现和维护后产生的一种实实在在的满足感和成就感（田旭明，2018）。同时，结合不同的概念界定，获得感的内在特征可以被大致概括为以下两个方面：首先，获得感具有公平公正的特征，它代表的不是个别人的获得感，而是所有人的获得感，应当保证社会中的每个人都能够公平、公正地共享发展成果；其次，获得感具有包容性的特征，尤其关注弱势群体、边缘群体的获得感（曹现强，2017）。

获得感作为新概念，对其尚未有统一的测量方法，不同学者根据研究需求选用不同的测量维度。表 10 - 1 给出了笔者整理的现有研究中的测量方法，主要分为以下三种：第一，仅从个体层面出发，评价个体生活中的变化与发展，或从纵向发展角度评价，或与同辈群体进行横向比较；第二，仅从社会层面出发，考察社会成员对社会发展各方面的评价；第三，将个体层面与社会层面相结合，在此种方法中，常见的划分方式是从社会生活的不同维度出发，将获得感划分为经济、政治、民生等不同维度。

表 10 - 1　获得感测量方法

类别	作者	测量维度
个体发展评价	孙远太（2015）	最近三年生活改善情况
	王浦劬、季程远（2018）	纵向获得感、横向获得感
	冯帅帅、罗教讲（2018）	我已经得到了我在生活中想得到的重要东西
社会发展评价	樊红敏、李岚春、欧广义（2015）	安全保障、政府质量、生活质量
	阳义南（2018）	充足性、均等性、便利性、普惠性
个体发展与社会发展评价	谭旭运、王俊秀、张若玉（2018）	项目重要性、当前获得体验、未来获得预期
	龚紫钰、徐延辉（2020）	经济生活获得感、公共服务获得感、社会关系获得感、政治参与获得感、价值尊严获得感
	吕小康、黄妍（2018）	个人发展感、社会安全感、社会公正感、政府工作满意度
	陈海玉、郭学静、刘庚常（2018）	经济生活、政治生活、文化生活、社会生活、生态文明

续表

类别	作者	测量维度
个体发展与 社会发展评价	王恬、谭远发、付晓珊 （2018）	经济获得感、政治获得感、民生获得感
	文宏、刘志鹏（2018）	经济获得感、政治获得感、民生获得感

（三）相关文献简述

获得感作为反映我国社会发展和改革成果的重要指标，其影响因素是多方面的，主要可以分为以下两类：一类是从宏观层面出发，认为社会文化、价值规范以及国家的制度等是影响获得感的主要因素。宏观层面的研究较少，唐有财、符平（2017）认为，政府部门和社会力量包括慈善机构、新闻媒体、行业协会的帮助对农民工群体的获得感具有积极的提升作用，同时有利于使农民工增强对政府的信任，使他们在权益受损时更倾向于采取体制内的权益表达方式。陈海玉、郭学静和刘庚常（2018）认为经济生活、政治生活、文化生活、社会生活和生态文明这五个潜变量对劳动者的主观获得感有显著影响。阳义南（2018）基于 CGSS 2013 数据，通过 MIMIC 模型分析得出，城乡基础设施、社会保障、医疗卫生、公共文体、基本社会服务、住房保障、公共教育 7 项民生公共服务的供给短板对获得感有显著的负向影响，提升此 7 项服务的供给水平能有效提升民众获得感。另一类研究则从微观层面出发，认为个人个体特征的差异、生活经历、背景等会对获得感产生影响，例如性别、年龄、婚姻状况、受教育水平、社会经济地位、个体的流动经历等。孙远太（2015）基于六省市的调查数据探究城市居民社会地位对其获得感的影响，研究发现，城市居民的获得感是客观社会地位和主观社会地位的共同产物，客观社会地位直接或间接影响城市居民的获得感。周海涛、张墨涵和罗炜（2016）对民办高校学生进行调查分析，从认同程度、满足状况、参与机会和成就水平四个方面进行衡量，发现学生的家庭经济情况、城乡差异、学习力和情绪适应性是影响其获得感的关键因素。王恬、谭远发和付晓珊（2018）基于 2013 年中国综合社会调查的数据构建了获得感的概念解释框架，分析了我国居民获得感的概况及其影响因素，认为个人的阶层状况、家庭收入、年龄、户籍、健康、政治面貌、工作和子女数量等影响居民的获得感。谭旭运、王俊秀和张若玉（2018）基于中国社会科学院和智媒云图联合发布的"民众获得感调查"的数据分析得出，民众的获得感在性别、年龄、受教育程度、月收入等基本的人口学变量上存在显著差异。

二 数据选取与测量方法

（一）数据选取

本报告使用的数据源于 2019 年"新时代特大城市居民生活状况调查"。需要指出的是，在具体的分析过程中，由于 A、B 卷题项的设置以及所使用的变量有一定的缺失值，经过相应的处理和删除后，最终样本量为 4148。

（二）样本分析

在 4148 个样本中，男性 1947 人（占 46.94%），女性 2201 人（占 53.06%），平均年龄为 44.93 岁，其中共产党员占 17.24%，少数民族占 1.90%，有宗教信仰的居民占 6.00%。从样本的其他人口学特征来看，特大城市中非农业户籍居民占绝大多数（73.87%），本地人占较大比重（57.02%），农业户籍居民与外地人占比分别为 26.13%、26.76%。为了进一步比较特大城市中不同经济社会地位群体的获得感得分，本部分统计了与之相关的有关变量。第一，不同职业阶层居民的分布，其中国家与社会管理者阶层居民占 1.01%、私营企业主阶层居民占 2.34%、经理人员阶层居民占 0.70%、专业技术人员阶层居民占 23.79%、办事人员阶层居民占 8.34%、个体工商户阶层居民占 8.00%、商业服务业从业人员阶层居民占 33.10%、产业工人阶层居民占 15.33%、农业劳动者阶层居民占 4.46%、无业失业半失业人员阶层居民占 2.92%；第二，特大城市居民的收入，本部分统计的 2018 年人均年收入达到 108699.69 元，远高于 2018 年全国居民人均可支配收入（28228.00 元）；第三，不同受教育程度居民的分布，其中初中及以下受教育程度者占 31.17%，高中/中专/技校受教育程度者占 26.13%，占比最高的为大专/大学学历的居民，达到了 37.83%，而研究生及以上学历的居民仅占 4.87%；第四，不同单位体制居民的分布，体制内与体制外居民的占比分别为40.21%与59.79%；第五，不同社会保障的参与情况①，其中医疗保险参与率最高，达到了91.30%，其次为养老保险（83.53%），失业保险、工伤保险、生育保险的差异较小，分别为48.12%、48.07%、44.02%，占比最低的为住房公积金，仅占32.62%；第六，不同的住房情况，完全自有住房的居民占67.48%，与单位共有/租住等的居民占32.52%。

表 10 - 2　样本在各统计变量上的分布情况（N = 4148）

变量	均值/百分比	标准差
性别		
男（%）	46.94	
女（%）	53.06	
年龄（岁）	44.93	13.12
户籍性质		
农业户籍（%）	26.13	
非农业户籍（%）	73.87	
户籍人口类型		
本地人（%）	57.02	
新本地人（%）	16.22	
外地人（%）	26.76	
婚姻状况		
没有伴侣（%）	19.96	
有伴侣（%）	80.04	
政治面貌		
非共产党员（%）	82.76	
共产党员（%）	17.24	
民族		
汉族（%）	98.10	
少数民族（%）	1.90	
宗教信仰		
有（%）	6.00	

① 此处描述仅包括五险一金，即养老保险、医疗保险、失业保险、工伤保险、生育保险及住房公积金。

续表

变量	均值/百分比	标准差
无（%）	94.00	
职业阶层		
国家与社会管理者（%）	1.01	
私营企业主（%）	2.34	
经理人员（%）	0.70	
专业技术人员（%）	23.79	
办事人员（%）	8.34	
个体工商户（%）	8.00	
商业服务业从业人员（%）	33.10	
产业工人（%）	15.33	
农业劳动者（%）	4.46	
无业失业半失业人员（%）	2.92	
人均年收入（元）	108699.69	701700.35
受教育程度		
初中及以下（%）	31.17	
高中/中专/技校（%）	26.13	
大专/大学（%）	37.83	
研究生及以上（%）	4.87	
单位体制		
体制内（%）	40.21	
体制外（%）	59.79	
社会保障参与情况		
养老保险（%）	83.53	
医疗保险（%）	91.30	
失业保险（%）	48.12	
工伤保险（%）	48.07	
生育保险（%）	44.02	
低保（%）	3.86	
住房公积金（%）	32.62	
住房情况		
完全自有（%）	67.48	
单位共有/租住等（%）	32.52	

变量	均值/百分比	标准差
城市群		
京津冀（%）	20.54	
长三角（%）	20.68	
珠三角（%）	18.20	
长江中游（%）	21.31	
成渝（%）	19.26	

（三）获得感测量指标

既往研究已经尝试对获得感进行测量，但由于获得感的内涵结构不明，学者们仅根据自己的研究兴趣与侧重点选择不同的测量方法。本章基于研究侧重点及数据特点，结合个体在自身发展与社会发展过程中的感受对获得感进行测量，同时为了更好地测量获得感的不同维度，将获得感操作化为经济获得感、政治获得感以及社会获得感，再运用熵值法将不同维度的获得感转化为综合获得感。

1. 经济获得感的测量

经济获得感与国家宏观经济状况以及个人、家庭收入等密切相关。经济获得感包括对当前的评价以及对未来的期望与对比等。首先，宏观经济的利好能够使民众增强对当前经济的信心，形成积极的心理感受，进而对个人的经济状况产生积极的促进作用（王波，2005）。其次，经济获得感也与宏观的分配公平相关，公平的分配能够缩小贫富差距，减少社会不平等，减轻民众的相对剥夺感（Yitzhaki，1979），提升个体的幸福感、获得感等（黄嘉文，2016）。最后，个体的经济状况与经济获得感息息相关。国家宏观层面与个体微观层面经济状况的变化，会逐步转化为宏观经济获得感以及个体经济获得感，其中宏观经济获得感是指个体对经济总体状况的主观感受，而个体经济获得感则是用来衡量个人经济状况的重要指标（文宏、刘志鹏，2018）。

本章关于经济获得感的题目分别为："过去 5 年可以通过努力获得更高的社会经济地位"，答案选项中，"非常同意"为 5 分，"比较同意"为 4 分，"一般"为 3 分，"不太同意"为 2 分，"非常不同意"为 1 分；"未来 5 年可以通过努力获得更高的社会经济地位"，答案选项同样为李克特量表给出的五个程度选项；"当今社会，努力很难获得成功"，答案选项中，"非常同意"为 1 分，"比较同意"为 2 分，"一般"为 3 分，"不太同意"为 4 分，"非常不同意"为 5 分。以上三道题用以衡量受访者对过去、现在、未来国家宏观经济发展的看法。另外，本章选取"同 5 年前相比，您感觉整个社会的贫富差距情况如何？"（答案选项中，1 代表"扩大了"，2 代表"差不多"，3 代表"缩小了"）来测量国家宏观经济的分配状况。关于个体与家庭的经济状况，本章选取的题目为询问受访者的个人年收入以及受访者 5 年前、现在、5 年后的社会等级得分，家庭的年收入以及家庭 5 年前、现在、5 年后的社会等级得分，其中 10 分代表优势地位阶层，1 分代表基础地位阶层。

2. 政治获得感的测量

政治获得感与宏观的政治公平情况及个体的政治参与情况密切相关。宏观的政治公平状况不仅应当包括公民实际享有的政治权利公平情况，还应当包括司法与执法的公平情况。公平的社会氛围能够促进良好的社会风气形成，提升民众的政治获得感。此外，个体自身的政治参与情况同样体现了其政治态度，积极的政治参与可以有效激发民众的热情，对其政治态度有正向的影响（孙昕聪，2017）。在我国落实人民当家作主的诸多政治参与制度中，基层民主选举是制度化程度最高的一种参与形式，也是参与人数最多、最为集中的一种参与形式，是有很大一部分公民参加的唯一政治活动（王丽萍、方然，2010）。参与基层民主选举是大部分社会成员获得政治获得感的途径。而选举人大代表的选举权和被选举权是公民基本的民主权利，行使这一权利是公民参与国家管理的基础和标志。

本章测量民众政治获得感选取的题目分别为："过去一年中，您是否参加过以下活动（参加居民/村民委员会选举、参加基层人大代表选举）？"答案选项中，0 代表"没有参加"，1 代表"参加过"。此外，对于宏观政治氛围的评价，选取的题目为："您觉得当前社会生活中以下方面（公民实际享有的政治权利公平情况、司法与执法公平情况以及总体社会公平情况）的公平程度如何？"答案选项中 1 分代表"非常不公平"，2 分代表"不太公平"，3 分代表"一般"，4 分代表"比较公平"，5 分代表"非常公平"。

3. 社会获得感的测量

社会获得感同样包括宏观社会与微观个体两个层面。首先，个体层面的社会保险参与情况毫无疑问与其社会获得感有紧密联系。社会保险能够发挥社会稳定器的作用，在个体遭遇重大事件时保障其基本生活水平，从而防止不安定因素的出现，既给予了个体一定的物质保障，又能使物质保障转变为精神支持，极大地提升了社会成员的获得感。此外，个体对宏观层面社会民生状况的评价同样影响其社会获得感，民生的涉及面很广，涵盖交通、医疗、食品、劳动安全、环境安全、个人信息隐私安全等多个方面，既包括影响社会成员生存的基本需求，又包括社会成员一定的发展需求，综合构成了民众社会获得感。

因此，本章选取的测量社会获得感的题目分别为："您有下列哪种社会保障？"为了避免体制外受访者未参与失业保险、工伤保险、生育保险、住房公积金带来的偏差，本章选取基本覆盖全民的医疗保险、养老保险作为社会保障参与的指标，同时将答案重新编码：0 代表没有，1 代表参与。宏观层面的社会获得感选取的题目为："您觉得当前社会中以下方面的安全程度如何？"选取了对交通安全、医疗安全、食品安全、劳动安全、环境安全及个人信息隐私安全的看法，其中 1 分代表"很不安全"，2 分代表"不太安全"，3 分代表"一般"，4 分代表"比较安全"，5 分代表"很安全"。

同时对以上不同维度的指标进行因子分析，选取的各指标间的相关性强，适用于因子分析，最终提取了三个公因子：经济获得感、政治获得感、社会获得感。与此同时，为了更方便地描述和解释获得感的现状，本章选择将不同类型的获得感标准化为 1～100 的取值。在此基础上，采用熵值法计算经济、政治、社会层面获得感的权重（分别为 50.47%、27.31%、22.22%），形成综合获得感，得到的综合获得感的取值范围也相同（即1～100）。在权重的比例中，可以看出影响民众获得感的因素主要源于经济层面。本章选取熵值法来形成综合获得感，能够较好地弥补以往研究中主观赋权不精准的不足。

表 10 - 3　获得感的具体测量指标

一级指标	二级指标	三级指标
综合获得感	经济获得感	过去 5 年可以通过努力获得更高的社会经济地位

续表

一级指标	二级指标	三级指标
综合获得感	经济获得感	未来 5 年可以通过努力获得更高的社会经济地位
		当今社会，努力很难获得成功
		社会贫富差距情况（经济分配获得感）
		5 年后个人社会等级得分
		5 年前个人社会等级得分
		现在个人社会等级得分
		个人年收入
		5 年后家庭社会等级得分
		5 年前家庭社会等级得分
		现在家庭社会等级得分
		家庭年收入
	政治获得感	参加居民/村民委员会选举
		参加基层人大代表选举
		总体社会公平情况
		公民实际享有的政治权利公平情况
		司法与执法公平情况
	社会获得感	参加养老保险情况
		参加医疗保险情况
		社会中交通安全情况
		社会中医疗安全情况
		社会中食品安全情况
		社会中劳动安全情况
		社会中个人信息、隐私安全情况
		社会中环境安全情况

三 特大城市居民获得感现状

（一）特大城市居民获得感的总体情况

从特大城市居民获得感得分（见图 10 - 1）来看，居民不同维度的获得感得分均处于 47.02 ~ 61.35 分的区间，其中政治获得感得分最高，为

61.35 分，经济获得感得分相对最低，仅为 47.02 分。社会获得感得分同样较高，仅略低于政治获得感，为 60.70 分。基于三个维度的权重整合的综合获得感得分为 53.97 分。由上可知，特大城市居民的获得感仍有明显的上升空间。

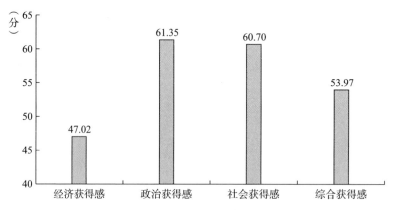

图 10 − 1　特大城市居民获得感得分

（二）人口特征与特大城市居民获得感差距

本部分将进一步分析不同居民的获得感情况。首先，由图 10 − 2 可以看出，无论是男性还是女性的获得感得分，均与特大城市居民获得感的总体状况呈现相似的特点：政治获得感得分最高，其次为社会获得感，经济获得感得分最低；不同维度的获得感得分均处于 46.73 ~ 61.47 分的区间，还存在一定的上升空间。其次，从不同性别居民来看，在经济、政治、社

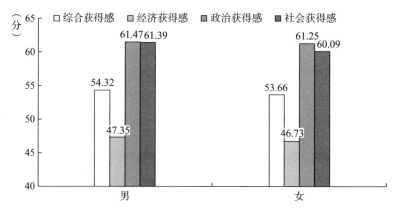

图 10 − 2　不同性别居民在获得感各维度上的得分情况

会三个维度的获得感上，均可以看出男性的得分优势，因而整合的综合获得感亦是男性得分相对较高。

从图 10 - 3 中可以看出，不同年龄居民的获得感得分情况同样符合总体的特征趋势，政治获得感得分最高（59.71 ~ 63.08 分），其次为社会获得感（59.58 ~ 61.53 分），经济获得感的得分最低（43.67 ~ 49.65 分）。具体而言，特大城市中"50 后"居民政治获得感得分最高，而"90 后"居民得分最低；社会获得感呈现相同的特征，"50 后"居民的得分相对最高，"80 后"居民的社会获得感得分最低；经济获得感呈现相反的情况，"80 后"居民经济获得感得分最高，其次为"70 后"、"90 后"及"50后"居民，"60 后"居民的经济获得感得分最低。这种分布较好地反映了社会中的现实状况："80 后"、"70 后"群体作为社会的中坚力量，正处于职业生涯的上升阶段，有较高的经济收入与获得感，而"60 后"、"50 后"群体大多即将退休或已经退休，经济收入显然有所下降。

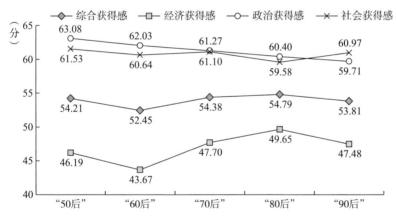

图 10 - 3　不同年龄居民在获得感各维度上的得分情况

图 10 - 4 展示了不同户籍性质居民的获得感得分情况，可以看出，特大城市中非农业户籍居民的综合获得感得分明显高于农业户籍居民，经济获得感、政治获得感得分呈现相同的特点，其中两者的经济获得感达到了近 4 分的差距；社会获得感得分呈现相反情况，农业户籍居民有更高的社会获得感得分。从特大城市中不同户籍居民来看，图 10 - 5 显示，外地人在不同维度上的获得感得分均较低，新本地人的经济获得感得分最高（49.87 分），本地人在政治、社会层面的获得感得分最高（分别为 62.57

分和 61.61 分）。

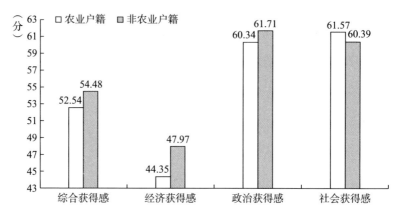

图 10 - 4　不同户籍性质居民在获得感各维度上的得分情况

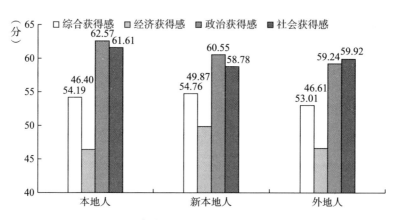

图 10 - 5　不同户籍居民在获得感各维度上的得分情况

从不同婚姻状况居民的获得感得分（见图 10 - 6）来看，首先，总体看，政治获得感得分最高，社会获得感得分次之，经济获得感得分最低；其次，有伴侣的居民在经济、政治、社会不同层面的获得感得分均高于没有伴侣的居民，综合获得感得分也高于没有伴侣的居民。本章中没有伴侣包括未婚、离异及丧偶的情况，此类居民通常需要独自承担工作与生活的重任，有些人甚至需要独自承担养育、教育子女的责任等，往往面临较大的工作与生活压力，因此在不同维度上的获得感得分相对较低。

不同政治面貌居民的获得感得分情况与总体的特征一致。由图 10 - 7可知，总体看，政治获得感得分最高，其次为社会获得感，经济获得感的得分最低。其中，共产党员相较于非共产党员有更高的经济、政治、社会以及综合获得感得分。

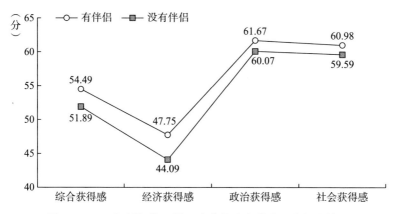

图 10 – 6　不同婚姻状况居民在获得感各维度上的得分情况

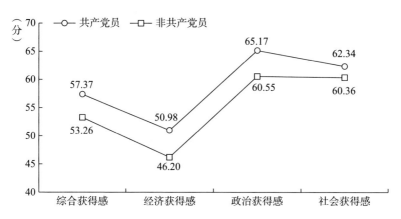

图 10 – 7　不同政治面貌居民在获得感各维度上的得分情况

（三）经济社会地位特征与特大城市居民获得感

改革开放 40 多年来，我国发生了翻天覆地的变化，社会成员在发展过程中积累了一定的社会资源，这种社会资源包括政治资源、经济资源、文化资源等，例如职业声望、经济收入或受教育程度等（李强，2003）。在某种程度上，获得感正是人们对社会资源的获得、占有或对总体情况的描述，一方面强调社会成员获得不同资源的客观情况，另一方面反映其对自身获得和社会整体发展的主观评价。简言之，探讨不同经济社会地位特征居民的获得感有重要的现实意义。

从不同职业阶层居民来看，首先，不同职业阶层居民的获得感得分特点均与特大城市的总体特征一致，政治获得感得分最高，社会获得感次之，经济获得感得分最低。其次，具体来看，国家与社会管理者阶层居民在经济、政治维度上的获得感均得分最高，因而综合获得感得分也最高（见表10-4）。从图10-8可以看出，体制内居民相较于体制外居民有更高的经济、政治、社会以及综合获得感得分。本章中，体制内单位包括党政机关、人民团体、国有企业及国有控股企业、国有/集体事业单位、集体所有或集体控股企业，本章中的国家与社会管理者阶层居民大多在此类体制内单位，因此，从单位体制和职业阶层看均能匹配到同一类人群，这些体制内的国家与社会管理者阶层居民具有较高的获得感。

表10-4　不同职业阶层居民在获得感各维度上的得分情况

职业阶层	综合获得感	经济获得感	政治获得感	社会获得感
国家与社会管理者	59.31	55.52	64.93	61.04
私营企业主	57.65	55.42	59.40	60.60
经理人员	55.20	49.54	58.58	63.94
专业技术人员	56.02	50.96	61.96	60.24
办事人员	55.72	48.33	64.24	62.08
个体工商户	53.86	48.10	58.84	60.84
商业服务业从业人员	52.72	45.21	60.64	60.06
产业工人	53.30	44.96	61.84	61.78
农业劳动者	50.73	39.92	62.34	61.05
无业失业半失业人员	49.97	40.03	59.89	60.38

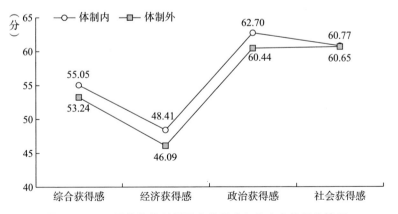

图10-8　不同单位体制居民在获得感各维度上的得分情况

　　具体来看（见表 10 - 4），在经济获得感维度上，国家与社会管理者阶层居民得分最高，农业劳动者阶层居民得分最低，此发现大致能与不同职业阶层居民的收入相匹配；与之不同的是，在政治及社会获得感维度上，并未发现与收入的正相关性，国家与社会管理者阶层居民得分最高，尽管通常农业劳动者的收入水平较低，经济获得感得分最低，但其政治、社会获得感得分却相对较高。

　　从不同收入群体来看，首先，图 10 - 9 呈现的获得感得分特点与特大城市的总体特征一致。其次，从不同维度的获得感得分来看，随着收入水平的提高，民众的经济获得感不断提升，最高 25% 收入群体的获得感得分（52. 20 分）最高，而最低 25% 收入群体的获得感得分最低，仅为 41. 17 分。在政治、社会获得感维度上，不同收入群体的获得感得分呈现随着收入增长先上升后下降的特点，最高 25% 收入群体的政治、社会获得感得分最低。

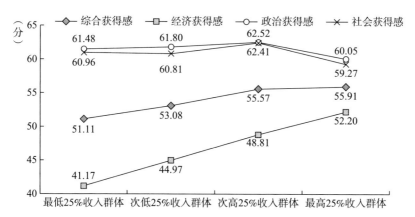

图 10 - 9　不同收入群体在获得感各维度上的得分情况

　　图 10 - 10 中，不同受教育程度居民的获得感得分特点与特大城市总体状况的特征一致。从具体的维度来看，经济获得感得分随着受教育程度的提高不断提升，二者呈正相关关系。通常认为，高受教育程度者能够获得较好的职业、较高的收入，因此与上述职业、收入与经济获得感呈正相关一致。受教育程度和社会获得感的关系同样与收入和社会获得感的关系一致，受教育程度相对较高的居民反而社会获得感得分较低，但研究生及以上学历居民的政治获得感得分最高。

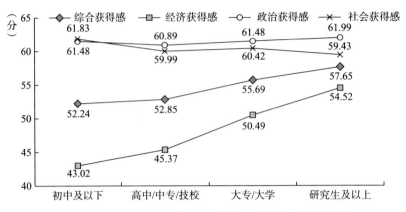

图 10 - 10　不同受教育程度居民在获得感各维度上的得分情况

　　从不同社会保障参与者来看（见表 10 - 5），首先，表 10 - 5 呈现的获得感得分特征与特大城市总体状况的特征一致；其次，参与各项社会保障（包括养老保险、医疗保险、失业保险、工伤保险、生育保险、住房公积金）的居民在不同维度上的获得感得分均高于未参与社保的居民（社会获得感除外）。具体而言，缴纳住房公积金的居民相较于参与其他社保的居民有更高的经济获得感及综合获得感得分，参加城乡最低生活保障（即吃低保）的居民有最低的经济获得感、政治获得感、综合获得感得分，但其社会获得感得分相对较高。从住房公积金看，其覆盖范围相对较小，在本章中仅占 32.62%，且住房公积金的缴纳对象为城镇在职职工，拥有相对稳定工作，收入情况较好，因此有更高的经济获得感得分。值得思考的是，社会获得感得分却呈现相反的特点，参与社会保障（"五险一金"）的居民有较低的社会获得感得分，而吃低保的群体的得分最高。

表 10 - 5　不同社会保障参与者在获得感各维度上的得分情况

单位：分

获得感	养老保险 （有/无）	医疗保险 （有/无）	失业保险 （有/无）	工伤保险 （有/无）	生育保险 （有/无）	住房公积金 （有/无）	低保 （有/无）
综合	54.47/ 51.41	54.21/ 51.40	55.18/ 52.84	55.27/ 52.76	55.14/ 53.04	55.61/ 53.18	52.11/ 54.04
经济	47.83/ 42.91	47.41/ 42.89	49.58/ 44.64	49.61/ 44.62	49.55/ 45.03	50.28/ 45.44	43.33/ 47.17
政治	61.86/ 58.75	61.60/ 58.78	61.49/ 61.22	61.63/ 61.09	61.36/ 61.34	61.51/ 61.27	60.43/ 61.39

续表

获得感	养老保险 （有/无）	医疗保险 （有/无）	失业保险 （有/无）	工伤保险 （有/无）	生育保险 （有/无）	住房公积金 （有/无）	低保 （有/无）
社会	60.50/ 61.71	60.61/ 61.67	60.16/ 61.20	60.35/ 61.03	60.24/ 61.07	60.47/ 60.81	61.86/ 60.65

从特大城市不同住房情况居民的获得感来看（见图 10 - 11），首先其呈现的获得感得分特点与特大城市总体状况的特征一致，政治获得感得分最高，其次为社会获得感，经济获得感得分最低。其次，完全自有住房的居民相较于单位共有/租住等居民在不同维度的获得感上均有较高得分。近年来，房价普遍上涨，尤其在特大城市，住房成为突出的社会问题之一，完全自有住房的居民大多拥有较好的经济条件、生活质量，因此获得感得分更高。笔者认为，在特大城市中，是否拥有住房也成为衡量民众获得感的重要维度之一。

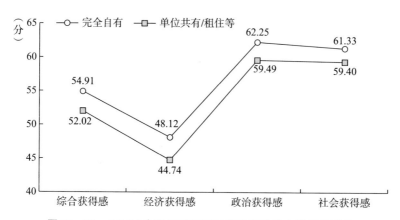

图 10 - 11　不同住房状况居民在获得感各维度上的得分情况

（四）不同城市群与特大城市居民获得感差距

下面进一步分析不同城市群、特大城市居民获得感的差距。由表 10 - 6 可知，长三角城市群居民相较于其余四大城市群居民在不同维度的获得感上均得分较高，长江中游城市群居民的经济获得感、综合获得感得分最低，珠三角城市群居民的政治、社会获得感得分最低。值得关注的一点是，深圳居民的综合获得感及政治、社会维度的获得感得分均最低，甚至明显低于十个特大城市居民的获得感得分均值。

表 10 - 6　不同城市群居民在获得感各维度上的得分情况

单位：分

		综合获得感	经济获得感	政治获得感	社会获得感
京津冀城市群	北京	53.12	47.05	58.61	60.18
	天津	54.48	46.62	62.77	62.17
	城市群	53.81	46.83	60.73	61.19
长三角城市群	上海	57.05	48.29	65.43	66.68
	杭州	57.28	51.00	63.86	63.47
	城市群	57.17	49.68	64.62	65.03
珠三角城市群	广州	57.74	52.43	63.09	63.23
	深圳	48.28	44.41	54.27	49.23
	城市群	53.21	48.69	58.87	56.54
长江中游城市群	武汉	50.75	41.43	59.71	60.94
	长沙	53.23	47.69	58.32	59.56
	城市群	52.05	44.71	58.98	60.22
成渝城市群	重庆	52.15	42.39	62.64	61.47
	成都	54.99	48.33	64.33	58.43
	城市群	53.54	45.33	63.46	59.99
特大城市均值		53.97	47.02	61.35	60.70

四　特大城市居民获得感的影响因素分析

为了进一步考察特大城市居民获得感的影响因素，本章继续以经济获得感、政治获得感、社会获得感、综合获得感为因变量，以上述人口特征、经济社会地位特征为自变量，同时控制可能会影响获得感的其他因素，分别进行多元回归分析。各模型整体均通过了显著性检验且不存在共线性问题。通过对表 10 - 7 中全效应模型的分析，本章有如下发现。

（1）人口特征变量。性别仅对社会获得感有显著影响，女性较男性有更低的社会获得感；年龄对经济、综合获得感有显著影响，结合年龄与年龄的平方的结果，可以发现年龄对经济、综合获得感的作用呈现 U 形，大致与不同年龄组经济获得感的差异一致；户籍性质仅对经济获得感有显著影响，非农业户籍居民相较于农业户籍居民具有更高的经济获得感；相较于本地人，新本地人的政治、社会获得感明显更低，同样，外地人的社会获得感亦明显更低；从婚姻状况来看，没有伴侣的居民的经济、综合获得感明显更低；共产党员相较于非共产党员有明显更高的政治、社会、综合获得感。

（2）经济社会地位变量。相较于无业失业半失业人员阶层居民，国家与社会管理者、私营企业主、专业技术人员、办事人员、个体工商户阶层居民有更高的经济、政治、综合获得感；在不同收入群体中，相较于最低25%收入群体，其余三个群体的经济获得感有显著提升，但最高25%收入群体的政治、社会获得感显著下降，与前文高收入组的低政治、社会获得感得分相匹配；受教育程度的结果与收入相似，相较于初中及以下受教育程度者，高受教育程度者的社会获得感显著下降；未发现各项社会保障参与情况对获得感有显著影响，仅养老保险、生育保险对获得感有显著影响；住房情况及住房满意度对不同维度的获得感均有显著影响，完全自有住房的居民有更高的获得感，且随着住房满意度的提升而提升。

表 10 - 7　特大城市居民获得感各影响因素的 OLS 模型

	综合获得感 模型 1	经济获得感 模型 2	政治获得感 模型 3	社会获得感 模型 4
人口特征变量				
性别	- 0.22 (0.36)	0.44 (0.51)	- 0.42 (0.53)	- 1.49 ** (0.49)
年龄	- 0.33 ** (0.12)	- 0.52 ** (0.17)	- 0.09 (0.17)	- 0.21 (0.16)
年龄的平方	0.00 ** (0.00)	0.01 ** (0.00)	0.00 (0.00)	0.00 (0.00)
户籍性质	0.84 + (0.48)	2.03 ** (0.70)	0.09 (0.72)	- 0.95 (0.66)
户籍人口类型				
新本地人	- 0.82 + (0.50)	0.39 (0.72)	- 1.82 * (0.74)	- 2.36 *** (0.68)
外地人	0.11 (0.48)	1.64 * (0.69)	- 1.51 * (0.71)	- 1.35 * (0.65)
婚姻状况	- 2.56 *** (0.49)	- 4.39 *** (0.71)	- 0.56 (0.73)	- 0.85 (0.67)

续表

	综合获得感 模型 1	经济获得感 模型 2	政治获得感 模型 3	社会获得感 模型 4
政治面貌	-1.05* (0.50)	0.19 (0.71)	-2.93*** (0.74)	-1.55* (0.68)
民族	0.74 (1.23)	0.45 (1.77)	1.45 (1.84)	0.53 (1.69)
宗教信仰	-0.33 (0.71)	0.93 (1.03)	-2.79** (1.06)	-0.17 (0.98)
经济社会地位变量				
职业阶层				
国家与社会管理者	3.77+ (2.02)	5.91* (2.91)	2.02 (3.02)	1.03 (2.77)
私营企业主	4.67** (1.54)	7.76*** (2.22)	0.87 (2.29)	2.33 (2.11)
经理人员	0.29 (2.29)	0.43 (3.30)	-2.94 (3.41)	3.98 (3.13)
专业技术人员	2.29* (1.14)	2.96+ (1.64)	1.61 (1.69)	1.59 (1.55)
办事人员	2.68* (1.23)	2.54 (1.77)	2.97 (1.83)	2.63 (1.68)
个体工商户	2.41* (1.20)	4.21* (1.74)	-0.10 (1.80)	1.40 (1.65)
商业服务业从业人员	1.15 (1.08)	1.26 (1.56)	1.09 (1.61)	0.97 (1.48)
产业工人	1.81 (1.14)	2.02 (1.65)	1.29 (1.71)	1.97 (1.57)
农业劳动者	1.60 (1.31)	1.37 (1.88)	2.64 (1.95)	0.86 (1.79)
单位体制	-0.36 (0.43)	-0.40 (0.62)	-0.74 (0.64)	0.21 (0.58)
收入分类				
次低 25% 收入群体	0.65 (0.51)	2.13** (0.74)	-1.11 (0.77)	-0.56 (0.70)
次高 25% 收入群体	2.29*** (0.58)	4.56*** (0.84)	-0.59 (0.87)	0.66 (0.79)
最高 25% 收入群体	1.99*** (0.60)	6.10*** (0.87)	-2.38** (0.90)	-1.96* (0.83)

续表

	综合获得感模型 1	经济获得感模型 2	政治获得感模型 3	社会获得感模型 4
受教育程度				
高中/中专/技校	0.11 (0.59)	1.71 * (0.84)	-1.10 (0.87)	-2.06 ** (0.80)
大专/大学	-0.49 (0.48)	0.12 (0.69)	-0.64 (0.71)	-1.68 ** (0.65)
研究生及以上	1.63 (1.01)	4.34 ** (1.46)	-0.25 (1.51)	-2.24 (1.38)
社会保障参与情况				
养老保险	0.72 (0.60)	0.57 (0.87)	2.33 ** (0.90)	-0.91 (0.83)
医疗保险	-0.59 (0.72)	-0.20 (1.04)	-0.60 (1.07)	-1.44 (0.99)
失业保险	-0.19 (1.00)	1.16 (1.44)	-1.00 (1.49)	-2.24 (1.37)
工伤保险	1.83 + (1.00)	1.26 (1.44)	2.91 + (1.49)	1.80 (1.37)
生育保险	-1.75 * (0.78)	-2.37 * (1.13)	-1.94 + (1.16)	-0.12 (1.07)
低保	-0.42 (0.88)	-2.11 + (1.27)	0.54 (1.31)	2.24 + (1.21)
住房公积金	0.37 (0.51)	0.40 (0.74)	-0.16 (0.76)	0.97 (0.70)
住房情况	-1.10 ** (0.41)	-1.31 * (0.59)	-0.55 (0.61)	-1.29 * (0.56)
住房满意度	1.94 *** (0.09)	2.85 *** (0.13)	1.13 *** (0.13)	0.89 *** (0.12)
控制变量	已控制	已控制	已控制	已控制
常量	42.43 *** (3.80)	31.73 *** (5.48)	49.81 *** (5.67)	57.72 *** (5.21)
调整后 R^2	0.20	0.20	0.09	0.09
样本量	4148	4148	4148	4148

注：性别的参照组为男性，户籍性质的参照组为农业户籍，户籍人口类型的参照组为本地人，婚姻状况的参照组为有伴侣，政治面貌的参照组为共产党员，民族的参照组为汉族，宗教信仰的参照组为无宗教信仰，职业阶层的参照组为无业失业半失业人员，单位体制的参照组为体制内，收入的参照组为最低 25% 收入群体，受教育程度的参照组为初中及以下，社会保障参与情况的参照组为未参与，住房情况的参照组为完全自有。

$^+ p < 0.1$，$^* p < 0.05$，$^{**} p < 0.01$，$^{***} p < 0.001$。

五　结论与讨论

综合以上数据描述与模型分析结果，本章有如下发现。

第一，从人口特征变量的获得感分布中可以看出，男性的获得感得分高于女性。"50后"居民的政治获得感、社会获得感得分最高，但经济获得感得分较低；"80后"居民的经济获得感得分最高，但社会获得感得分最低。新本地人的经济获得感得分最高，本地人的社会获得感、政治获得感得分最高。有伴侣居民的获得感得分均高于没有伴侣的居民；共产党员的获得感得分更高。

第二，在经济获得感维度上，大体上，随着职业阶层地位、受教育程度、收入的提升，民众的经济获得感逐渐提升，国家与社会管理者阶层居民得分最高，经济获得感得分大致与收入相匹配，这与以往较多的研究达成了一致（孙远太，2015；项军，2019；王恬、谭远发、付晓珊，2018）。值得关注的是，本章中，自有住房及住房满意度对提升民众不同维度的获得感均有重要作用。在政治获得感维度上，最高25%收入群体的政治获得感得分最低，但拥有最高学历的居民却有最高的政治获得感得分，在后续的模型分析中，高收入群体的低政治获得感被证实，但高学历对政治获得感的影响并未通过显著性检验。在社会获得感维度上，最高25%收入群体、最高学历的群体的社会获得感得分最低，该结论同样在模型中被证实。相似的是，参与社会保障（"五险一金"）的群体同样有较低的社会获得感，而参加城乡最低生活保障（吃低保）的居民以及有农业户籍的居民却有更高的社会获得感。此外，值得注意的是，农业劳动者阶层居民的经济获得感得分最低，但却有较高的政治、社会获得感。

第三，不同城市群居民的获得感存在差异。值得关注的是，在经济发达的深圳，居民的综合获得感得分及政治、社会维度获得感得分最低。因此，经济发展也并不一定就能带来全体居民获得感的提高，人们对于美好生活的定义不再是简单的物质生活上的满足，不断满足人民日益增长的美好生活需要是接下来的奋斗目标。

在后续OLS模型中，上述提及的人口特征、经济社会地位特征变量，部分被证实对不同维度的获得感有显著作用，因此，在提升特大城市民众获得感的过程中，应根据不同影响因素有针对性地提出相关政策建议。

第十一章　多维二元结构与特大城市
居民的健康差异

瞿小敏

健康差异研究的兴起往往与现实社会中的健康不平等与健康不公平现象有关。在西方国家，健康差异并非一个新的话题。近年来，美国等西方国家对健康差异的关注越来越多，相关研究更多地集中于种族/民族差异、地区差异、性别差异、社会经济地位差异和性取向差异（Zhang，2013；House，2016；Williams and Mann，2017；Cox，2018；Lefevor et al.，2019）。

随着我国社会经济的发展与人口老龄化的程度不断加深，健康差异问题日益凸显，政府和学界对健康公平越来越重视。"健康中国 2030"战略明确提出，到 2030 年，我国要基本实现健康公平的目标。老龄健康公平更是成为热点议题。作为一项旨在促进卫生保健和老年人口健康的战略，"健康老龄化"多次被提上议程。与此同时，近几年，学术界开始关注健康差异问题。围绕健康差异问题展开的研究讨论了人口学特征（Wu et al.，2015；李艳丽等，2015；王洪亮、朱星姝，2018）、社会经济地位（陈东、张郁杨，2015；阮航清、陈功，2017；Gu et al.，2019；张志坚、苗艳青，2020）以及身体特征和自身行为（胡宏伟、李玉娇，2011）对健康差异的作用，积累了不少经验。

需要注意的是，作为一个多维度概念，健康内涵丰富，需要从多个方面进行评估。现有研究对健康测量指标的选用多集中于自评健康、心理健康，未充分重视诸如口腔健康、标准体重、慢性疾病等其他指标在反映和衡量个人健康状况方面的作用。例如，口腔健康不仅关乎个人的饮食习惯、营养摄入和社交功能，而且与中老年期的功能状况有关（Zhang et al.，2018）。而身体质量指数（BMI）作为衡量标准体重的指标，是判断人体胖瘦程度以及是否健康的重要标准，在比较和分析一个人相对于高度的体重对其健康的影响时，这一指标中立而可靠。

另外，由于长期以来困扰我国经济社会发展的一个重要问题是城乡二元结构问题，因而对健康差异的探讨往往聚焦于城乡健康差异（解垩，2009；李婷、张闫龙，2014；李艳丽等，2015），尤其是城乡老年人的健康差异（李建新、李春华，2014；Wu et al.，2015；胡仕勇、南顺侠，2016）。然而，城乡二元结构并非我国社会唯一的结构性问题。例如，牛建林（2013）曾指出，人口流动对我国城乡居民健康差异有重要影响，城乡之间大规模的人口流动现象能够通过选择机制使处于不同健康状况的居民在城乡之间重新布局。

我国的人口老龄化几乎与急剧的社会转型同时发生，其结果之一是健康差异问题与社会结构特征有很高的相关性。伴随着市场化和城市化进程，我国经历了大规模的人口流动，主要表现为大量人口从农村流向城市，从经济欠发达地区向经济发达地区迁移。与城乡流动、地区流动、职业流动有关的社会结构位置变化极有可能产生一定的健康效应，尤其在特大城市中，由社会结构位置不同导致的健康差异现象不能被忽视。有鉴于此，本章试图从多维二元结构理论框架出发，考察各种结构性因素对多个维度健康测量指标的影响，并进一步探究是否存与城乡二元结构、区域二元结构、体制内外二元结构、本地人口与外来人口二元结构等社会结构因素有关的健康差异，以期为推进"健康中国2030"战略和制定医疗保障与公共卫生政策提供理论和数据支持。

一　多维二元结构与特大城市居民的健康公平

探讨与健康公平有关的健康差异问题，仅仅关注城乡健康差异是不够的。近年来，我国社会日渐呈现明显的多维二元结构特征，其中既包括由早期工业化及市场化进程带来的城乡二元结构、区域二元结构、体制内外二元结构等基础性结构差异，还包括由城市化进程带来的特大城市本地人口与外来人口二元结构等衍生性结构差异。多维二元结构揭示了我国社会正处于一种结构化的不平等状态，而这种结构状态又是导致我国一系列社会矛盾的根源，蕴藏着一定的社会风险（张海东，2018）。

不仅如此，这种结构状态甚至还可能隐含着一定的健康风险。多维二元结构的形成与各种制度安排密切相关，这些制度安排在利益分配上具有明显的倾向性特点，在惠及某些社会群体的同时，将其他群体排斥在外（张海东，2018）。这种结构状态决定了处于不同二元结构位置的群体获得的各种经济和社会资源（包括医疗与公共卫生服务资源方面的机会）是不均等的。例如，在市场化过程中，国家对一些地区采取的倾向性政策使得一些地区经济发展更为迅速。在这种区域二元结构下，这些地区的医疗与公共卫生服务系统得到更好的发展，生活在这些地区的居民在获取医疗与公共卫生服务资源的机会方面具有天然优势。又如，在城市化进程中，大量涌入大城市的流动人口没有被及时给予市民待遇，在基本公共服务供给上的差别对待使得外来人口在获取医疗与公共卫生服务资源的机会方面存在明显劣势。尤其是流入城市的农民工群体，他们的工作和日常生活容易暴露在污染严重的环境之中，面临更高的健康风险，却普遍缺乏高效的社会与医疗保险保障（陆文聪、李云龙，2009）。

相关研究表明，医疗保险的获得对于促进健康有重要作用（潘杰、雷晓燕、刘国恩，2013；刘晓婷，2014）。同时，医疗与公共卫生服务的获得和健康状况显著相关（Wu et al.，2015）。基本公共卫生服务能够缩小居民间的健康差距，并且促进低收入群体的健康知识和健康行为的增加（张志坚、苗艳青，2020）。然而，多维二元结构的存在使得处于不同结构位置的群体获取以上种种资源的机会迥然不同。对老年人口来说，养老金能够保障家庭成员的营养状况，提高生活水平，从而保护家庭成员的健康（李实、杨穗，2011）。而实际上，由于结构性差异的存在，许多农村地区的老年人没有固定的养老金，或者养老金非常少。一些年轻时从事个体职业的老年人，在年老后也可能没有养老金或城镇职工基本医疗保险。种种结构性差异导致的人们在各个年龄段获得医疗和公共卫生服务机会方面的差异，极有可能成为导致健康不平等现象的社会根源。而揭示与多种结构性因素有关的健康差异，能够帮助我们更为客观、全面地理解我国社会客观存在的健康不平等，有利于相关政策的进一步完善，从而"促进健康公平，实现共享发展"。

二 研究设计

（一）数据来源

本章使用的数据来自"新时代特大城市居民生活状况调查"。调查问卷设置了 A、B 卷，与研究内容相关的健康模块在 B 卷中，实际样本量为5000。在剔除了分析变量上存在的缺失样本后，得到有效样本4779。

（二）变量测量

1. 被解释变量

本章的被解释变量为健康状况，笔者采用多个维度的健康指标对居民的健康状况进行考察，包括自评健康、口腔健康、心理健康、标准体重 4个具体健康指标。

（1）自评健康

本章采用自测健康评定量表（Self-Rated Health Measurement Scale，简称 SRHMS）中的 9 个题项，评估在过去的四周内个人健康的基本情况，如视力、听力、食欲等，回答赋值区间为 0～10，0 表示非常差，10 表示非常好。量表赋值区间为 0～90，得分越高代表自评健康状况越好。此样本中，量表的内部一致性较好，Cronbach's alpha 系数为 0.838。

（2）口腔健康

以掉牙数作为对口腔健康的测量指标。问卷中采用"您因为牙齿疼痛（口腔）等问题拔除/自然掉落了多少颗牙"进行测量，回答为计数变量，赋值区间为 0～28。由于第三磨牙（智齿）通常是被选择性移除的，因此被排除在计数之外。

（3）心理健康

以抑郁症状作为对心理健康的测量指标，采用抑郁筛选量表（Center for Epidemiological Studies Depression Scale Short Form，简称 CES－D）简表的 10个题项，评估在过去的一周内，个人经历抑郁的症状，如睡眠不安稳、情绪低落、感到孤独等，回答赋值区间为 0～3，0 表示没有，1 表示很少有，2 表示经常有，3 表示一直有。量表赋值区间为 0～30，得分越高代表心理健康状况越差。此样本中，量表的内部一致性较好，Cronbach's alpha 系数为 0.787。

（4）标准体重

标准体重用身体质量指数（Body Mass Index，简称 BMI）进行测量，采用的划分标准为中国参考标准（Working Group on Obesity in China，2004），BMI < 18.50 表示体重过低，18.5 ≤ BMI < 24 表示正常体重，24 ≤ BMI < 28 表示超重，BMI ≥ 28 表示肥胖。

2. 解释变量

本章的解释变量为多维二元结构的识别变量，包括城乡二元结构、区域二元结构、体制内外二元结构、本地人口与外来人口二元结构四个二分变量。

（1）城乡二元结构

根据目前的户籍登记状况，将受访者划分为非农业户籍居民和农业户籍居民。

（2）区域二元结构

根据受访者所在城市的人口和社会经济状况，将受访者划分为北上广深居民和其他城市居民。

（3）体制内外二元结构

根据受访者是否在"党政机关、人民团体、军队"、"国有企业及国有控股企业"、"国有/集体事业单位"和"集体所有或集体控股企业"工作及是否有正式编制，将受访者划分为体制内居民和体制外居民。

（4）本地人口与外来人口二元结构

根据是否出生于本地，将受访者划分为本地人口和外来人口。

3. 控制变量

本章涉及的控制变量为人口特征变量及社会经济地位相关变量。其中，人口特征变量包括性别、年龄、婚姻状况、子女状况；社会经济地位相关变量包括受教育程度、收入。将受教育程度转变为受教育年限进行赋值，将收入进行对数处理。

（三）样本描述性统计分析

表 11 - 1 给出了样本的具体情况。

表11-1 样本基本情况

单位：人

变量		全样本	非农业户籍居民	农业户籍居民	北上广深居民	其他城市居民	体制内居民	体制外居民	本地人口	外来人口
		4779	3212 (67%)	1567 (33%)	1903 (40%)	2876 (60%)	827 (17%)	3952 (83%)	2639 (55%)	2140 (45%)
性别	男性	2201 (46.06%)	1470 (45.77%)	731 (46.65%)	902 (47.40%)	1299 (45.17%)	383 (46.31%)	1818 (46.00%)	1205 (45.66%)	996 (46.54%)
	女性	2578 (53.94%)	1742 (54.23%)	836 (53.35%)	1001 (52.60%)	1577 (54.83%)	444 (53.69%)	2134 (54.00%)	1434 (54.34%)	1144 (53.46%)
年龄组	18~25岁	529 (11%)	331 (10%)	198 (13%)	199 (10%)	330 (11%)	35 (4%)	494 (13%)	258 (10%)	271 (13%)
	26~30岁	500 (10%)	297 (9%)	203 (13%)	232 (12%)	268 (9%)	61 (7%)	439 (11%)	176 (7%)	324 (15%)
	31~35岁	549 (11%)	356 (11%)	193 (12%)	254 (13%)	295 (10%)	82 (10%)	467 (12%)	227 (9%)	322 (15%)
	36~40岁	506 (11%)	337 (10%)	169 (11%)	189 (10%)	317 (11%)	84 (10%)	422 (11%)	252 (10%)	254 (12%)
	41~45岁	467 (10%)	305 (9%)	162 (10%)	169 (9%)	298 (10%)	83 (10%)	384 (10%)	261 (10%)	206 (10%)
	46~50岁	524 (11%)	340 (11%)	184 (12%)	180 (9%)	344 (12%)	77 (9%)	447 (11%)	300 (11%)	224 (10%)
	51~55岁	440 (9%)	282 (9%)	158 (10%)	164 (9%)	276 (10%)	70 (8%)	370 (9%)	275 (10%)	165 (8%)
	56~60岁	486 (10%)	365 (11%)	121 (8%)	208 (11%)	278 (10%)	122 (15%)	364 (9%)	325 (12%)	161 (8%)
	61~65岁	778 (16%)	599 (19%)	179 (11%)	308 (16%)	470 (16%)	213 (26%)	565 (14%)	565 (21%)	213 (10%)
婚姻状况	有配偶	3611 (75.56%)	2395 (74.56%)	1216 (77.60%)	1397 (73.41%)	2214 (76.98%)	686 (82.95%)	2925 (74.01%)	2024 (76.70%)	1587 (74.16%)

续表

变量	全样本	非农业户籍居民	农业户籍居民	北上广深居民	其他城市居民	体制内居民	体制外居民	本地人口	外来人口
无配偶	1168 (24.44%)	817 (25.44%)	351 (22.40%)	506 (26.59%)	662 (23.02%)	141 (17.05%)	1027 (25.99%)	615 (23.30%)	553 (25.84%)
子女状况									
有子女	3604 (75.41%)	2370 (73.79%)	1234 (78.75%)	1337 (70.26%)	2267 (78.82%)	681 (82.35%)	2923 (73.96%)	2087 (79.08%)	1517 (70.89%)
无子女	1175 (24.59%)	842 (26.21%)	333 (21.25%)	566 (29.74%)	609 (21.18%)	146 (17.65%)	1029 (26.04%)	552 (20.92%)	623 (29.11%)
受教育程度（均值 SD）									
受教育年限（年）	12.56 (3.78)	0.75 (0.44)	11.01 (3.98)	13.24 (3.62)	12.12 (3.81)	14.25 (3.34)	12.21 (3.77)	12.22 (3.59)	12.99 (3.96)
收入（均值 SD）									
收入（对数）	11.47 (2.00)	0.74 (0.44)	11.12 (2.40)	11.80 (1.99)	11.25 (1.97)	11.77 (1.74)	11.41 (2.04)	11.39 (1.76)	11.57 (2.25)

注：样本量最上方一行为 4779, 3212 (67%), 1567 (33%), 1903 (40%), 2876 (60%), 827 (17%), 3952 (83%), 2639 (55%), 2140 (46%)。

非农业户籍居民与农业户籍居民的比例分别为33%和67%。北上广深居民与其他城市居民的比例分别为40%和60%。体制内居民与体制外居民的比例分别为17%和83%。本地人口与外来人口的比例分别为55%和45%。全样本及各二元结构分样本中性别和年龄的分布较为合理，样本能够较好地满足本研究的实际需要。

三 社会结构与特大城市居民健康状况

（一）相关分析

本部分通过描述性统计呈现不同二元结构位置居民各个维度的健康状况。同时，采用 ANOVA 检验以评估不同二元结构位置居民的自评健康（SRHMS）、口腔健康（掉牙数）、心理健康（CES - D）是否存在显著的组间差异，采用卡方检验以评估不同二元结构位置居民的标准体重（BMI）是否存在显著的组间差异。

1. 非农业户籍居民 vs. 农业户籍居民

非农业户籍居民与农业户籍居民的健康状况如表 11 - 2 所示。ANOVA检验结果表明，非农业户籍居民与农业户籍居民的口腔健康（掉牙数）存在显著的组间差异（$p < 0.01$），农业户籍居民掉牙数更少。卡方检验结果表明，非农业户籍居民与农业户籍居民的标准体重（BMI）存在显著的组间差异（$p < 0.05$）。此外，两类居民的自评健康（SRHMS）与心理健康（CES - D）不存在显著的组间差异。

表 11 - 2 非农业户籍居民与农业户籍居民的健康状况

	全样本		非农业户籍居民		农业户籍居民		p 值
	$N = 4779$		1567（33%）		3212（67%）		
	均值	SD	均值	SD	均值	SD	
自评健康（SRHMS）	61.81	12.86	61.67	12.87	62.10	12.85	0.278[b]
口腔健康（掉牙数）	1.45	3.16	1.57	3.29	1.22	2.86	0.000[b]
心理健康（CES - D）	6.02	4.46	5.96	4.44	6.15	4.48	0.156[b]
BMI 指数							0.014[a]

续表

	全样本		非农业户籍居民		农业户籍居民		p 值
	N = 4779		1567（33%）		3212（67%）		
	均值	SD	均值	SD	均值	SD	
体重过低（BMI < 18.50）	350（7%）		125（8%）		225（7%）		
正常体重（18.50≤BMI < 24）	2817（59%）		962（61%）		1855（58%）		
超重（24≤BMI < 28）	1250（26%）		376（24%）		874（27%）		
肥胖（BMI≥28）	362（8%）		104（7%）		258（8%）		

a 卡方检验；b 方差分析。

2. 北上广深居民 vs. 其他城市居民

北上广深居民与其他城市居民的健康状况如表 11 - 3 所示。ANOVA 检验结果表明，北上广深居民与其他城市居民的自评健康（SRHMS）存在显著的组间差异（$p < 0.01$），北上广深居民的 SRHMS 量表得分均值更高。北上广深居民与其他城市居民的口腔健康（掉牙数）存在显著的组间差异（$p < 0.01$），北上广深居民的掉牙数更少。卡方检验结果表明，北上广深居民与其他城市居民的标准体重（BMI）存在显著的组间差异（$p < 0.1$）。此外，两类居民的心理健康（CES - D）不存在显著的组间差异。

表 11 - 3　北上广深居民与其他城市居民的健康状况

	全样本		北上广深居民		其他城市居民		p 值
	N = 4779		1903（40%）		2876（60%）		
	均值	SD	均值	SD	均值	SD	
自评健康（SRHMS）	61.81	12.86	63.35	13.08	60.80	12.62	0.000[b]
口腔健康（掉牙数）	1.45	3.16	1.28	2.64	1.57	3.46	0.001[b]
心理健康（CES - D）	6.02	4.46	6.06	4.34	6.00	4.53	0.647[b]
BMI 指数							0.055[a]
体重过低（BMI < 18.50）	350（7%）		126（7%）		224（8%）		
正常体重（18.50≤BMI < 24）	2817（59%）		1163（61%）		1654（58%）		
超重（24≤BMI < 28）	1250（26%）		484（25%）		766（27%）		
肥胖（BMI≥28）	362（8%）		130（7%）		232（8%）		

a 卡方检验；b 方差分析。

3. 体制内居民 vs. 体制外居民

体制内居民与体制外居民的健康状况如表 11 - 4 所示。ANOVA 检验结果表明，体制内居民与体制外居民在自评健康（SRHMS）、口腔健康（掉牙数）、心理健康（CES - D）三个方面均存在显著的组间差异，显著性水平分别为 $p < 0.1$、$p < 0.01$、$p < 0.01$。相比体制外居民，体制内居民的 SRHMS 量表得分更低、掉牙数更多，CES - D 量表得分更低。卡方检验结果表明，体制内居民与体制外居民的标准体重（BMI）存在显著的组间差异（$p < 0.1$）。

表 11 - 4　体制内居民与体制外居民的健康状况

	全样本		体制内		体制外		p 值
	N = 4779		827（17%）		3952（83%）		
	均值	SD	均值	SD	均值	SD	
自评健康（SRHMS）	61.81	12.86	61.14	12.55	61.95	12.93	0.097[b]
口腔健康（掉牙数）	1.45	3.16	1.73	3.57	1.40	3.07	0.006[b]
心理健康（CES - D）	6.02	4.46	5.47	4.18	6.14	4.50	0.000[b]
BMI 指数							0.009[a]
体重过低（BMI < 18.50）	350（7%）		56（7%）		294（7%）		
正常体重（18.50 ≤ BMI < 24）	2817（59%）		450（54%）		2367（60%）		
超重（24 ≤ BMI < 28）	1250（26%）		250（30%）		1000（25%）		
肥胖（BMI ≥ 28）	362（8%）		71（9%）		291（7%）		

[a] 卡方检验；[b] 方差分析。

4. 本地人口 vs. 外来人口

本地人口与外来人口的健康状况如表 11 - 5 所示。ANOVA 检验结果表明，本地人口与外来人口的自评健康（SRHMS）存在显著的组间差异（$p < 0.01$），本地人口的 SRHMS 量表得分更低。本地人口与外来人口的口腔健康（掉牙数）存在显著的组间差异（$p < 0.01$），本地人口的掉牙数更多。卡方检验结果表明，本地人口与外来人口的标准体重（BMI）存在显著的组间差异（$p < 0.01$）。此外，两类居民的心理健康（CES - D）不存在显著的组间差异。

表 11 - 5 本地人口与外来人口的健康状况

	全样本		本地人口		外来人口		p 值
	N = 4779		2639 （55%）		2140 （45%）		
	均值	SD	均值	SD	均值	SD	
自评健康 （SRHMS）	61.81	12.86	61.15	12.70	62.63	13.02	0.000[b]
口腔健康 （掉牙数）	1.45	3.16	1.77	3.66	1.07	2.36	0.000[b]
心理健康 （CES - D）	6.02	4.46	6.02	4.47	6.03	4.44	0.920[b]
BMI 指数							0.000[a]
体重过低 （BMI < 18.50）	350 （7%）		195 （7%）		155 （7%）		
正常体重 （18.50 ≤ BMI < 24）	2817 （59%）		1462 （55%）		1355 （63%）		
超重 （24 ≤ BMI < 28）	1250 （26%）		737 （28%）		513 （24%）		
肥胖 （BMI ≥ 28）	362 （8%）		245 （9%）		117 （5%）		

[a]卡方检验；[b]方差分析。

（二） 回归分析

对于多维二元结构因素与健康状况的关系，本章设定如下：

$$Health_{in} = \beta_{0n} + \beta_{1n} hukou_i + \beta_{2n} region_i + \beta_{3n} system_i + \beta_{4n} migrant_i + \beta_5 X_i + \varepsilon_{in}$$

其中，*Health* 表示健康指标；*n* 表示健康的多个维度，包括自评健康（SRHMS）、口腔健康（掉牙数）、心理健康（CES - D）、标准体重（BMI），因此方程是因变量不同的多个方程；*i* 表示个人；多维二元结构变量包括 *hukou*、*region*、*system*、*migrant* 四个识别变量，其中 *hukou* 代表城乡二元结构、*region* 代表区域二元结构、*system* 代表体制内外二元结构、*migrant* 代表本地人口与外来人口二元结构；*X* 是其他表示个人特征的控制变量，包括性别、年龄、婚姻状况、子女状况、受教育程度、收入。

根据健康指标变量类型来选择模型，对自评健康（SRHMS）、心理健康（CES - D）、标准体重（BMI）采用线性回归模型进行估计，对口腔健康（掉牙数）采用负二项回归模型进行估计。

1. 社会结构因素对特大城市居民自评健康（SRHMS）的影响

自评健康（SRHMS）为连续变量，采用线性回归模型进行估计。模型 1～3 分别考察控制变量、其他健康变量、多维二元结构变量对自评健康（SRHMS）的影响。回归分析结果如表 11 - 6 所示。

表 11 - 6　社会结构因素与自评健康（SRHMS）回归分析结果

	自评健康（SRHMS）		
	模型 1	模型 2	模型 3
性别 a	3.20***	2.42***	2.39***
	(0.36)	(0.33)	(0.33)
年龄组[b]			
26～30 岁	-1.65**	-1.34*	-1.57**
	(0.81)	(0.72)	(0.72)
31～35 岁	-2.42***	-1.72**	-2.07***
	(0.88)	(0.79)	(0.79)
36～40 岁	-2.24**	-1.72**	-1.95**
	(0.93)	(0.83)	(0.84)
41～45 岁	-2.69***	-2.97***	-3.23***
	(0.96)	(0.86)	(0.86)
46～50 岁	-4.75***	-4.51***	-4.77***
	(0.95)	(0.85)	(0.86)
51～55 岁	-6.78***	-6.61***	-7.00***
	(0.99)	(0.89)	(0.90)
56～60 岁	-7.02***	-6.59***	-7.06***
	(0.96)	(0.87)	(0.89)
61～65 岁	-8.55***	-7.71***	-8.16***
	(0.91)	(0.84)	(0.87)
婚姻状况[c]	1.62***	0.05	0.10
	(0.56)	(0.50)	(0.50)
子女状况[d]	-0.04	-0.10	0.23
	(0.65)	(0.58)	(0.58)
受教育程度	0.12**	-0.04	-0.05
	(0.06)	(0.05)	(0.06)
收入对数	0.53***	0.38***	0.33***
	(0.09)	(0.08)	(0.08)
自评健康（SRHMS）			
口腔健康（掉牙数）		-0.30***	-0.28***
		(0.05)	(0.05)
心理健康（CES - D）		-1.25***	-1.26***
		(0.04)	(0.04)
标准体重（BMI）[e]			
正常		0.95	0.82
		(0.64)	(0.63)

续表

	自评健康（SRHMS）		
	模型 1	模型 2	模型 3
超重		1.35 * (0.70)	1.28 * (0.69)
肥胖		0.36 (0.85)	0.30 (0.84)
城乡二元结构[f]			-0.27 (0.38)
区域二元结构[g]			2.41 *** (0.34)
体制内外二元结构[h]			-0.55 (0.45)
本地人口与外来人口二元结构[i]			0.43 (0.34)
cons	55.87 *** (1.31)	67.70 *** (1.32)	67.68 *** (1.35)
R^2	0.08	0.27	0.28

注：括号内数据为标准误；* $p < 0.1$，** $p < 0.05$，*** $p < 0.01$；参照组：[a]女性，[b]18～25 岁，[c]无配偶，[d]无子女，[e]体重过低，[f]农业户籍，[g]其他城市，[h]体制外，[i]外来人口。

模型 1 检验控制变量对自评健康（SRHMS）的作用。分析结果显示，性别、年龄、婚姻状况、受教育程度、收入与自评健康（SRHMS）显著相关。其中，男性的 SRHMS 量表得分高于女性；年龄越大，居民的 SRHMS 量表得分越低；配偶对自评健康具有保护作用，有配偶居民的 SRHMS 量表得分高于无配偶居民；社会经济地位对自评健康有保护作用，受教育年限越长，收入越高，居民的 SRHMS 量表得分越高。

模型 2 检验其他健康变量对自评健康（SRHMS）的作用，分析结果呈现了各项健康指标与自评健康（SRHMS）之间的相关性。其中，掉牙数越多，即口腔健康状况越差，SRHMS 量表得分越低；CES－D 得分越高，即心理健康状况越差，居民的 SRHMS 量表得分越低；在标准体重（BMI）方面，超重者的 SRHMS 量表得分较其他体重情况的居民更高。

模型 3 检验多维二元结构变量对自评健康（SRHMS）的作用。分析结果显示，区域二元结构变量与 SRHMS 量表得分显著相关（$p < 0.01$）。北上广深居民的 SRHMS 量表得分显著高于其他城市居民。此外，城乡二元

结构、体制内外二元结构、本地人口与外来人口二元结构与 SRHMS 量表得分的相关系数不显著。

2. 社会结构因素对特大城市居民口腔健康（掉牙数）的影响

口腔健康（掉牙数）为计数变量，采用负二项回归模型进行估计。模型 1~3 分别考察控制变量、其他健康变量、多维二元结构变量对口腔健康（掉牙数）的影响。回归分析结果如表 11-7 所示。

模型 1 检验控制变量对口腔健康（掉牙数）的作用。分析结果显示，年龄、收入与口腔健康（掉牙数）显著相关。其中，年龄越大，居民的掉牙数越多；在社会经济地位变量上，收入对口腔健康有一定的保护作用，收入越高，居民的掉牙数越少。

模型 2 检验其他健康变量对口腔健康（掉牙数）的作用。分析结果呈现了自评健康（SRHMS）与口腔健康（掉牙数）之间的相关性。SRHMS 量表得分越高，即自评健康状况越好，掉牙数越少。

模型 3 检验多维二元结构变量对口腔健康（掉牙数）的作用。分析结果显示，区域二元结构变量、本地人口与外来人口二元结构变量与掉牙数的相关系数显著，显著性水平分别为 $p < 0.05$、$p < 0.1$。北上广深居民的掉牙数少于其他城市居民，本地人口的掉牙数比外来人口更多。此外，城乡二元结构、体制内外二元结构与掉牙数的相关系数不显著。

表 11-7　社会结构因素与口腔健康（掉牙数）回归分析结果

	口腔健康（掉牙数）		
	模型 1	模型 2	模型 3
性别 a	0.09 (0.05)	0.05 (0.05)	0.05 (0.05)
年龄组 b			
26~30 岁	-0.26* (0.13)	-0.28** (0.13)	-0.27** (0.13)
31~35 岁	0.03 (0.14)	-0.04 (0.14)	-0.03 (0.14)
36~40 岁	0.22 (0.15)	0.18 (0.15)	0.18 (0.15)
41~45 岁	0.33** (0.15)	0.27* (0.15)	0.26* (0.15)

续表

	口腔健康（掉牙数）		
	模型 1	模型 2	模型 3
46～50 岁	0.69 *** (0.14)	0.61 *** (0.15)	0.60 *** (0.15)
51～55 岁	1.07 *** (0.15)	0.98 *** (0.15)	0.96 *** (0.15)
56～60 岁	1.49 *** (0.14)	1.38 *** (0.14)	1.38 *** (0.15)
61～65 岁	1.92 *** (0.14)	1.79 *** (0.14)	1.77 *** (0.14)
婚姻状况[c]	- 0.11 (0.08)	- 0.08 (0.08)	- 0.06 (0.08)
子女状况[d]	- 0.04 (0.10)	- 0.03 (0.10)	- 0.05 (0.10)
受教育程度	0.00 (0.01)	0.00 (0.01)	0.00 (0.01)
收入对数	- 0.02 * (0.01)	- 0.01 (0.01)	- 0.01 (0.01)
自评健康（SRHMS）		- 0.02 *** (0.00)	- 0.01 *** (0.00)
口腔健康（掉牙数）			
心理健康（CES - D）		0.00 (0.01)	0.01 (0.01)
标准体重（BMI）[e]			
正常		- 0.14 (0.11)	- 0.13 (0.11)
超重		- 0.11 (0.11)	- 0.11 (0.11)
肥胖		- 0.02 (0.14)	- 0.01 (0.14)
城乡二元结构[f]			0.03 (0.06)
区域二元结构[g]			- 0.13 ** (0.05)
体制内外二元结构[h]			- 0.02 (0.07)

续表

	口腔健康（掉牙数）		
	模型 1	模型 2	模型 3
本地人口与外来人口二元结构[i]			0.10 * (0.06)
_cons	−0.18 (0.19)	0.66 ** (0.26)	0.55 ** (0.26)
lnalpha：_cons	0.75 *** (0.04)	0.72 *** (0.04)	0.72 *** (0.04)
伪 R^2	0.06	0.06	0.06

注：括号内数据为标准误；* $p < 0.1$，** $p < 0.05$，*** $p < 0.01$；参照组：[a]女性，[b]18~25岁，[c]无配偶，[d]无子女，[e]体重过低，[f]农业户籍，[g]其他城市，[h]体制外，[i]外来人口。

3. 社会结构因素对特大城市居民心理健康（CES–D）的影响

心理健康（CES–D）为连续变量，本章采用线性回归模型进行估计。模型 1~3 分别考察控制变量、其他健康变量、多维二元结构变量对心理健康（CES–D）的影响。回归分析结果如表 11–8 所示。

模型 1 检验控制变量对心理健康（CES–D）的作用。分析结果显示，性别、年龄、婚姻状况、受教育程度、收入与心理健康（CES–D）显著相关。其中，男性的 CES–D 量表得分低于女性；31~35 岁年龄组居民的 CES–D 量表得分高于其他年龄组；配偶对心理健康有保护作用，有配偶居民的 CES–D 量表得分低于无配偶居民；社会经济地位对心理健康有保护作用，受教育年限越长，收入越高，居民的 CES–D 量表得分越低。

模型 2 检验其他健康变量对心理健康（CES–D）的作用。分析结果呈现了自评健康（SRHMS）与心理健康（CES–D）之间的相关性。SRHMS 量表得分越高，即自评健康状况越好，居民的 CES–D 量表得分越低。

模型 3 检验多维二元结构变量对心理健康（CES–D）的作用。分析结果显示，区域二元结构变量、体制内外二元结构变量与心理健康（CES–D）显著相关，显著性水平分别为 $p < 0.01$、$p < 0.05$。北上广深居民的 CES–D 量表得分显著高于其他城市居民。体制内居民的 CES–D 量表得分显著低于体制外居民。此外，城乡二元结构、本地人口与外来人口二元结构与 CES–D 量表得分的相关系数不显著。

表 11 - 8 社会结构因素与心理健康 (CES - D) 回归分析结果

	心理健康 (CES - D)		
	模型 1	模型 2	模型 3
性别 a	- 0. 58 *** (0. 13)	- 0. 09 (0. 12)	- 0. 09 (0. 12)
年龄组[b]			
26 ~ 30 岁	0. 31 (0. 29)	0. 04 (0. 26)	- 0. 02 (0. 26)
31 ~ 35 岁	0. 61 * (0. 31)	0. 22 (0. 28)	0. 12 (0. 28)
36 ~ 40 岁	0. 48 (0. 33)	0. 12 (0. 30)	0. 05 (0. 30)
41 ~ 45 岁	- 0. 17 (0. 34)	- 0. 62 ** (0. 31)	- 0. 68 ** (0. 31)
46 ~ 50 岁	0. 19 (0. 34)	- 0. 60 ** (0. 31)	- 0. 67 ** (0. 31)
51 ~ 55 岁	0. 04 (0. 35)	- 1. 09 *** (0. 32)	- 1. 18 *** (0. 32)
56 ~ 60 岁	0. 05 (0. 34)	- 1. 13 *** (0. 31)	- 1. 25 *** (0. 32)
61 ~ 65 岁	0. 04 (0. 32)	- 1. 42 *** (0. 30)	- 1. 52 *** (0. 31)
婚姻状况[c]	- 1. 17 *** (0. 20)	- 0. 91 *** (0. 18)	- 0. 88 *** (0. 18)
子女状况[d]	- 0. 07 (0. 23)	- 0. 08 (0. 21)	0. 02 (0. 21)
受教育程度	- 0. 12 *** (0. 02)	- 0. 10 *** (0. 02)	- 0. 11 *** (0. 02)
收入对数	- 0. 10 *** (0. 03)	- 0. 02 (0. 03)	- 0. 03 (0. 03)
自评健康 (SRHMS)		- 0. 16 *** (0. 01)	- 0. 16 *** (0. 01)
口腔健康 (掉牙数)		0. 02 (0. 02)	0. 02 (0. 02)
心理健康 (CES - D)			
标准体重 (BMI)[e]			
正常		- 0. 22 (0. 23)	- 0. 25 (0. 23)

续表

	心理健康（CES - D）		
	模型 1	模型 2	模型 3
超重		− 0.02 (0.25)	− 0.05 (0.25)
肥胖		0.04 (0.30)	0.02 (0.30)
城乡二元结构[f]			0.07 (0.14)
区域二元结构[g]			0.57*** (0.12)
体制内外二元结构[h]			− 0.32** (0.16)
本地人口与外来人口二元结构[i]			0.03 (0.12)
cons	9.78*** (0.47)	18.77*** (0.52)	18.84*** (0.53)
R^2	0.03	0.23	0.23

注：括号内数据为标准误；* $p < 0.1$，** $p < 0.05$，*** $p < 0.01$；参照组：[a]女性，[b]18~25 岁，[c]无配偶，[d]无子女，[e]体重过低，[f]农业户籍，[g]其他城市，[h]体制外，[i]外来人口。

4. 社会结构因素对特大城市居民标准体重（BMI）的影响

标准体重（BMI）为连续变量，采用线性回归模型进行估计。模型1~3分别考察控制变量、其他健康变量、多维二元结构变量对标准体重（BMI）的影响。回归分析结果如表 11 - 9 所示。

模型 1 检验控制变量对标准体重（BMI）的作用。分析结果显示，性别、年龄、受教育程度与标准体重（BMI）显著相关。其中，男性的 BMI 指数高于女性；各年龄组中，41~45 岁、51~55 岁、56~60 岁、61~65 岁年龄组居民的 BMI 指数较高；受教育年限越长，BMI 指数越低。

模型 2 检验其他健康变量对标准体重（BMI）的作用。各项健康指标与标准体重（BMI）之间的相关系数不显著。

模型 3 检验多维二元结构变量对标准体重（BMI）的作用。分析结果显示，城乡二元结构变量与 BMI 指数显著相关（$p < 0.05$）。城市居民的 BMI 指数显著高于农村居民。此外，区域二元结构、体制内外二元结构、本地人口与外来人口二元结构与 BMI 指数的相关系数不显著。

表 11 - 9　社会结构因素与标准体重（BMI）回归分析结果

	标准体重（BMI）		
	模型 1	模型 2	模型 3
性别 a	1.53 *** (0.13)	1.52 *** (0.13)	1.54 *** (0.13)
年龄组 b			
26 ~ 30 岁	0.85 *** (0.30)	0.86 *** (0.30)	0.85 *** (0.30)
31 ~ 35 岁	1.33 *** (0.32)	1.34 *** (0.33)	1.24 *** (0.33)
36 ~ 40 岁	1.76 *** (0.34)	1.77 *** (0.34)	1.64 *** (0.35)
41 ~ 45 岁	2.03 *** (0.35)	2.05 *** (0.35)	1.87 *** (0.36)
46 ~ 50 岁	2.00 *** (0.35)	2.02 *** (0.35)	1.83 *** (0.36)
51 ~ 55 岁	2.38 *** (0.36)	2.42 *** (0.37)	2.18 *** (0.37)
56 ~ 60 岁	2.01 *** (0.35)	2.07 *** (0.36)	1.76 *** (0.37)
61 ~ 65 岁	2.28 *** (0.34)	2.36 *** (0.35)	2.00 *** (0.36)
婚姻状况 c	- 0.08 (0.21)	- 0.07 (0.21)	- 0.04 (0.21)
子女状况 d	0.26 (0.24)	0.26 (0.24)	0.32 (0.24)
受教育程度	- 0.05 ** (0.02)	- 0.05 ** (0.02)	- 0.08 *** (0.02)
收入对数	- 0.04 (0.03)	- 0.05 (0.03)	- 0.06 (0.04)
自评健康（SRHMS）		0.01 (0.01)	0.01 (0.01)
口腔健康（掉牙数）		- 0.01 (0.02)	- 0.01 (0.02)
心理健康（CES - D）		0.01 (0.02)	0.01 (0.02)
标准体重（BMI）e			

续表

	标准体重（BMI）		
	模型1	模型2	模型3
正常			
超重			
肥胖			
城乡二元结构[f]			0.35**
			(0.16)
区域二元结构[g]			0.16
			(0.14)
体制内外二元结构[h]			0.22
			(0.19)
本地人口与外来人口二元结构[i]			0.21
			(0.14)
cons	21.82***	21.40***	21.55***
	(0.48)	(0.65)	(0.66)
R^2	0.06	0.06	0.06

注：括号内数据为标准误；$^*p<0.1$，$^{**}p<0.05$，$^{***}p<0.01$；参照组：[a]女性，[b]18～25岁，[c]无配偶，[d]无子女，[e]体重过低，[f]农业户籍，[g]其他城市，[h]体制外，[i]外来人口。

四 社会结构与特大城市居民的健康差异

大量文献与本章回归分析结果都表明，年龄和健康之间存在很高的相关性。通过观察不同二元结构位置居民各项健康指标随年龄变化情况的差异，能够更直观地看出是否存在由各种社会结构因素导致的结构性健康不平等。因此，有必要通过边际估计模型（Margins Postestimation Models）计算出在控制人口特征变量、社会经济地位相关变量以及其他健康变量后，不同年龄组、不同二元结构位置居民在各项健康指标上的预期值。根据分析结果绘制的图形能够更为直观地呈现分析结果，帮助我们透过年龄差异效应更全面地分析各种结构性健康差异。

（一）特大城市居民自评健康（SRHMS）的结构性差异

1. 城乡二元结构与自评健康（SRHMS）

图11-1呈现了在控制了人口特征变量、社会经济地位相关变量，以

及其他健康变量的情况下，不同年龄组非农业户籍居民与农业户籍居民自评健康（SRHMS）的预期值。如图 11 - 1 所示，年龄越大，两类居民的 SRHMS 量表得分越低。51 ~ 55 岁、56 ~ 60 岁、61 ~ 65 岁三个年龄组非农业户籍居民的 SRHMS 量表得分高于农业户籍居民，自评健康状况更好。图 11 - 1 的结果提示，在中老年阶段，或存在与城乡二元结构有关的自评健康（SRHMS）差异。

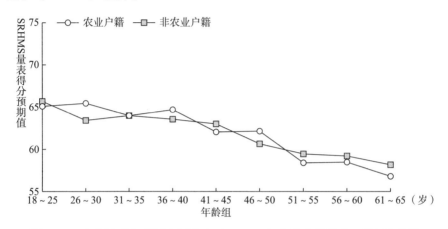

图 11 - 1　不同年龄组居民自评健康（SRHMS）预期值的城乡二元结构差异

2. 区域二元结构与自评健康（SRHMS）

图 11 - 2 呈现了在控制了人口特征变量、社会经济地位相关变量，以及其他健康变量的情况下，不同年龄组北上广深居民与其他城市居民自评健康（SRHMS）的预期值。

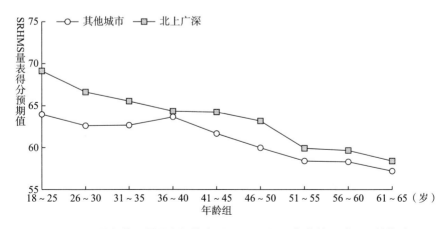

图 11 - 2　不同年龄组居民自评健康（SRHMS）预期值的区域二元结构差异

如图 11 - 2 所示，年龄越大，两类居民的 SRHMS 量表得分越低。各年龄组北上广深居民的 SRHMS 量表得分均高于其他城市居民，自评健康状况更好。图 11 - 2 的结果提示，在特大城市中，或存在与区域二元结构有关的自评健康（SRHMS）差异。

3. 体制内外二元结构与自评健康（SRHMS）

图 11 - 3 呈现了在控制了人口特征变量、社会经济地位相关变量，以及其他健康变量的情况下，不同年龄组体制内居民与体制外居民自评健康（SRHMS）的预期值。

如图 11 - 3 所示，年龄越大，两类居民的 SRHMS 量表得分越低。51 ~ 55 岁、56 ~ 60 岁、61 ~ 65 岁三个年龄组体制内居民的 SRHMS 量表得分高于体制外居民，自评健康状况更好。图 11 - 3 结果提示，在中老年阶段，或存在与体制内外二元结构有关的自评健康（SRHMS）差异。

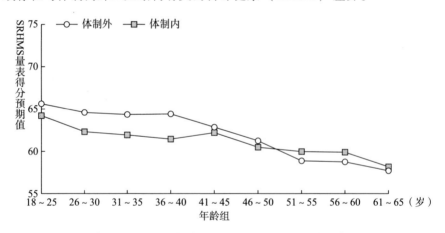

图 11 - 3   不同年龄组居民自评健康（SRHMS）预期值的体制内外二元结构差异

4. 本地人口与外来人口二元结构与自评健康（SRHMS）

图 11 - 4 呈现了在控制了人口特征变量、社会经济地位相关变量，以及其他健康变量的情况下，不同年龄组本地人口与外来人口自评健康（SRHMS）的预期值。如图 11 - 4 所示，年龄越大，两类居民的 SRHMS 量表得分越低。51 ~ 55 岁、56 ~ 60 岁、61 ~ 65 岁三个年龄组本地人口的 SRHMS 量表得分高于外来人口，自评健康状况更好。图 11 - 4 结果提示，在中老年阶段，或存在与本地人口与外来人口二元结构有关的自评健康（SRHMS）差异。

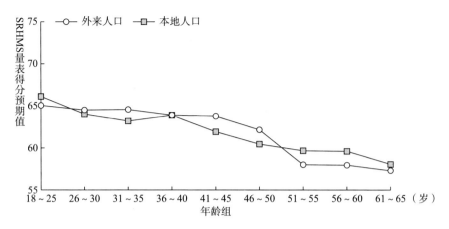

**图 11 - 4　不同年龄组居民自评健康（SRHMS）预期值的本地人口与
外来人口二元结构差异**

（二）特大城市居民口腔健康（掉牙数）的结构性差异

1. 城乡二元结构与口腔健康（掉牙数）

图 11 - 5 呈现了在控制了人口特征变量、社会经济地位相关变量，以及其他健康变量的情况下，不同年龄组非农业户籍居民与农业户籍居民口腔健康（掉牙数）的预期值。如图 11 - 5 所示，年龄越大，两类居民的掉牙数越多。在 51 ~ 55 岁、56 ~ 60 岁、61 ~ 65 岁三个年龄组，两类居民的掉牙数呈现差异。

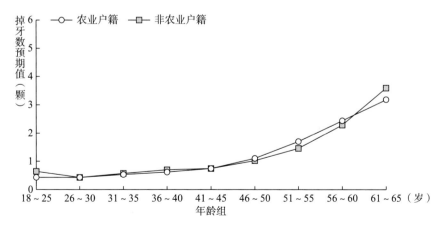

图 11 - 5　不同年龄组居民口腔健康（掉牙数）预期值的城乡二元结构差异

2. 区域二元结构与口腔健康（掉牙数）

图 11-6 呈现了在控制了人口特征变量、社会经济地位相关变量，以及其他健康变量的情况下，不同年龄段北上广深居民与其他城市居民口腔健康（掉牙数）的预期值。如图 11-6 所示，年龄越大，两类居民的掉牙数越多。在 51~55 岁、56~60 岁、61~65 岁三个年龄段，北上广深居民的掉牙数少于其他城市居民，口腔健康状况更好。图 11-6 结果提示，在中老年阶段，或存在与区域二元结构有关的口腔健康（掉牙数）差异。

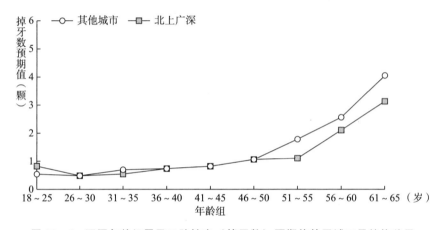

图 11-6　不同年龄组居民口腔健康（掉牙数）预期值的区域二元结构差异

3. 体制内外二元结构与口腔健康（掉牙数）

图 11-7 呈现了在控制了人口特征变量、社会经济地位相关变量，以及其他健康变量的情况下，不同年龄组体制内居民与体制外居民口腔健康

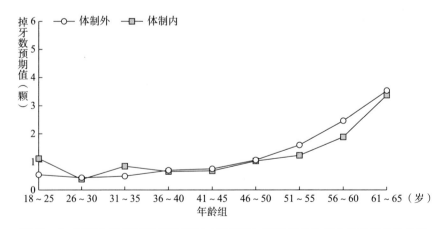

图 11-7　不同年龄组居民口腔健康（掉牙数）预期值的体制内外二元结构差异

（掉牙数）的预期值。如图 11－7 所示，年龄越大，两类居民的掉牙数越多。在 51～55 岁、56～60 岁、61～65 岁三个年龄组，体制内居民的掉牙数少于体制外居民，口腔健康状况更好。图 11－7 结果提示，在中老年阶段，或存在与体制内外二元结构有关的口腔健康（掉牙数）差异。

4. 本地人口与外来人口二元结构与口腔健康（掉牙数）

图 11－8 呈现了在控制了人口特征变量、社会经济地位相关变量，以及其他健康变量的情况下，不同年龄组本地人口与外来人口口腔健康（掉牙数）的预期值。如图 11－8 所示，年龄越大，两类居民的掉牙数越多。在 46～50 岁、51～55 岁、56～60 岁、61～65 岁四个年龄组，外来人口的掉牙数少于本地人口，口腔健康状况更好。图 11－8 结果提示，在中老年阶段，或存在本地人口与外来人口二元结构有关的口腔健康（掉牙数）差异。

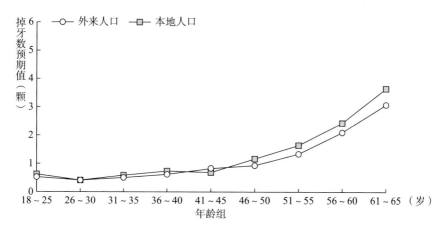

**图 11－8　不同年龄组居民口腔健康（掉牙数）预期值的
本地人口与外来人口二元结构差异**

（三）特大城市居民心理健康（CES－D）的结构性差异

1. 城乡二元结构与心理健康（CES－D）

图 11－9 呈现了在控制了人口特征变量、社会经济地位相关变量，以及其他健康变量的情况下，不同年龄组非农业户籍居民与农业户籍居民心理健康（CES－D）的预期值。如图 11－9 所示，年龄越大，两类居民的 CES－D 量表得分越低，心理健康状况越好。如图 11－9 所示，在 18～25 岁、36～40 岁、46～50 岁、56～60 岁等多个年龄组，农业户籍居民的 CES－D 量表得分

均高于非农业户籍居民，心理健康状况更差。图 11 - 9 结果提示，在特大城市中，或存在与城乡二元结构有关的心理健康（CES - D）差异。

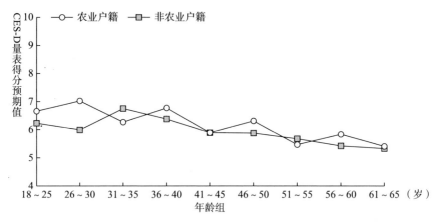

图 11 - 9　不同年龄组居民心理健康（CES - D）预期值的城乡二元结构差异

2. 区域二元结构与心理健康（CES - D）

图 11 - 10 呈现了在控制了人口特征变量、社会经济地位相关变量，以及其他健康变量的情况下，不同年龄组北上广深居民与其他城市居民心理健康（CES - D）的预期值。如图 11 - 10 所示，年龄越大，两类居民的 CES - D 量表得分越低，心理健康状况越好。在各个年龄组，北上广深居民的 CES - D 量表得分均高于其他城市居民，心理健康状况更差。图 11 - 10 结果提示，在特大城市中，或存在与区域二元结构有关的心理健康（CES - D）差异。

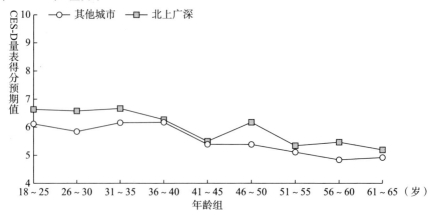

图 11 - 10　不同年龄组居民心理健康（CES - D）预期值的区域二元结构差异

3. 体制内外二元结构与心理健康（CES－D）

图 11－11 呈现了在控制了人口特征变量、社会经济地位相关变量，以及其他健康变量的情况下，不同年龄组体制内居民与体制外居民心理健康（CES－D）的预期值。如图 11－11 所示，年龄越大，两类居民的 CES－D 量表得分越低。在 46～50 岁、51～55 岁、56～60 岁、61～65 岁等多个年龄组，体制内居民的 CES－D 量表得分均低于体制外居民，心理健康状况更好。图 11－11 结果提示，在中老年阶段，或存在与体制内外二元结构有关的心理健康（CES－D）差异。

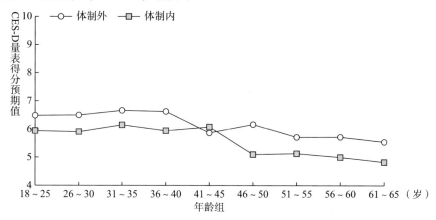

图 11－11　不同年龄组居民心理健康（CES－D）预期值的体制内外二元结构差异

4. 本地人口与外来人口二元结构与心理健康（CES－D）

图 11－12 呈现了在控制了人口特征变量、社会经济地位相关变量，以

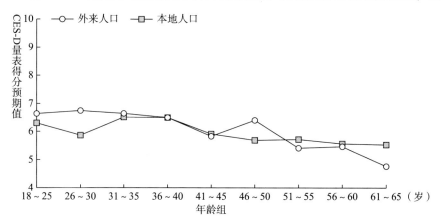

**图 11－12　不同年龄组居民心理健康（CES－D）预期值的本地人口与
外来人口二元结构差异**

及其他健康变量的情况下，不同年龄组本地人口与外来人口心理健康（CES - D）的预期值。如图 11 - 12 所示，年龄越大，两类居民的 CES - D 量表得分越低。在 41～45 岁、46～50 岁、51～55 岁、56～60 岁、61～65 岁等多个年龄组，两类居民的 CES - D 量表呈现差异，但未呈现明显的差异趋势。

（四）特大城市居民标准体重（BMI）的结构性差异

1. 城乡二元结构与标准体重（BMI）

图 11 - 13 呈现了在控制了人口特征变量、社会经济地位相关变量，以及其他健康变量的情况下，不同年龄组非农业户籍居民与农业户籍居民标准体重（BMI）的预期值。如图 11 - 13 所示，年龄越大，两类居民的 BMI 值越大。在 41～45 岁、46～50 岁、51～55 岁、56～60 岁、61～65 岁等多个年龄组，两类居民的 BMI 呈现差异，但未显现出明显的差异趋势。

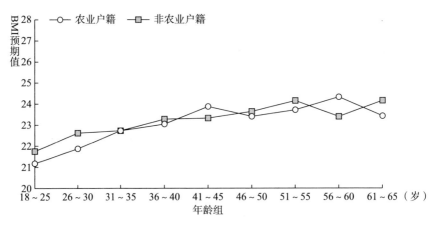

图 11 - 13　不同年龄组居民标准体重（BMI）预期值的城乡二元结构差异

2. 区域二元结构与标准体重（BMI）

图 11 - 14 呈现了在控制了人口特征变量、社会经济地位相关变量，以及其他健康变量的情况下，不同年龄组北上广深居民与其他城市居民标准体重（BMI）的预期值。如图 11 - 14 所示，年龄越大，两类居民的 BMI 值越大。在 41～45 岁、46～50 岁、51～55 岁、56～60 岁、61～65 岁等多个年龄组，两类居民的 BMI 呈现差异，但未显现出明显的差异趋势。

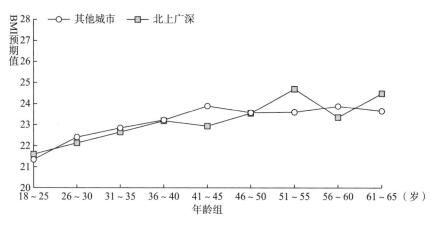

图 11 – 14　不同年龄组居民标准体重（BMI）预期值的区域二元结构差异

3. 体制内外二元结构与标准体重（BMI）

图 11 – 15 呈现了在控制了人口特征变量、社会经济地位相关变量，以及其他健康变量的情况下，不同年龄组体制内居民与体制外居民标准体重（BMI）的预期值。如图 11 – 15 所示，年龄值越大，两类居民的 BMI 值越大。在 46 ~ 50 岁、51 ~ 55 岁、56 ~ 60 岁、61 ~ 65 岁四个年龄组，体制内居民的 BMI 值均大于体制外居民。图 11 – 15 的结果提示，在中老年阶段，或存在与体制内外二元结构有关的标准体重（BMI）方面的健康差异。

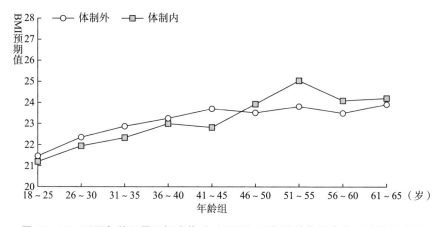

图 11 – 15　不同年龄组居民标准体重（BMI）预期值的体制内外二元结构差异

4. 本地人口与外来人口二元结构与标准体重（BMI）

图 11 – 16 呈现了在控制了人口特征变量、社会经济地位相关变量，以及其他健康变量的情况下，不同年龄组本地人口与外来人口标准体重

（BMI）的预期值。如图 11 – 16 所示，年龄越大，两类居民的 BMI 值越大。在 56～60 岁、61～65 岁两个年龄组，本地人口的 BMI 值低于外来人口。图 11 – 16 的结果提示，在中老年阶段，或存在与本地人口与外来人口二元结构有关的标准体重（BMI）方面的健康差异。

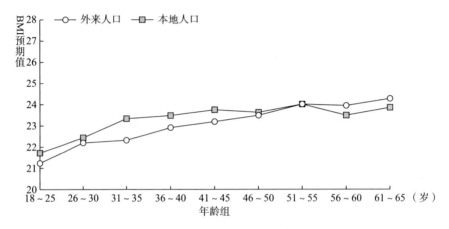

图 11 – 16　不同年龄组居民标准体重（BMI）预期值的本地人口与
外来人口二元结构差异

五　小　结

本文基于 2019 年"新时代特大城市居民生活状况调查"数据，呈现了与多种结构性因素有关的健康差异。研究结果显示，特大城市中客观存在着与多维二元结构有关的多种健康差异现象，并且这些健康差异现象多出现于中老年阶段。

（1）与城乡二元结构有关的健康差异主要体现在中老年人的自评健康（SRHMS）、口腔健康（掉牙数）、心理健康（CES – D）方面。我国对于健康差异的讨论，多聚焦于城乡健康差异。本研究的分析结果表明，城乡健康差异依然存在，仍然是困扰我国健康公平的一个显著的结构性因素。

（2）与区域二元结构有关的健康差异体现在自评健康（SRHMS）、口腔健康（掉牙数）、心理健康（CES – D）方面。在自评健康（SRHMS）与口腔健康（CES – D）等客观指标方面，北上广深居民有明显优势，表明社会经济发展水平的提高以及医疗与公共服务水平的提升在促进居民健康方面的积极作用。而北上广深居民在各个年龄组心理健康方面的劣势或与这些城市中生活成本高、职业流动性强、工作和生活压力大有关。

（3）与体制内外二元结构有关的健康差异体现在多个方面。体制内中老年人在自评健康（SRHMS）、口腔健康（掉牙数）、心理健康（CES - D）、标准体重（BMI）方面具有优势，这种优势显然与其职业稳定性以及医疗与公共卫生服务的高可及性有必然联系。该群体在获得医疗与公共卫生服务资源机会方面的优势一定程度上能够增进他们的健康知识、健康意识、健康行为与健康水平。另外，体制内中老年人标准体重（BMI）的均值高于体制外中老年人。

（4）与外来人口和本地人口二元结构有关的健康差异体现在自评健康（SRHMS）、口腔健康（掉牙数）、标准体重（BMI）方面。本地中老年人在自评健康（SRHMS）、标准体重（BMI）方面有相对优势。而在口腔健康（掉牙数）方面，外来人口的口腔健康状况更好。需要注意的是，我们并不能盲目乐观于这一结果，诚如牛建林（2013）指出的，城乡之间大规模的人口流动能够通过选择机制使处于不同健康状况的居民在城乡之间重新分布。外来人口与本地人口之间的健康差异极有可能被"健康选择效应"以及外来人口样本的年龄结构特点掩盖。

第十二章 特大城市居民的教育行为和教育心态

陈 蒙 谢 园

在经济开放、独生子女政策、市场转型、城市化、教育改革、全球化等多种因素的影响下，中国城市家庭的养育方式和教育心态也在悄然发生改变。一方面，伴随着长期的低生育率和物质生活条件的改善，孩子在家庭中的情感价值日益提高，逐渐占据中心地位。孩子的需求成为众多父母在做各类家庭决策时的首要考虑之一。另一方面，改革开放以来，中国已基本实现教育现代化，教育生态不断演进更迭，逐渐走向"后普及教育时代"（杨东平，2020）。城市家庭在财富积累和适应各类教育改革措施的同时开始产生差异化教育需求，在与教育政策、教育市场的互动中有更为多元的选择。与此同时，随着贫富差距和生活机会差距较小的"扁平社会"逐步转变为"精细分层"社会，"焦虑"等词被用来形容面对教育抉择和日常教育陪伴的中国家长的心态，折射出中国家庭日趋复杂的教育心态（熊易寒，2020）。

特大城市人口多、教育资源丰富，其中育有未成年子女的家庭为考察当代中国父母如何对待子女养育和教育提供了一个重要的窗口。本章依据2019年"新时代特大城市居民生活状况调查"之"家庭生活和子女养育部分"的数据，集中分析特大城市居民家庭的教育行为与教育心态。特大城市中养育子女的居民家庭具有怎样的结构特征？养育子女的居民家庭的教育投入呈现怎样的模式？不同社会阶层的家庭在教育行为和教育心态方面是否存在显著差异？我们对以上问题进行了分析，对特大城市居民家庭的教育行为和教育心态予以完整的呈现，并探讨其现实意义。

一 基本结构特征

2019 年"新时代特大城市居民生活状况调查"之"家庭生活和子女养育部分"着重关注教育相关问题，聚焦有 3～18 岁（即出生于 2001～2016 年）子女的家庭。在全部受访者中，符合这一筛选标准的受访者有3071 人。本章即对这一子样本进行分析，但受数据缺失或部分问题仅由特定受访者回答等因素限制，回答具体问题的样本量与该部分的受访者总数有所出入。此外，受到样本量的限制，本章的分析不做单一城市间比较，在需要时对京津冀城市群（北京、天津）、长三角城市群（上海、杭州）、珠三角城市群（广州、深圳）、长江中游城市群（长沙、武汉）、成渝城市群（成都、重庆）的相关情况进行对比。①

（一）特大城市儿童青少年：一个多样性群体

作为人口流动的主要流入地，特大城市拥有更为多元的人口结构。从表 12－1 可以看出，超过四成的受访者为农业户籍。具体到五大城市群，京津冀城市群受访者的农业户籍比例最低，成渝城市群受访者的农业户籍比例最高。尽管受访者的配偶可能是非农业户籍，持有农业户籍的受访者也可能从事非农业劳动，但至少说明有相当一部分受访者家庭有农业户籍背景。

表 12－1　受访者户籍情况

单位：%

城市群	京津冀	长三角	珠三角	长江中游	成渝	合计
农业户籍	21.10	47.13	41.41	42.83	48.48	41.00
非农业户籍	78.90	52.87	58.59	57.17	51.52	59.00
样本量	526	732	594	593	623	3068

---

① 下文中将会交替使用城市群名称和城市名称，但使用城市群名称时限指该城市群中被本次调查覆盖的特大城市，而不涉及其他相关城市。

表 12 - 2　受访者的本地居民身份

单位：%

城市群	京津冀	长三角	珠三角	长江中游	成渝	合计
非本地人	22.10	30.96	35.19	29.63	18.36	27.45
新本地人	13.52	20.27	33.16	21.55	14.17	20.63
老本地人	64.38	48.77	31.65	48.82	67.47	51.93
样本量	525	730	594	594	621	3064

　　我们基于受访者的本地居民身份考察特大城市儿童青少年所在家庭可能的迁移经历。通过比较当前的户籍所在地和出生户籍所在地，我们将受访者区分为"老本地人"、"新本地人"和"非本地人"三类。其中，"老本地人"指本地出生且目前持有本地户籍的受访者，"新本地人"指持有本地户籍但非本地出生者，"非本地人"则指户籍不在本地的流动人口。数据显示（见表 12 - 2），珠三角城市群受访者中非本地人和新本地人比例均最高，分别为 35.19% 和 33.16%，一定程度上反映出广州、深圳较年轻的人口结构。[①] 相比较而言，成渝城市群受访者为老本地人的比例最高，为 67.47%。这一结果在一定程度上反映了各城市群作为人口流动目的地的热度及对人口流入的管控力度存在差异，同时也意味着不同的特大城市在解决儿童青少年就学等问题上面临不同的人口结构压力。

　　表 12 - 3 报告了特大城市受访者的职业阶层分布情况。本章沿用陆学艺（2002b）的十大社会阶层划分方法，并在国家与社会管理者、私营企业主、经理人员、专业技术人员、办事人员、个体工商户、商业服务业从业人员、产业工人、农业劳动者和无业失业半失业人员十大社会阶层划分的基础上，将相近的阶层合并为机关/企事业单位负责人、专业技术人员/经理、办事人员/个体户、商业服务业人员、产业工人等五个阶层，下文中将前两个阶层统称为中产职业阶层。

---

① 在将城市群还原为十个特大城市的分析中，珠三角城市群的非本地人和新本地人的比例高主要可归因于深圳的相应比例为十个特大城市中最高，分别为 41.18% 和 52.04%。

表 12 – 3　受访父母的职业阶层分布

单位：%

城市群	京津冀	长三角	珠三角	长江中游	成渝	合计
机关/企事业单位负责人	4.09	6.85	4.63	5.45	2.45	4.78
专业技术人员/经理	31.32	27.13	32.09	20.27	14.68	24.88
办事人员/个体户	16.73	21.68	15.86	25.21	20.23	20.13
商业服务业人员	29.96	30.21	37.25	37.14	39.31	34.72
产业工人、农业劳动者、无业失业半失业人员	17.90	14.13	10.16	11.93	23.33	15.49
样本量	514	715	561	587	613	2990

注：本章所有分析样本中，"产业工人、农业劳动者、无业失业半失业人员"中产业工人占比为11.71%，农业劳动者占比为1.64%，无业失业半失业人员占比为2.14%。为便利起见，后文中将此类别称为"产业工人等"。

受访者的职业阶层基本反映了特大城市的职业阶层结构。从表12 – 3可以看出，京津冀、长三角和珠三角城市群中三成以上的儿童青少年生活在中产职业家庭，成渝城市群的相应比例最低。五大城市群中受访者为产业工人等阶层的占比均较低，其中成渝城市群中来自产业工人等家庭的儿童青少年比例最高。图12 – 1给出了受访者的受教育程度。京津冀、长三角和珠三角城市群受访者的总体受教育程度高于长江中游城市群和成渝城市群。这三个城市群中均有超过一半的受访者（无论父母）拥有大专及以上学历，而京津冀城市群拥有硕士及以上学历的受访者比例高于10%。后

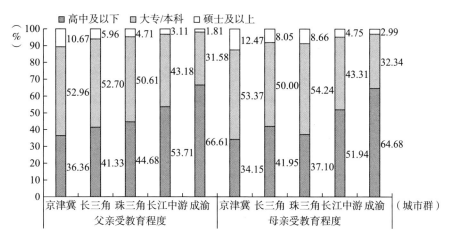

图 12 – 1　受访父母的受教育程度

文将进一步考察教育行为和教育心态是否存在阶层差异并受到家长受教育程度的影响。

（二） 就学特征、时间使用和藏书情况

对于多子女家庭，本次调查仅针对最大的 3~18 岁子女进行信息采集，这对于反映特大城市家庭的教育和养育概貌有一定的代表性。从图 12 - 2 中可以看出，占比最高的为小学生群体，在各城市群中均占四成左右，其次为初中生和学前儿童。后续的分析将关注受访者子女就学学段对家长教育心态的影响。

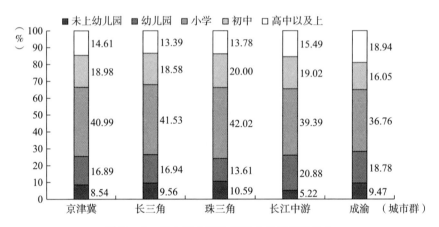

图 12 - 2　特大城市受访者子女就学学段分布

表 12 -4 报告了受访者子女目前所就读学校类型。考虑到择校主要发生于高中之前，本章对就读高中的受访者子女未进行学校类型区分。公办学校为特大城市受访者子女的主流就学类型，就读学生比例远高于就读民办/国际学校的学生比例。就城市群之间的差异而言，长江中游城市群就读民办/国际学校的学生比例高于其他城市群。

表 12 - 4　特大城市受访者子女目前就读学校类型

单位：%

城市群	京津冀	长三角	珠三角	长江中游	成渝	合计
未上幼儿园	9. 36	10. 80	12. 09	6. 01	10. 23	9. 77
公办学校（农民工子弟学校/其他）	62. 58	62. 65	59. 12	53. 68	52. 86	58. 22
民办/国际学校	12. 06	11. 42	13. 05	22. 48	16. 46	14. 98

续表

城市群	京津冀	长三角	珠三角	长江中游	成渝	合计
高中	16.01	15.12	15.74	17.83	20.45	17.03
样本量	481	648	521	516	577	2743

注：农民工子弟学校和其他类型学校所占比例极低，为与学费较高的民办学校区分，此处归入公办学校。本章后文部分将此类别简化为"公办学校"。

近年来，城市的孩子似乎越来越忙。为了解孩子们日常的时间使用情况，我们在调查中向受访者询问其子女日常的入睡和起床时间，以及工作日课后的学习时长和周末用于课业与兴趣才艺培训学习的时长。从表 12-5 可以看出，五大城市群中受访者子女周末睡眠时间显著多于工作日睡眠时间（约多一小时）。其中，工作日和周末睡眠时间最长的城市群为成渝城市群（分别为 9.04 小时和 10.02 小时）。工作日课后学习时间最长的为珠三角城市群受访者子女（为 2.31 小时），周末培训学习时间最长的为长三角城市群受访者子女（为 4.07 小时）。

表 12-5 特大城市受访者子女时间使用情况

单位：小时

城市群	工作日睡眠	周末睡眠	工作日课后学习	周末培训学习
京津冀	8.83	9.67	2.12	3.75
长三角	9.03	9.90	2.25	4.07
珠三角	8.73	9.80	2.31	2.97
长江中	8.94	9.81	2.08	3.50
成渝	9.04	10.02	1.89	2.95
合计	8.92	9.84	2.13	3.46
样本量	2174	2123	2457	2483

鉴于将 3~18 岁儿童青少年纳入同一分析中会导致我们难以发现不同年龄段孩子之间的差异，图 12-3 给出了特大城市 3~18 岁儿童青少年上述四类睡眠和学习时间的城市群和学段比较。首先，在特定学段内部，各城市群之间在儿童青少年睡眠时间上的差异并不明显。从学前/低幼到高中及以上，四个学段间的周末睡眠时长差距明显小于工作日睡眠时长的差距。从图 12-3 可见，除广州、深圳两地的小学生外，学前/低幼和小学阶段的特大城市儿童青少年工作日睡眠时间均在 9 小时以上。进入初中后，

儿童青少年的工作日睡眠时间随着学段上升而下降到 8~9 小时，至高中阶段大多下降至 8 小时以下。这一差异既符合儿童青少年成长过程中对睡眠的生理需求变化，也在一定程度上反映了课业压力的增加。

图 12-3 也呈现了特大城市 3~18 岁儿童青少年在周末时间使用方面的学段差异。由于工作日的课后时间有限，特大城市儿童青少年放学后用于学习的时间随着学段上升虽有所增加，但差距小于周末培训学习时长的差距。相比于小学阶段，各城市群的初中生和高中生周末培训学习用时都显著增加。如果我们在每一学段内部进行城市群之间的比较，可以发现京津冀城市群儿童青少年和长三角城市群儿童青少年的周末都更为忙碌，珠三角城市群儿童青少年在周末用于培训学习的时间则相对较少。此外，一个值得注意的现象是，各地学前/低幼阶段的孩子也普遍地在工作日保留一定的学习时间（平均为 0.76~1.17 小时），而在周末则花费 1.27~1.92 小时在学习或兴趣培训上。

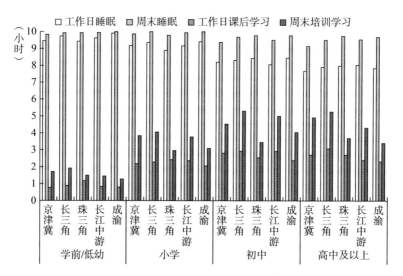

图 12-3 特大城市 3~18 岁儿童青少年时间使用情况的城市群和学段比较

我们在调查中还询问了受访者家中自用藏书和孩子藏书的数量，发现二者都存在显著的阶层差异，且差异的方向高度一致。相比其他职业阶层，中产职业阶层受访者的自用藏书量最大，其中机关/企事业单位负责人阶层受访者人均拥有 310 本书，专业技术人员/经理阶层受访者人均藏书量为 327 本。无独有偶，中产职业阶层家庭孩子的藏书量最大，人均 113~

121 本，而产业工人等阶层家庭的孩子藏书量约为 45 本（见图 12-4）。产生这一差异的原因可能是：一方面，受过良好教育和职业训练的中产职业阶层受访者往往更可能有阅读的惯习，并在养育子女的过程中培养子女的阅读习惯；另一方面，这类受访者也更可能认识到阅读的重要意义，从而有意识地通过提供大量的书籍引导孩子养成阅读习惯，这有助于文化资本的代际传递。

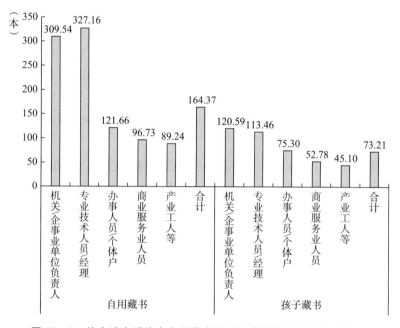

图 12-4 特大城市受访者自用藏书和孩子藏书量的职业阶层比较

二 教育投入和家长参与

家庭对未成年子女教育的投入方式包括有形的投入和无形的投入，如以各类教育支出体现的、可测量的经济类投入及相对不易测量的家校沟通、亲子活动等非经济类投入。伴随着可支配收入的增加，城市家庭的教育需求也呈现差异化特征，其中相当一部分需求通过教育市场的供给来满足，同时教育市场的勃兴也推动着城市家庭增加教育消费（王蓉，2017）。学界就城市家庭追加教育市场投入的内在动因和教育市场、学校教育、家庭教育三者对教育不平等的影响也已有一定的反思（胡咏梅、范文凤、丁维莉，2015；林晓珊，2018；文军、李珊珊，2018；薛海平，2015）。近年来，在西方社会成为普遍模式的密集亲职（Ishizuka，2018）在中国城市家庭中也日渐得到广泛认可。然而，关于家校合作的研究揭示了中国家长的教育参与具有鲜明的阶层差异，家长参与程度受到父母职业阶层、母亲受教育水平等若干家庭特征的影响（吴重涵、张俊、王梅雾，2017）。

本部分依据调查数据，从教育支出和家长参与两方面分析特大城市受访者家庭对子女教育的投入。其中家长参与部分考察了家长微信群活跃度、与校内老师沟通、与课外机构/老师沟通、与孩子同学/朋友家长沟通四个方面。

（一）经济投入

图 12 - 5 给出了特大城市受访者家庭 2018 年全年的教育支出情况。其中，京津冀、长三角和珠三角城市群的受访者家庭用于子女教育的年支出超过 3 万元，长江中游城市群和成渝城市群相对较低。图 12 - 5 中右侧的职业阶层比较显示出，中产职业阶层的受访者家庭在子女教育上有更多的经济投入。①

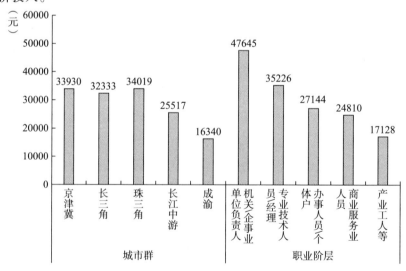

图 12 - 5　特大城市受访者家庭 2018 年教育支出的城市群和职业阶层比较

---

① 需要说明的是，本章所采用的职业阶层为受访者（孩子的父亲或母亲）个人的职业阶层，不完全代表孩子所在家庭的社会阶层。

随着全球流动便利性的提高，许多城市家庭开始热衷于为孩子创造接触境外教育和海外文化的机会，用于孩子教育和生活方式培养的支出范围也随之拓宽。从表 12－6 可见，接近两成的特大城市儿童青少年曾有自费境外旅游的经历，其中长三角、珠三角城市群受访者家庭的相应比例超过了 1/4。同时，6.36% 的特大城市儿童青少年曾有 3 个月以下境外短期游学的经历，珠三角城市群的这一比例更是达到了 14.29%。

表 12－6　特大城市 3～18 岁儿童青少年的长/短期境外出行经历

单位：%

城市群	自费旅游	短期游学	留学	境外探亲
京津冀	20.88	5.18	0.00	2.10
长三角	27.50	4.98	1.24	3.02
珠三角	25.88	14.29	1.53	3.29
长江中	16.41	3.49	2.39	3.29
成渝	9.02	4.53	2.26	2.83
合计	19.85	6.36	1.52	2.92
样本量	2383	2423	2439	2432

（二）家长参与

如前所述，以往的社会学研究已揭示出不同社会阶层在家校合作、家长参与等方面存在显著差异。如美国学者安妮特·拉鲁发现，中产阶层强调家校合作和家长参与在"协同培养"过程中的重要性，寻求以行动对学校教育产生影响的机会；反之，工人阶层家长则倾向于"自然放养"，在与校方的互动中并不主动（Lareau，2003）。中国学者也发现了家庭社会经济地位特征对家长参与的影响（吴重涵、张俊、王梅雾，2017）。此外，有学者在研究农村家庭的家长参与低迷问题时发现，农村家长往往无法与教师进行平等的沟通，而只能作为"边缘的"、"辅助性"的"追随者"（谢爱磊，2020）。

在调查中，课题组充分考虑到学校、家庭、"影子教育"作为教育不平等再生产中的三重力量和数字时代家长参与方式的改变，向受访者询问了其本人在家长微信群中的活跃度，与校内老师、课外机构/老师、孩子同学/朋友家长沟通的频率。总体而言，机关/企事业单位负责人在家长微信群的活跃度最高，在与校内老师、课外机构/老师沟通方面都是最为活跃的群体。比起较低职业阶层，中产职业阶层父母更积极地参与和孩子教育相关的社会交往。由表12-7可知，近30%的中产职业阶层父母是家长微信群中的活跃成员，并且与校内老师、课外机构/老师、孩子同学/朋友家长保持频繁的沟通。16.94%的机关/企事业单位负责人阶层受访者基本不与校内老师沟通，在家长微信群中"非常不活跃"（16.94%），专业技术人员/经理阶层受访者的比例与之相近。反观产业工人等阶层受访者，尽管有近1/4的受访者频繁与校内老师沟通，但仅有14.41%的受访者是家长微信群的活跃成员。

表 12 - 7 受访者与孩子教育有关的社会交往（职业阶层比较）

单位：%

	机关/企事业单位负责人	专业技术人员/经理	办事人员/个体户	商业服务业人员	产业工人等	总计
家长微信群活跃度						
非常不活跃	16.94	15.21	23.37	24.42	39.83	23.68
一般活跃	54.84	61.33	57.11	54.80	45.76	55.65
非常活跃	28.23	23.45	19.51	20.78	14.41	20.67
校内老师						
基本不沟通	16.94	16.59	22.76	23.60	30.23	22.23
一般沟通	55.65	57.19	51.63	54.26	45.20	53.24
频繁沟通	27.42	26.22	25.61	22.14	24.58	24.54
课外机构/老师						
基本不沟通	33.06	31.49	44.72	46.11	60.17	43.40
一般沟通	37.90	40.35	32.72	31.87	23.45	33.33
频繁沟通	29.03	28.16	22.56	22.02	16.38	23.27
孩子同学/朋友家长						
基本不沟通	23.39	23.85	33.13	33.45	43.79	31.88
一般沟通	49.19	47.08	43.29	43.07	35.59	43.38
频繁沟通	27.42	29.07	23.58	23.48	20.62	24.74
样本量	124	631	492	823	354	2424

考虑到中国社会持续存在的养育劳动性别分工（施芸卿，2018；肖索

末，2014），本章进一步分析了受访者与子女教育相关的社会交往模式。如图 12 - 6 所示，受访者在四类交往上呈现方向高度一致的性别差异：相比于男性，女性更可能成为家长微信群的活跃成员，与校内老师、课外机构/老师频繁沟通，和孩子同学/朋友家长保持密切交往。每一类与教育相关的社会交往中，活跃母亲比例均超过或接近 1/4。相比于女性，男性更可能在以上四种场合中成为非常不活跃的家长。数据显示，30% 左右的男性受访者在家长微信群中非常不活跃，并且和校内老师基本无联系，与课外机构/老师和孩子同学/朋友家长保持"社交距离"、基本不沟通的父亲比例分别达到 50.00% 和 39.41%。

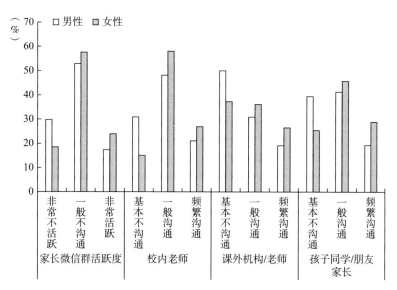

图 12 - 6　受访者与子女教育相关的社会交往

三　教育心态：期望与焦虑

改革开放以来，中国社会在产业结构升级的推动下经历了高水平的社会流动，相当一部分经历了代际向上流动的社会成员是高等教育的受益者，他们充分认识到教育对于个人获取各种生活机会的重要意义，在为人父母后对下一代的教育回报产生了较高的期待（刘保中、张月云、李建新，2014）。自 20 世纪末开始的高等教育规模扩张无疑为中国家庭提供了更多接受高等教育的机会，但优质高等教育仍是稀缺资源（林建华，

2019)，获取更好的教育机会的过程也是步步筛选的竞争过程。因此，对教育成就的期望也可能伴随着养育者的忧患意识，以及近年来引发广泛关注的教育焦虑。本次调查的受访者居住在各类优质教育资源丰富的特大城市，他们对子女的教育成就抱有怎样的期望？在多大程度上感受到教育焦虑？本部分就这些问题展开分析。

（一）高等教育是大多数家庭的底线式期望

调查向受访者询问了他们认为子女"必须要达到"的受教育程度和达到之后就"没有必要再往上读"的受教育程度。前者是受访者对子女教育成就的底线式期望，而后者则是满足式期望。表 12 - 8 和表 12 - 9 分别给出了这两种不同的期望。

表 12 - 8　受访者对子女的教育期望：底线

单位：%

	机关/企事业单位负责人	专业技术人员/经理	办事人员/个体户	商业服务业人员	产业工人等	合计
高中及以下	0.70	2.59	5.57	5.28	7.88	4.85
大专/本科	66.20	65.40	70.95	69.21	71.77	68.86
211/985 高校	17.61	16.21	13.68	15.35	12.04	14.82
硕士研究生	12.68	13.08	6.76	6.94	3.50	8.18
博士研究生	2.82	2.72	3.04	3.23	4.81	3.29
样本量	142	734	592	1023	457	2948

如表 12 - 8 所示，接近七成的受访者（68.86%）认为孩子必须不惜一切代价获得大专/本科学历，且这一结果基本不受受访者个人社会经济地位的影响，相应比例范围为 65.40%（专业技术人员/经理）～71.77%（产业工人等）。可以说，在现有的高等教育规模下，大专/本科学历已经不再是遥不可及的教育成就，而成为大多数特大城市居民家庭的底线式期望。在此基础上，一小部分家庭的期望更高，认为孩子必须要考入优质本科大学或取得硕士研究生学历。对于优质高等教育或硕士研究生学历的期望表现出一定的阶层差异：机关/企事业单位负责人和专业技术人员/经理阶层受访者中分别有 17.61% 和 16.21% 的人希望孩子至少能进入 211/985高校学习，产业工人等阶层受访者中的相应比例则为 12.04%；前两类受

访者的底线式期望为硕士研究生学历者的比例分别为 12.68% 和 13.08%，而非中产职业阶层的三类受访者的相应比例显著降低，如仅有 3.50% 的产业工人等阶层受访者认为孩子必须要获得硕士研究生学历。

在教育满足式期望（见表 12 - 9）上，认为普通高等育可以作为教育终点的中产职业阶层受访者比例低于其他职业阶层受访者，且这一比例随着社会经济地位的降低而逐渐提高。如 36.36% 的产业工人等阶层的受访者表示能够满足于孩子仅获得大专/本科学历，而这一比例在机关/企事业单位负责人和专业技术人员/经理阶层受访者中则降至 17.99% 和 19.61%。此外，机关/企事业单位负责人阶层受访者对孩子攻读博士学位的期望明显高于其余四个阶层的受访者。

表 12 - 9 受访者对子女的教育期望：满足

单位：%

	机关/企事业单位负责人	专业技术人员/经理	办事人员/个体户	商业服务业人员	产业工人等	合计
高中及以下	0.00	1.25	1.72	1.69	2.66	1.66
大专/本科	17.99	19.61	26.80	31.55	36.36	27.73
211/985 高校	8.63	12.10	11.17	13.00	10.20	11.76
硕士研究生	33.09	35.33	32.30	26.59	20.84	29.32
博士研究生	40.29	31.71	28.01	27.18	29.93	29.53
样本量	139	719	582	1008	451	2899

调查同时还询问了受访者是否有在特定阶段送孩子到境外求学的计划。从图 12 - 7 可以看出，是否有境外求学计划的设想在城市群之间的差异远不如不同阶层间的差异明显。相比其他阶层，分别有四成以上的机关/企事业单位负责人阶层受访者和三成以上的专业技术人员/经理阶层受访者表示有送孩子去境外求学的计划，而这一比例在非中产职业阶层受访者中都低于 20%。全球教育市场的兴起、职业发展的全球视野等都是特大城市受访者考虑境外求学计划的重要因素。表 12 - 10 显示，四成以上的受访者认可境外求学经历有助于个人发展，而精通一门外语更是大部分受访者（69.22%）认可的优势。

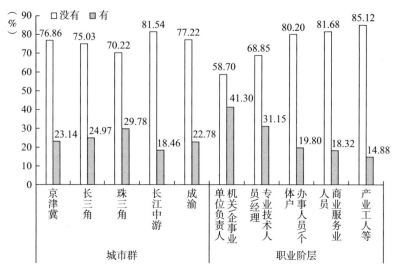

图 12 - 7　教育期望：是否有境外求学计划

表 12 - 10　期望去境外求学的原因

单位：%

城市群	京津冀	长三角	珠三角	长江中	成渝	合计
有助于个人发展	43.87	41.76	37.05	41.19	52.11	43.21
有助于优质求职	35.06	34.25	29.90	30.56	42.44	34.50
精通一门外语	67.82	76.89	57.19	70.00	72.03	69.22

（二）教育焦虑：因人而异

调查询问了受访者"比起社会上的其他父母，你对孩子的教育焦虑吗"这一问题。数据显示，特大城市的受访者在对教育成就的期望上也感受着对于教育的焦虑。

由表 12 - 11 可知，五大城市群中，长江中游城市群（44.92%）和成渝城市群（48.62%）受访者中近一半的人表示对孩子的教育感到焦虑。就职业阶层而言，机关/企事业单位负责人表示感到焦虑的比例最低（25.87%），而产业工人等阶层的受访者最容易感到焦虑（43.26%）。这一结果和日常生活中被频繁议论的中产阶层教育焦虑形成了反差。

就孩子所在学段而言，孩子已进入正式教育体系的受访者感到焦虑的比例显著高于学前/低幼阶段儿童的父母，且初中生父母（43.01%）更甚于小学生父母（38.86%）。此外，39.38% 的女性受访者表示对子女的教育感到焦虑，高于男性受访者（33.03%）。值得注意的是，没有本地户籍的非本地人感到焦虑的比例并没有显著高于新本地人。总体来看，除个别群体外，总样本中为孩子的教育而感到焦虑的比例为 36.44%，一般的比例为 34.01%，而不焦虑者占 29.55%。

表 12 - 11　对孩子教育的焦虑情况

单位：%

	不焦虑	一般	焦虑	样本量
城市群				
京津冀	29.14	39.81	31.05	525
长三角	35.21	31.64	33.15	730
珠三角	32.54	43.44	24.02	587
长江中游	26.44	28.64	44.92	590
成渝	23.34	28.04	48.62	617
职业阶层				
机关/企事业单位负责人	40.56	33.57	25.87	143
专业技术人员/经理	29.15	36.84	34.01	741
办事人员/个体户	29.98	34.67	35.34	597
商业服务业人员	28.53	33.2	38.27	1027
产业工人等	26.52	30.22	43.26	460
本地居民身份				
非本地人	29.94	34.49	35.57	835
新本地人	34.61	33.97	31.42	627
老本地人	27.34	33.8	38.86	1580
学段				
学前/低幼	34.47	38.01	27.53	792
小学	29.43	31.71	38.86	1230
初中	24.42	32.57	43.01	565
高中及以上	27.71	35.06	37.23	462
性别				
男性	32.25	34.73	33.03	1411
女性	27.23	33.39	39.38	1638
合计	29.55	34.01	36.44	3049

（三）教育心态如何影响家长参与

以往关于家长参与的研究发现，孩子教育中的家长参与受到家庭、孩子和学校等多方面因素的影响。相比优势社会经济地位的家长，较低社会经济地位的家长既可能自身缺乏自信，逃避家校参与，也可能遭遇学校对其参与能力的低评价，从而导致家长参与程度低（何瑞珠，1999；谢爱磊，2020）。同时，针对"影子教育"的研究指出，家长参与可能激活家庭的阶层优势，导致市场层面的教育分化（高翔、薛海平，2020）。此外，孩子自身的特征如智力水平、年级等也会影响家长参与（吴重涵等，2017）。基于以往这些研究的发现，在了解教育心态的基础上，本部分进一步考察教育心态及其他个体特征对于家长参与的影响。

以下分析的因变量综合了表12－7给出的四类与孩子教育有关的社会交往，即家长微信群活跃度，与校内老师、课外机构/老师及孩子同学/朋友家长沟通，基于此四项的平均值形成一个"家长综合参与"指数，取值范围1～6分，1分表示极不活跃，6分表示非常活跃。表12－12给出了四类家长参与和家长综合参与情况。

表 12 - 12　四类家长社会交往和家长综合参与情况

城市群	京津冀	长三角	珠三角	长江中游	成渝	合计
校内老师	3.75	3.37	3.35	3.57	3.26	3.45
课外机构/老师	3.22	3.06	2.89	3.3	2.36	2.95
孩子同学/朋友家长	3.59	3.34	3.19	3.54	2.95	3.31
家长微信群活跃度	3.45	3.45	3.77	3.59	3.47	3.53
家长综合参与	3.5	3.31	3.29	3.5	3.01	3.31
样本量	346	464	355	366	435	1966

注：（1）本表分析样本量为筛选模型所用变量后的样本量；（2）为节省篇幅，本表未报告标准差。

模型分析的自变量主要包括受访者的社会人口特征、孩子所在学段和受访者自评孩子学业表现，以及由教育期望和教育焦虑两方面所构成的教育心态。我们对性别、职业阶层、受访者受教育程度、居民身份、孩子所在学段、城市群等分类变量做了虚拟变量处理。在模型1中，我们检验受访者的社会人口特征对家长综合参与程度的影响。模型2进一步纳入孩子自身的特征，包括孩子所在学段和家长自评孩子学业表现。最后，在模型3 中，我们进一步考察教育底线式期望、满足式期望和教育焦虑的影响（见表 12 – 13）。

表 12 – 13 家长综合参与的影响因素（OLS 回归模型）

	模型 1		模型 2		模型 3	
	B	SE	B	SE	B	SE
性别[a]	0.424 ***	(0.048)	0.414 ***	(0.047)	0.394 ***	(0.047)
职业阶层[b]						
机关/企事业单位负责人	0.287 *	(0.126)	0.298 *	(0.123)	0.303 *	(0.123)
专业技术人员/经理	0.193 *	(0.086)	0.202 *	(0.084)	0.202 *	(0.084)
办事人员/个体户	0.149	(0.082)	0.143	(0.080)	0.150	(0.080)
商业服务业人员	0.142	(0.075)	0.158 *	(0.073)	0.162 *	(0.073)
受教育程度[c]						
大专/本科	0.448 ***	(0.055)	0.356 ***	(0.055)	0.334 ***	(0.055)
硕士研究生及以上	0.532 ***	(0.110)	0.393 ***	(0.109)	0.339 **	(0.109)
本地居民身份[d]						
非本地人	0.085	(0.061)	0.010	(0.061)	– 0.004	(0.060)
新本地人	0.021	(0.063)	– 0.028	(0.062)	– 0.034	(0.062)
家庭年收入	0.054 ***	(0.016)	0.018	(0.017)	0.015	(0.017)
全年教育支出			0.093 ***	(0.014)	0.090 ***	(0.014)
孩子所在学段[e]						
学前/低幼			0.452 ***	(0.089)	0.457 ***	(0.089)
小学			0.434 ***	(0.065)	0.431 ***	(0.065)
初中			0.248 ***	(0.073)	0.249 ***	(0.073)
孩子学业表现			0.062 *	(0.073)	0.054	(0.073)
教育底线式期望					0.067 *	(0.032)
教育满足式期望					0.059 *	(0.026)
教育焦虑					0.073 **	(0.024)
城市群[f]						
京津冀	0.068	(0.077)	0.037	(0.076)	0.072	(0.076)
长三角	0.265 ***	(0.072)	0.208 **	(0.071)	0.254 ***	(0.071)
珠三角	0.047	(0.079)	– 0.004	(0.078)	0.037	(0.079)
长江中游	0.338 ***	(0.075)	0.313 ***	(0.073)	0.331 ***	(0.073)
常量	1.894 ***	(0.189)	0.989 ***	(0.217)	0.506 *	(0.243)

续表

	模型 1		模型 2		模型 3	
	B	SE	B	SE	B	SE
N	1966		1966		1966	
R^2	0.120		0.168		0.160	

注：（1）* $p < 0.05$，** $p < 0.01$，*** $p < 0.001$；（2）三组模型中所有变量的方差膨胀因子（VIF）均小于5，不存在明显的共线性问题；（3）参照类别如下：a = 男性，b = 产业工人等阶层，c = 高中及以下，d = 老本地人，e = 高中及以下，f = 成渝城市群。

表 12 - 13 报告了上述三组模型的结果。模型 1 显示，家长综合参与程度受到性别、职业阶层、受教育程度和家庭年收入的影响。具体而言：（1）机关/企事业单位负责人和专业技术人员/经理阶层的受访者对子女教育的综合参与程度明显高于产业工人等阶层受访者；（2）家长自身的受教育程度越高，越可能因子女的教育进行社会交往；（3）家庭年收入对家长参与程度有显著的正向影响；（4）新本地人身份和家长参与无显著关联；（5）母亲参与的程度显著高于父亲。

上述结果表明，特大城市受访者家庭对子女教育的参与和相关社会交往受到家长自身及其家庭社会经济特征的影响。在模型 2 中，这些影响仍然显著。同时，家庭全年教育支出对家长参与有显著正向影响。这意味着特大城市受访者家庭对子女教育的经济投入和家长参与存在一致性，即经济投入越多的家庭越可能积极参与孩子的教育。此外，孩子所在学段越低，家长的综合参与程度越高；而受访者自评的孩子学业表现也对家长综合参与程度有显著的积极影响。值得注意的是，鉴于本组分析的因变量纳入了受访者在家长微信群的活跃度和日常与孩子同学/朋友家长的沟通，我们只能确认家长综合参与程度与孩子学业表现之间的正向关联，而无法区分受访者自评学业表现是家长参与的结果，还是引发更多家长交流的诱因，如学生学业表现优秀也可能增强家长参与交流的信心。

最后，模型 3 在模型 2 的基础上纳入了教育底线式期望、教育满足式期望和教育焦虑。从表 12 - 13 的模型 3 可见，无论是教育底线式期望，还是教育满足式期望，都与家长综合参与程度存在正向关联。与此同时，焦虑感越强，受访者（家长）综合参与程度也越高。

四　小　结

本章通过分析五大城市群中各职业阶层受访者家庭的教育行为和教育心态发现，特大城市儿童青少年及其所在家庭是一个差异性极大的群体，他们面临共同的竞争氛围，在高等教育扩张的前提下产生了相似的底线式期望，但在具体教育行为和教育心态上都呈现阶层差异：中产职业阶层受访者对子女的教育表现出积极的态度，与校内和校外的教育资源都更可能产生联结，与同辈家长更为频繁的交流也有利于建立共享教育信息资源的社会网络。在教育期望上，中产职业阶层受访者将普通高等教育作为底线的同时更可能基于其所拥有的资源追求全球教育市场中的教育机会。此外，中产职业阶层家庭的孩子在藏书量、境外旅行、境外游学等生活方式上也明显优于较低社会阶层家庭的孩子。

尽管城市中产家庭的教育焦虑在社会生活中是一个显见的问题，调查显示，产业工人等阶层的受访者却更可能为子女的教育感到焦虑。相比之下，产业工人等阶层的受访者尽管对子女的教育成就同样抱有期望，但更有可能成为缺乏参与的旁观者。与此同时，我们的分析展示了教育心态和家长参与之间的关联。尽管产业工人等阶层的受访者更可能感到焦虑，但在对子女教育的各类参与方面却并不积极。一个启示是，在探讨教育焦虑问题时，有必要更清晰地了解谁是更为焦虑的，以及焦虑心态的影响机制和后果。

基于以上分析，特大城市在制定教育政策时有必要更充分地了解多元群体的需求，探讨如何利用现有学校教育资源和社会力量为不同职业阶层背景的儿童青少年创造良好的教育机会，以及为不同职业阶层背景的学生家庭建立更畅通的家校沟通渠道，鼓励家长深入了解孩子的教育情况。

第十三章 特大城市居民的社会排斥
态度与感知

项 军

20 世纪 80 年代以来，在中国快速的工业化与城市化进程中，大量农村和中小城镇人口涌入大城市，城市间的人口流动频繁，特大城市面临巨大的移民压力。据《中国流动人口发展报告（2016）》（国家卫生和计划生育委员会流动人口司，2016），我国 2015 年流动人口规模达到 2.47 亿人，占总人口的 18%，其中，流向中心城市的跨省流动人口占全国跨省流动人口的 54.9%。那么，流动人口①如何顺利地融入城市特别是特大城市，就成为学者、政府和社会极为重视的现实问题。

从理论上说，过往学界对城市流动人口的研究主要从两种视角展开。一是从政府如何对城市流动人口进行有效治理、维护其公民权利的视角。这一研究视角主要从迁移人口与户籍管理制度之间的矛盾入手，重在揭示现有体制弊端、探索改革路径和方案，推进城市人口管理体制改革，从而维护流动人口的社会保障以及其他公民权利，促进城市可持续健康发展（如陆益龙，2006；彭希哲、郭秀云，2007；傅崇辉，2008；郑梓桢、宋健，2012）。另一研究视角则围绕流动人口在流入地的社会适应、融入和认同情况展开，讨论影响流动人口社会融合的个体、社会和制度因素。除了关注户籍制度外，这类研究更侧重考察迁移人口自身的人力资本、社会网络与社会交往，以及迁入地的开放程度对其社会融入的影响。此外，这类研究还往往从经济、文化、行为和身份认同等多个侧面来综合考察迁移人口的社会融入情况（如任远、邬民乐，2006；王春光，2001；张文宏、雷开春，2008；李培林，1996；杨菊华、张娇娇，2016；李强、何龙斌，

---

① 本章交替使用流动人口、外来人口、迁移人口、外地移民概念。

2016）。

长期以来，基于上述两种研究视角，研究者们似乎已经达成这样的共识，即解决流动人口城市融入问题的关键主要在于两个方面：一是改革城市户籍管理制度；二是促进外来人口在经济、社会、文化、认同等方面积极融入当地社会。然而，阻碍流动人口融入当地社会的因素是多方面的，除了资源制约、制度屏障和惯性及外来人口自身的能力与行为外，还有地方政府出于维护本地居民既得利益及民意诉求的考虑。地方政府出于社会稳定的考虑，在制定政策时不得不非常谨慎（李若健，2001；张展新，2007）。所以，流动人口的城市融入问题不仅涉及地方政府和流动人口两个主体，还涉及本地居民对外来人口的态度。而城市居民对外来人口的态度、价值观念和政策偏好长期以来并不为学者们重视，然而，从城市本地居民的态度的视角切入的研究对于解决"土客"矛盾同样不可或缺（刘林平，2008；王嘉顺，2010；李煜，2017）。

本章借助 2019 年"新时代特大城市居民生活状况调查"数据，聚焦特大城市中本地人口和外来人口在融合过程中的感知和态度。既考察本地人口对外来人口的排斥和接纳态度，也会考察外来人口对社会排斥的主观感知，力求从两方面综合反映特大城市社会排斥的现状和面临的突出问题。

一　变量与测量

（一）社会排斥态度的测量——多重维度

本研究采用 2019 年"新时代特大城市居民生活状况调查"数据，数据采用 A、B 卷设计，有关社会排斥的相关问题只在 A 卷中出现。因此，样本量相应减半，为 4933，去除其他相关变量的缺失值，最终样本量为4539。社会排斥与社会融合是一对概念。以往研究中更多考察的是社会融合。社会融合是指个体和个体之间、不同群体之间或不同文化之间互相配合、互相适应的过程，并以构筑良性和谐社会为目标（任远、邬民乐，2006）。社会融合是一个多维度的综合性概念，关于社会融合维度的探讨，国内外学者都做了大量努力。

西方移民社会融合研究主要以国际移民作为研究对象，存在"同化论"和"多元论"两大流派（麦格，2007）。在社会融合的测量维度方面，影响力较大的有：以米尔顿·M. 戈登（Milton M. Gordon）提出的"结构性 - 文化性"为代表的二维度模型，以荣格尔 - 塔斯（Junger-Tas）提出的"结构性 - 社会文化 - 政治"为代表的三维度模型，以恩特增·格尔（Entzinger Han）提出的"社会经济 - 文化 - 政治 - 移入地对移民的态度"为代表的四维度模型，以及约翰·戈德拉斯（John Goldlust）等提出的"移民适应的多元模式"（参见沈凯琪，2018）。

国内社会融合问题研究的研究对象多以流动人口为主，也提出了不同类型的多维度指标体系。如朱力（2002）从"经济、社会、心理或文化层面"三个维度来测量社会融合程度；张文宏、雷开春（2008）将城市新移民的社会融合分为"文化融合、心理融合、身份融合、经济融合"四个维度；董章琳、张鹏（2011）将重庆市农民工的社会融合分为"社会融合、经济融合、文化和心理融合"三个维度；卢小君、陈慧敏（2012）则从"公共服务、经济地位、社会保障、社区参与"四个方面对大连市流动人口社会融合状况做了测量。杨菊华（2010）在对农村 - 城镇流动人口的研究中，构建了测量流动人口在流入地社会融入情况的指标体系。她认为社会融入应从"经济整合、行为适应、文化接纳、身份认同"这四个维度进行衡量，其中经济整合与行为适应为显性客观的维度，而文化接纳与身份认同则为隐性主观的维度。这些研究丰富了城市中外来人口社会融入的理论，为相关政策的制定奠定了基础。

沿袭多维度的思路，本章将从经济、社会和文化三个主要维度来分析社会排斥态度问题。具体问题见表 13 - 1。对问题的回答赋值 1 ~ 5 分，1 分代表"很不同意"，2 分代表"不太同意"，3 分代表"一般"，4 分代表"比较同意"，5 分代表"完全同意"。在下文的某些分析中，会将五分类的测量合并为 3 分类，即将 1 与 2、4、5 分别合并。为表述简洁，将社会排斥态度由弱至强三分类简称为社会排斥度低、社会排斥度中等、社会排斥度高。

表 13 - 1　社会排斥态度及其感知的测量维度与调查问题

测量维度	调查问卷问题	方向
1. 对社会排斥态度的总体感知	本地人普遍排斥外来人口？	+

测量维度	调查问卷问题	方向
2. 经济：机会与福利	外来人口应该享受跟本地人一样的机会和福利？	−
3. 经济：工作机会竞争	外来人口增加会夺走本地人的工作机会，让本地人失业？	+
4. 社会：治安与秩序	外来人口太多会破坏本地社会治安和秩序？	+
5. 社会：对外来人才的态度	高层次的外地移民有助于本地发展？	−
6. 文化：文化传承	外来人口太多会破坏本地文化的传承？	+

注：+代表数值越高，社会排斥态度及其感知越强；−代表数值越高，社会排斥态度及其感知越弱。

为了更清晰地对人们的社会排斥态度进行类型化分析，基于因子分析，本章将这三个维度 5 个社会排斥态度测量指标归为两个因子：一个是"文化、治安、经济"因子，测量人们在多大程度上认为外来人口会破坏本地的文化传承、社会治安和工作机会；另一个是"平等、人才"因子，测量人们在多大程度上认为外来人口应与本地人享受同等的机会和福利，同时，是否认为外来人才有利于本地发展。两个测量"平等、人才"的测量指标原题方向为负，参见表 13 − 1。比如"外来人口应该享受跟本地人一样的机会和福利"为负（−）是指，回答越是同意，越代表接纳、平等态度，即更弱的社会排斥态度及其感知。笔者将调查问题中方向为负的，对其取值进行反向赋值，从而使测量含义都能保持一致：数值越大，代表在这一方面的社会排斥态度越强；数值越小，代表社会排斥态度越弱。

对于社会排斥态度的感知状况，则用同一问题来测量，即："'本地人普遍排斥外来人口'，您对这一观点的看法如何？"对问题的回答赋值为 1 ~ 5 分，越同意，代表感知到的社会排斥越强。同样在下文的某些分析中，会将 5 分类的测量合并为 3 分类，即将 1 与 2、4 与 5 分别合并。感知到的社会排斥态度由弱至强的三分类在文中同样被简称为社会排斥度低、社会排斥度中等和社会排斥度高。①

（二）群体分类与阶层划分

为了呈现不同群体的社会排斥态度及其感知状况，本研究首先以是否

---

① 由于调查问卷中先测量的是特大城市居民对社会排斥态度的感知（只有一个测量指标），之后才是对社会排斥态度进行测量（有 5 个测量指标，反映多个维度），因此，下文为与调查问卷对应，将先呈现居民对社会排斥态度的总体感知状况，再分析居民的社会排斥态度。

有本地户籍作为制度分割的指标，因为户籍是从制度上承认一个人是否属于本地区，并在教育、医疗、失业、养老等一系列社会福利上都享有与非本地人明显不同的待遇（Chan and Buckingham，2008；陆益龙，2008）。而户籍也往往是本地居民有更强的本地身份认同的原因，并塑造了本地居民对外来人口的排斥心理。与此同时，一些外来人口通过教育、购房等一系列途径获得本地户籍，同样享受上述社会福利待遇。我们将本地出生且自出生之日起就有本地户籍的人称为"本地人"，将非本地出生但获得本地户籍的人称为"新本地人"，而将非本地出生且没有本地户籍的人称为"非本地人"。因此，本章将受访人群分为本地人、新本地人和非本地人三类，后文将分析这三类群体的社会排斥态度及其感知。

除了户籍所在地，户籍性质（农业户籍与非农业户籍）在过往也是决定人们是否能够迁移以及影响人们就业、社会保障等的重要因素（如 Wu and Treiman，2004；Treiman，2012）。即使是在特大城市，仍然存在相当比例的农业户籍人口，尤其是没有本地户籍的外来农业户籍人口。尽管特大城市城市化进程较快，农业户籍人口也大多从事非农职业，但他们的职业地位却普遍低于非农业户籍人口（Wu and Treiman，2004；李强，2019）。因此，非农业户籍人口在职业地位、收入和社会保障等方面，大多优于农业户籍人口，故在社会排斥态度上也可能存在一定的户籍城乡异质性。基于此，本章将采用受访者当前的户籍性质（农业户籍和非农业户籍）进一步对上述三类群体进行细分，共划分为 6 类群体。

表 13 - 2 显示，本地人占十个特大城市总人口的 56.50%，其中农业户籍人口占 17.49%，非农业户籍人口占 39.01%；新本地人占 15.89%，其中农业与非农业户籍人口分别占 8.53% 和 7.36%。而非本地人占 27.61%，其中农业户籍人口比例较高，占 19.94%，非农业户籍人口占 7.67%。

表 13 - 2　人群分类的描述性统计分析（$N = 4539$）

单位：%

人群类型	比例	户籍性质	比例
本地人	56.50	农业户籍	17.49
		非农业户籍	39.01

人群类型	比例	户籍性质	比例
新本地人	15.89	农业户籍	8.53
		非农业户籍	7.36
非本地人	27.61	农业户籍	19.94
		非农业户籍	7.67

对于阶层差异的分析，本研究主要依据陆学艺先生的社会阶层划分方法，即以职业分类为基础，以组织资源、经济资源和文化资源的占有状况为标准划分出十大社会阶层，各社会阶层比例详见本书第一章。在后文分析中，有的部分也涉及将十大社会阶层合并为三大阶层：优势地位阶层包括国家与社会管理者、私营企业主、经理人员阶层；中间地位阶层包括专业技术人员、办事人员、个体工商户阶层；基础地位阶层包括商业服务业从业人员、产业工人、农业劳动者和无业失业半失业人员阶层。

二　特大城市居民的社会排斥

（一）特大城市居民社会排斥的群体差异

1. 社会排斥态度感知

本章先考察特大城市中不同群体对社会排斥态度的总体感知状况。为更明显地呈现结果，先将"比较同意"和"非常同意"合并为"同意"，将"很不同意"与"不太同意"合并为"不同意"。图13－1显示，有近八成（76.85%）的本地人并不认同本地存在社会排斥，而非本地人中却只有55.78%的人这样认为。与此相对，如果将认为社会排斥状况"一般"的也算上，则会发现非本地人中有44.22%的人认同存在社会排斥，而本地人中则只有23.15%的人有类似感受，新本地人的比例则介于两者之间（30.16%）。概括来说，在社会排斥态度感知上，呈现非本地人、新本地人、本地人逐级递减的阶梯式社会排斥态度感知状况。这一结果表明，在当前特大城市中，户籍的身份区隔确实对人们的社会排斥态度感知发挥着重要作用，越是没有本地户籍的外来人口，越能更强烈地感受到社会排斥。

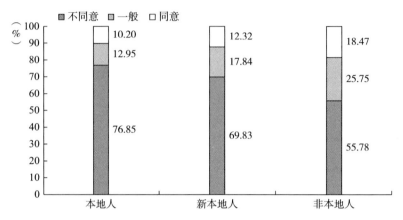

图 13 - 1　社会排斥态度感知的群体差异

2. 社会排斥态度的群体差异：双因子分析

上文关注不同群体对社会排斥态度的感知状况，本部分则试图考察不同群体的社会排斥态度如何。

本章尝试比较不同群体在"文化、治安、经济"和"平等、人才"这两个因子上的得分差异。图 13 - 2 显示，在"文化、治安、经济"因子上，三个群体存在显著差异。本地人的社会排斥态度比均值高 0.17 个单位，且在 $p < 0.001$ 水平上显著，[①] 表明本地人在社会排斥水平上确实更高。新本地人比均值低 0.13 个单位，比本地人低 0.30 个单位，而非本地人比均值低 0.27 个单位，表明在"文化、治安、经济"因子上，呈现"本地人 > 新本地人 > 非本地人"的社会排斥态度差异模式。结合上文，不难发现，虽然本地人在社会排斥态度感知上弱于新本地人和非本地人，但在实际的社会排斥态度上，其实远高于新本地人和非本地人。对于"平等、人才"因子，图 13 - 2 显示，三个群体间有微弱差异，但在统计上并不具有显著性，说明在平等观念和外来人才助力本地发展方面，三个群体在认知上并不存在显著差异。

---

① 由于此处涉及三个群体与均值同时比较的多重比较问题，即由于同时进行多组假设检验而导致统计上出现误导性的显著结果，需要对显著性水平进行调整。本章采用邦弗罗尼（Bonferroni）方法进行调整，即将未调整的临界 p 值除以检验次数，如在 95% 置信水平上，做三个区域间比较时可将临界 p 值的显著性水平调整为 $0.05/3 = 0.017$，表示对其显著性检验的标准更加严格（参见 Milliken and Johnson, 2009）。

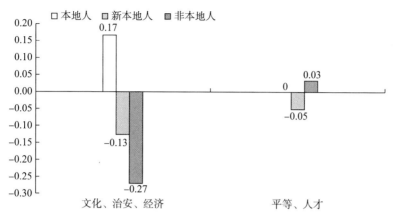

图 13 - 2　社会排斥态度的群体差异：双因子

3. 社会排斥态度的群体差异：多维度分析

下文将考察在每一具体测量维度上的群体差异。图 13 - 3 显示，除了在"人才发展"，也就是对外来人才助力本地发展的态度方面各群体间不存在显著差异外，在其他各维度上都存在显著的群体差异。从社会排斥态度强烈程度由高到低排序，最为强烈的是在治安与秩序方面，有 28% 的本地人认为外来人口太多会破坏本地治安与秩序，而新本地人的这一比例为 19%，非本地人仅为 12%。其次是就业机会，持强烈社会排斥态度的本地人、新本地人与非本地人的比例分别为 26%、16% 和 12%。

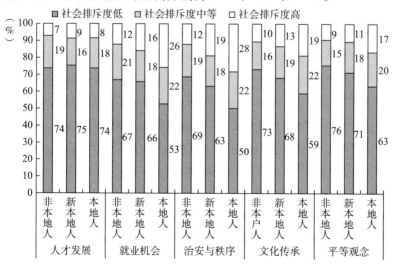

图 13 - 3　社会排斥态度的群体差异：多维度

（二）特大城市居民社会排斥的区域差异

1. 社会排斥态度感知在五大城市群居民间的差异

改革开放后，珠三角地区很早就开始改革试验，中央为广东提供了大量优惠政策，推进广东沿海多个县市进行工业化，促使劳动密集型的对外出口加工业迅猛发展，"三来一补"的贸易形式成为拉动广东经济发展的重要引擎。1992 年邓小平"南方谈话"，更使珠三角地区进入改革开放的快车道。珠三角地区吸引了大量外来人口，深圳、佛山、东莞等市成为吸纳外来人口的重要城市，当地经济蓬勃发展（Fan，1996）。2000 年第五次全国人口普查数据显示，广东有近 1/4（24.7%）的人口是没有本地户籍的外来人口，这一数字远高于其他省份（Liang and Ma，2004）。图 13 - 4也显示，在五大城市群中，珠三角城市群居民感受到的社会排斥度是最低的，只有 8% 的人感受到社会排斥度高，而在长三角城市群，这一比例却高达 19%。

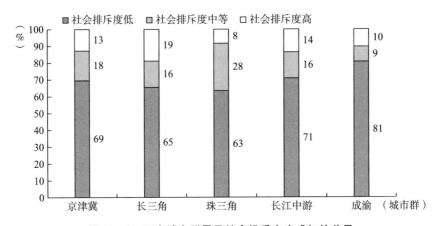

图 13 - 4　五大城市群居民社会排斥态度感知的差异

中国两个最主要的外来人口迁入地是珠三角和长三角地区。从 2000 年到 2010 年，中国人口迁移的目的地发生了重要变化，即逐渐从珠三角地区为最主要的目的地，转变为以长三角地区为主要目的地（Liang et al.，2014）。这部分反映出国家开始从以出口导向的外贸加工拉动的工业化，转向以土地财政为推动力的城市化（周飞舟，2007；孙秀林、周飞舟，2013）。而且，对劳动力的竞争也更为激烈，比如珠三角地区面临比较突出的"民工荒"问题。图 13 - 4 显示，与珠三角城市群不同，长三角城市群存在较为严重的社会排斥状况，有 19% 的人感受到所在城市中的社会排斥度高，而珠三角城市群的这一比例为 8%。京津冀城市群与长江中游城市群的居民感受到的社会排斥度处于中等水平。成渝城市群居民的社会接纳度是最高的，除了有 10% 的人感受到社会排斥度高外，有高达 81% 的人感受到当地的社会排斥度低，珠三角和长三角城市群的这一比例分别为63% 和 65%。

2. 社会排斥态度感知在十个特大城市居民间的差异：社会排斥的三个梯队

上述城市群的划分是将同一区域中的几个特大城市综合起来看，但由于有些位于同一区域的特大城市在社会排斥态度感知上仍可能存在较大差异，比如北京与天津、上海与杭州等，因此，我们将各特大城市分别进行比较，结果见图 13 - 5。

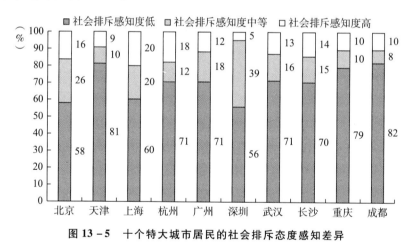

图 13 - 5 十个特大城市居民的社会排斥态度感知差异

图 13 - 5 显示，上海有 20% 的人感受到当地的社会排斥度高，是十个特大城市中最高的，同时又有 20% 的人认为处于中等水平；北京的相应比例分别为 16% 和 26%。与此相比，最为有趣的是深圳，虽然将其高、中等水平的社会排斥度的比例加起来，达到了 44%，与北京相当，但这两种水平的结构却与北京不同。在深圳，只有 5% 的居民感受到社会排斥度高，是十个特大城市中最低的，感受到社会排斥度处于中等水平的居民占 39%，又是十个特大城市中最高的。这可能与深圳独特的人口结构和城市特性有

关。深圳是一个典型的移民城市，非常开放，流行的一句广告宣传语就是
"来了就是深圳人！"。借助改革开放的优惠政策，全国一大批优秀人才来
此创业就业，促使深圳从一个不起眼的小渔村一跃成为全国的一线城市。
深圳大部分人口不是本地人，是从全国各地迁去的移民人口，所以，本地
人与外地人之间的"土客"矛盾最小。但与此同时，也正是由于其人口中
大多是移民人口，是来创业求职的，彼此间还是存在一定的竞争关系，故
感受到社会排斥度处于中等水平的人比较多。由于本地人比例偏低，而本
地人是感受到社会排斥度最低的群体，因此其感受到的社会排斥度在十个
特大城市中是最低的。

除了这三个一线城市外，感受到社会排斥度处于中等水平的是杭州、
广州、武汉和长沙。在这四个城市中，感受到社会排斥度低的居民比例为
70%左右，且后面三个城市在中等、高社会排斥度上的比例也非常接近。
只有杭州有些特别，其感受到社会排斥度高的居民比例也高达18%，与上
海的20%相当。

位于第三梯队、社会排斥度相对较低的三个城市分别是天津、成都和
重庆。成都与重庆作为西部城市，相对来说，社会排斥度是比较低的，分
别有82%和79%的居民感受到社会排斥度低。但最为特别的是天津，天津
作为东部沿海的特大城市，其感受到社会排斥度低的居民比例竟也达到
81%，与北京、上海形成了鲜明对比。其实，这主要是与天津的人口结构
有关。天津的迁移人口比较少，本地人口占绝对多数。在十个特大城市调
查中，天津的本地人口比例高达84%，而北京、上海的相应比例分别为
55%和65%，深圳更是低到13%。因此，这也就不难理解为何天津居民的
社会排斥感知状况与西部大城市相当。

3. 社会排斥态度在十个特大城市居民间的差异：本土意识与人才战略

前文重点考察社会排斥态度感知在十个特大城市间的差异，那么人们
的社会排斥态度在十个特大城市间有何差异呢？如上文所言，基于因子分
析，可将社会排斥态度大体分为"文化、治安、经济"因子和"平等、人
才"因子。下面将从这两个因子的维度来分析社会排斥态度的城市间差
异，结果见图13-6。图13-6是将各特大城市的社会排斥因子得分与十
个特大城市的平均值进行比较，因子得分越大于均值表示社会排斥态度越
强烈，因子得分越小于均值表示社会排斥态度越弱。对这些差异进行统计

显著性检验，且考虑了多重比较问题，采用邦弗罗尼方法对检验的显著性标准进行调整。

图 13 - 6 显示，在"文化、治安、经济"因子上，上海居民的社会排斥态度并未显著高于均值，只有 0.01，这一水平与广州、武汉、重庆大体相当。也就是说，这些城市的人并不太认同外来人口太多会破坏本地的文化传承、社会治安和工作机会，说明上海、广州、武汉、重庆的社会包容性、接纳度还是较高的，至少大多数人是这样认为的。然而，尽管如此，上海受访者仍较为强烈地感受到本地人对外来人口的社会排斥。这就形成了一个认知上的张力，即虽然大多数居民心里并不怎么排斥外来人口，但又能感受到整个城市中的本地人仍是较为强烈地排斥外来人口。

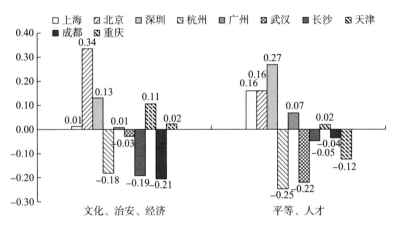

图 13 - 6　十个特大城市居民社会排斥态度的差异

然而，北京和深圳两市居民在"文化、治安和经济"因子上的因子得分高于均值，说明两市居民的社会排斥态度还是较强的，尤其是北京（高于均值 0.34 个单位，$p < 0.001$），深圳则相对较低（高于均值 0.13 个单位，$p < 0.05$）。但在"平等、人才"因子得分上，上海居民却与北京、深圳居民非常相似，社会排斥态度均较强烈，也就是说，这些一线城市的多数人并不认为外来人口应该享受跟本地人同等的机会和福利，也不认为外来人才有助于本地发展。只是上海比较特别，一方面在"平等、人才"因子上，相对来说，居民并不认为外来人才对本地发展很有帮助，也不认为外来人口应享受与本地人同等的机会和福利，但另一方面，他们也不认为外来人口会破坏本地的文化传承、社会治安和工作机会，这也许是上海的

一种独特的开放性吧。

在对待外来人口的态度上，杭州是非常开放的。大多数人认为，外来人口并不会破坏本地的文化传承、社会治安和工作机会（低于均值 0.18 个单位，$p < 0.001$）。而且，在机会和福利平等与外来人才有助于本地发展方面，杭州居民的认同度在十个特大城市中是最高的，其感受到的社会排斥度低于各市均值 0.25 个单位，且在 $p < 0.001$ 水平下显著。这可能与近些年杭州城市发展，以及互联网产业带动的高层次人才增加的趋势有关。这说明杭州虽有部分人感受到本地人强烈的社会排斥态度，但在有关外来人才助于本地发展，且应享受同等机会和福利方面，还是有比较广泛的社会共识的。

武汉与长沙这两个长江中游城市形成了有趣的对比。图 13-6 显示，武汉居民在"文化、治安、经济"因子上感受到的社会排斥度处于中等水平（与均值相差 0.03 个单位，且不显著），也就是说，他们仍部分地认为外来人口会在一定程度上破坏本地的文化传承、社会治安和工作机会，但非常赞同外来人才有助于本地发展，他们应该与本地人享受同样的机会和福利（因其社会排斥态度显著低于均值 0.22 个单位，且在 $p < 0.001$ 水平下显著）。这可能与近些年武汉市政府和市民都意识到外来高科技人才对本地发展至关重要有关。武汉最近几年都在用各种社会政策挽留人才，如推动本地高校毕业生落户，并在购房、子女教育、社保等方面给予优惠政策，促使其留在武汉发展。同时，在竞争激烈的互联网和现代智能生产方面，武汉市政府也在寻找自己的发展定位和方向。比如，2017 年小米科技（武汉）公司成立，并在 2019 年 11 月建成了小米武汉总部，将为小米、金山、顺为三家公司从事 AIoT、大数据、云服务、电商、新零售、办公软件、海外研发、金融投资等核心业务提供支持。武汉市政府在吸纳人才和商界精英方面做足了功课，本章数据结果也反映出武汉市民对人才战略的积极响应。与此相对，湖南的长沙就有所不同，当地居民在"文化、治安、经济"方面，并不认为外来人口会对本地有破坏作用，体现出相当高的社会接纳度（低于均值 0.19 个单位，$p < 0.001$），但在吸纳外来人才、强调人才兴市方面却并没有表现出与武汉居民一样的热情，且并不认为外来人口应该与本地人享受同等的机会和福利，具有一定程度的社会排斥意识和本土保护观念，其在"平等、人才"因子上的得分仅比均值低 0.05

个单位，且不具有统计显著性。

最后，天津、成都和重庆在社会排斥态度的两个因子上存在较大的差异。首先，天津作为东部沿海的大城市，在前一个因子上表现出一定的排外性，高出均值0.11个单位，虽然在统计上并不显著，但仍明显高于成都和重庆两市，即天津居民认为外来人口会破坏本地的文化传承、社会治安和工作机会。同时，他们并不太愿意吸纳外来人才，也并不认为外来人口应该跟本地人享受同等的机会和福利，表现为"平等、人才"因子得分略高于均值0.02个单位，但不显著，处于中等排斥水平。与此相对，成都人就对外来人口更为开放，他们并不认为外来人口会破坏本地的文化传承、社会治安和工作机会，其在前一个因子上的得分低于均值0.21个单位，且在$p < 0.001$水平上显著。但尽管如此，他们在吸纳外来人才，及认为外来人口应与本地人享受同等机会和福利方面，表现出的热情就不算高。重庆作为西部地区的直辖市则与成都有所不同，重庆居民就对吸引外来人才带动本地发展方面表现出更高的热情，也更倾向于认为外来人口应与本地人享受同等的机会和福利，但他们并不如成都居民那般自信地认为本地文化传承、社会治安和工作机会不会受到外来人口的冲击，对此仍有一定危机感，处于中等排斥水平。

（三）特大城市居民社会排斥的社会阶层差异

1. 社会排斥感知的社会阶层差异

前文侧重从群体和区域的角度剖析特大城市居民的社会排斥态度及其感知。自改革开放以来，随着工业化与城市化进程的快速推进，中国社会的社会阶层结构也在发生深刻变化，特别是在特大城市，既有外来人口加入产业工人的大军，也有高层次人才落户本地，成为本地的中间地位阶层，甚至是优势地位阶层。同时，本地居民由于能够享受到更优质的教育和社会保障资源，其子女大多成为中间地位阶层，如公务员、企事业单位办事人员，或专业技术人员等。在农村地区和中小城镇仍是"倒丁字型"社会结构时，部分特大城市的中等收入群体规模已经在扩大，特别是专业技术人员阶层更是主要生活在特大城市中（李强，2019）。

我们不禁要问，在本地人、新本地人、非本地人的结构下，在特大城市中位于不同社会阶层位置的居民在社会排斥态度及其感知上是否存在差异呢？如前所述，本研究主要采用的是陆学艺先生提出的当代中国十大社会阶层的分层框架，即以职业分类为基础，以组织资源、经济资源和文化资源的占有状况为标准来划分社会阶层。为了方便比较是否存在社会排斥态度感知的社会阶层差异，本章先将十大社会阶层划分为三个主要社会阶层：优势地位阶层（国家与社会管理者阶层、私营企业主阶层、经理人员阶层）、中间地位阶层（专业技术人员阶层、办事人员阶层、个体工商户阶层）与基础地位阶层（商业服务业从业人员阶层、产业工人阶层、农业劳动者阶层和无业失业半失业人员阶层）。再考察三个社会阶层在社会排斥态度感知上的差异。图 13 - 7 显示，除了优势地位阶层感受到的高社会排斥度的比例比另两个阶层略低之外，三个社会阶层对于社会排斥态度的感知是极为相似的，并未存在明显的差异。

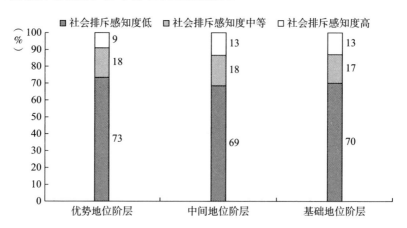

图 13 - 7　社会排斥态度感知的三阶层差异

2. 社会排斥态度的社会阶层差异

然而，有趣的是，尽管不同社会阶层居民感受到的社会排斥度极为相似，但他们在社会排斥态度上却存在着显著差异。优势地位阶层的社会排斥态度更弱，他们并不认为外来人口太多会破坏本地的文化传承、社会治安和工作机会，中间地位阶层的社会排斥态度均值则与总体均值没有显著差异，但基础地位阶层则倾向于认为外来人口太多会对本地文化传承、社会治安和工作机会造成破坏。这可以用利益威胁论来解释。利益威胁论认为，社会个体及其所属群体，基于利益计算的自利原则，通过分析认为，移民会带来真实的、假想的或预期的资源和利益的损失或威胁，从而对移

民产生排斥的情绪和态度，以此来解释不同人口学特征居民或社会群体在
对待移民态度上的不同（参见李煜，2017）。其中最有影响的是"劳动力
市场竞争假说"，这一假说认为，当移民主要从事低端工作，会与低受教
育水平、低技能本地人产生职业竞争，从而导致本地人收入下降，所以，
处于低社会阶层和低端劳动力市场的人会对移民产生排斥态度。与此相
反，本地高端劳动力却因低端商业、服务业和商品劳动力成本降低反而获
益，因此，他们对移民的态度更为开放（Scheve and Slaughter，2001；李
煜，2017）。这一假说也得到很多跨国研究的支持（Citrin and Green，
1990；Espenshade and Calhoun，1993；Ceobanu and Escandell，2010）。[①]

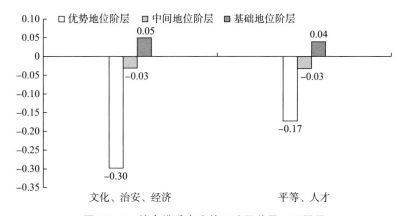

图 13 - 8　社会排斥态度的三阶层差异：双因子

这一假说正与本章的发现一致。基础地位阶层由于与外来人口产生职
业竞争，收入可能有所下降，他们更倾向于排斥外来人口，认为外来人口
会破坏本地文化传承、社会治安和工作机会（高于均值 0.05 个单位，$p <$
0.01）。但中间地位阶层和优势地位阶层，由于外来商业服务业人员降低
了其生活成本，也由于劳动力价格低，利于用更低的价格招到工人，所

---

① 另一种"资源摊薄假说"也符合利益威胁论的解释，即强调外来移民的到来会分享当地
　社会公共服务、社会保障福利以及其他各种公共资源，涉及教育、医疗、住房、就业、
　养老、贫困救济等领域，也可能对本地治安、环境、交通等公共服务和设施带来压力
　（Stoker，1992）。因此，也会导致本地人排斥移民。这一假设在对基础地位阶层的预测上
　是与劳动力市场竞争假说一致的，也强调基础地位阶层受到资源竞争威胁而排斥移民，
　但"资源摊薄假说"却强调，社会中上层，由于是主要的纳税群体，如果政府过度保障
　移民，则中上层群体会更倾向于排斥移民（李煜，2017）。然而，这一假设并未得到大多
　数学者的认同，因为移民往往降低了低端劳动力价格，社会中上阶层其实是受益群体。
　这也与本章的发现一致。

以，私营企业主、经理人员等阶层居民是比较欢迎外来人口的，他们自身就是外来人口迁入的受益者，因此，他们对外来人口的接纳度高（低于均值0.30个单位，$p<0.001$）。

不仅如此，对于外来人口在与本地人享有同等机会和福利方面及强调外来人才有助于本地发展方面，优势地位阶层居民更倾向于持开放的态度，认为外来人口应享受到与本地人同等的机会和福利，也更相信外来人才有助于本地发展（低于均值0.17个单位，$p<0.05$）。但与此相反，基础地位阶层居民则对此持反对态度，认为外来人口不应与本地人享有同等机会和福利，也不太认为外来人才有助于本地发展（高于均值0.04个单位，$p<0.05$）。中间地位阶层的排斥态度则介于二者之间。

3. 社会排斥态度感知与社会排斥态度的十大社会阶层差异

上文是将十大社会阶层划分为三个主要社会阶层所做的分析，发现各社会阶层之间的社会排斥态度感知差异较小。那么，十大社会阶层各自的社会排斥态度及其感知是否存在差异呢？图13-9显示，单从数值上看，十大社会阶层在社会排斥态度感知上是存在一定差异的。只有个体工商户阶层居民感受到的社会排斥度是显著高于均值的，有18%的个体工商户阶层居民感受到比较强烈的社会排斥，其他社会阶层的差异都不显著。

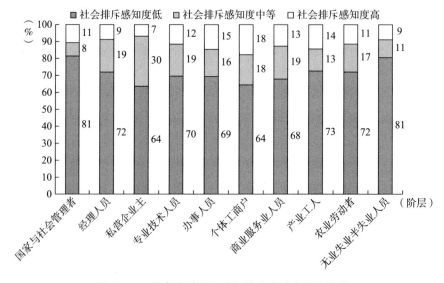

图13-9 社会排斥态度感知的十大社会阶层差异

那么，十大社会阶层在社会排斥态度上又呈现怎样的差异模式呢？图

13 - 10 显示，优势地位阶层的国家与社会管理者、经理人员和私营企业主阶层居民在"文化、治安、经济"因子和"平等、人才"因子上都表现出更低的社会排斥度、更高的接纳度。然而，与总体社会排斥态度均值相比，其实只有经理人员阶层居民在第一个因子上有显著差异，其他阶层居民在两个因子上都并未表现出更高的接纳度。换句话说，虽然优势地位阶层的几个阶层表现出更高的开放性，但其开放性也并未达到很高的水平。这可能部分地与样本在总人口中的比重并不高有关。

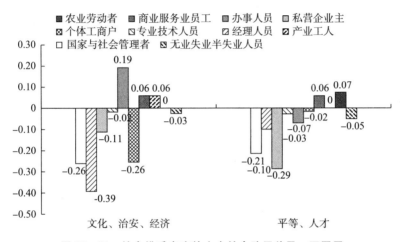

图 13 - 10　社会排斥态度的十大社会阶层差异：双因子

对于中间地位阶层来说，他们的社会排斥度处于中等水平，但分阶层来看，比较有趣的发现是办事人员阶层与个体工商户阶层居民，两者的社会排斥度呈现显著差异。办事人员阶层居民表现出更高的社会排斥度，认为外来人口会破坏本地的文化传承、社会治安和工作机会，其社会排斥度高出总均值 0.19 个单位，且在 $p < 0.01$ 水平上显著。相反，个体工商户阶层居民则表现出更开放的态度，社会排斥度低于均值 0.26 个单位，且在 $p < 0.001$ 水平上显著。图 13 - 11 显示，办事人员阶层更多的是本地人和新本地人，较少外来人口（非本地人）。具体来说，办事人员阶层中，本地人占 65%，新本地人占 19%。他们的本地人身份使这一阶层表现出更高的社会排斥度。而个体工商户阶层更多地是由非本地人构成的，有 44% 的个体工商户是非本地人，几乎是所有社会阶层中外来人口比例最高的，而本地人和新本地人分别占 45% 和 11%，是所有社会阶层中比例较低的。

对于基础地位阶层来说，商业服务业人员阶层无论在"文化、治安、经济"因子上，还是在"平等、人才"因子上，都表现出相对较高的接纳度，这当然也部分地与其非本地人比重相对较高有关。但相对来说，构成这一阶层的本地人比例也并不低，在所有的商业服务业人员阶层中，本地人其实占54%，而新本地人和非本地人分别占15%和31%。产业工人、农业劳动者和无业失业半失业人员阶层都存在一定的社会排斥观念，但与总体均值并未存在显著差异。

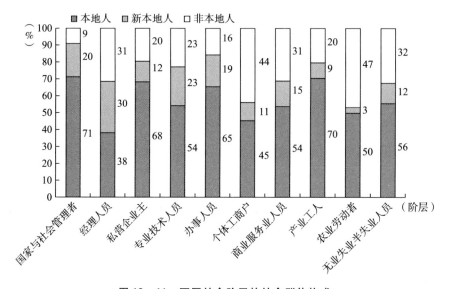

图13-11 不同社会阶层的社会群体构成

三 结论与讨论

本章利用五大城市群十个特大城市的调查数据，系统探究了社会排斥态度及其感知在不同群体、不同区域和社会阶层间的差异情况。

首先，在社会排斥态度感知上，呈现非本地人、新本地人、本地人逐级递减的阶梯式状况，说明户籍确实对人们的社会排斥态度感知发挥着重要作用，越是不具备本地户籍的外来人口，越能更强烈地感受到社会排斥。但在"文化、治安、经济"因子上，却呈现"本地人>新本地人>非本地人"的差异模式，不难发现，虽然本地人在社会排斥态度感知上低于新本地人和非本地人，但在实际社会排斥态度上却远比新本地人和非本地人更为强烈。

其次，从社会排斥态度感知的区域差异上，由高至低大体可分为三个梯队：处于第一梯队的是一线大都市——北京、上海和深圳，深圳有些特别，虽然在感受到的中等、高社会排斥度上总体与北京、上海相当，但其感受到社会排斥度高的居民比例最低。位于第二梯队的则是中东部城市：杭州、广州、武汉和长沙，其中杭州最特别，是两头（低、高社会排斥度）比例较高，中间低。处于第三梯队的主要是西部成都、重庆，以及东部的天津，天津的社会排斥度低与其迁入人口比例低有关。①

最后，从社会排斥态度的城市间差异上，基于十个特大城市居民在"文化、治安、经济"和"平等、人才"两个因子上的得分，本章有以下三个主要发现。

第一，上海居民最特殊，虽然大多数居民心理上并不强烈地认为外来人口太多会破坏本地的文化传承、社会治安和工作机会，但又感受到整个城市中的本地人仍是较为强烈地排斥外来人口的。北京、上海和深圳三个一线城市中，多数人并不认为外来人口应该享受跟本地人同等的机会和福利，也不认为外来人才有助于本地发展。

第二，杭州居民对于外来人才有助于本地发展，且应享受平等的机会和福利方面，还是有比较广泛的社会共识的。武汉居民虽部分地认为外来人口会在一定程度上破坏本地的文化传承、社会治安和工作机会，但是他们却非常赞同外来人才有助于本地发展，他们应该与本地人享受同样的机会和福利。长沙居民虽在文化、治安和经济方面表现出相当高的社会接纳度，但有一定的社会排斥意识和本土保护观念。

第三，虽然天津、成都和重庆居民都未感受到较强的社会排斥，但他们却在社会排斥态度的两个因子上表现出比较大的差异。天津居民认为外来人口会破坏本地的文化传承、社会治安和工作机会。而且，他们也不太愿意吸纳外来人才，并不认为外来人口应该跟本地人享受同等的机会和福

---

① 上述结论主要是通过比例间的直接比较得出的，为了检验上述结论是否具有统计显著性。本章将十个特大城市的社会排斥感知状况（保留 1~5 分取值）与各城市的均值进行比较，且采用邦弗罗尼（Bonferroni）方法对检验的显著性标准进行调整。结果发现，上海（0.22）、北京（0.22）、深圳（0.17）高于均值，且在 $p < 0.001$ 水平下显著，杭州、广州、武汉和长沙与均值没有显著差异，而天津（-0.12，$p < 0.05$）、成都（-0.22，$p < 0.001$）、重庆（-0.25，$p < 001$）则显著低于均值。这些结果与上文描述性分析中得出的三个梯队的结论是一致的，说明三个梯队的结论具备统计显著性。

利。与此相对，成都人就对外来人口更为开放，但在吸纳外来人才，及认为外来人口应与本地人享受同等机会和福利方面，表现出的热情不算高。重庆居民对吸引外来人才带动本地发展方面表现出更高的热情，也更倾向于认为外来人口应与本地人享有同等的机会和福利，但他们认为本地文化传承、社会治安和工作机会会受到外来人口的冲击。

最后，在社会阶层差异方面，尽管不同社会阶层居民感受到的社会排斥度极为相似，但他们的社会排斥态度却存在显著差异。与利益威胁论中的"劳动力市场竞争假说"预测一致，优势地位阶层的社会排斥态度更弱，基础地位阶层则倾向于认为外来人口太多会对本地文化传承、社会治安、工作机会造成破坏。从具体社会阶层来看，办事人员阶层居民表现出更强烈的社会排斥态度，个体工商户阶层居民则表现出更开放的态度，这与两个社会阶层的群体构成有关。

参考文献

鲍德里亚，2014，《消费社会》，刘成富、全志钢译，南京：南京大学出版社。

边燕杰，2004，《城市居民社会资本的来源及作用：网络观点与调查发现》，《中国社会科学》第 3 期。

边燕杰、李路路、李煜、郝大海，2006，《结构壁垒、体制转型与地位资源含量》，《中国社会科学》第 5 期。

边燕杰、李煜，2000，《中国城市家庭的社会网络资本》，载清华大学社会学系主编《清华社会学评论：特辑 2》，厦门：鹭江出版社。

边燕杰、刘勇利，2005，《社会分层、住房产权与居住质量——对中国"五普"数据的分析》，《社会学研究》第 3 期。

边燕杰、张文宏，2001，《经济体制、社会网络与职业流动》，《中国社会科学》第 2 期。

才国伟、刘剑雄，2013，《归因、自主权与工作满意度》，《管理世界》第 1 期。

蔡国梅，2018，《基于 ISM 模型的老年女性社会参与的影响因素分析》，《经济研究导刊》第 35 期。

蔡禾，2012，《从利益诉求的视角看社会管理创新》，《社会学研究》第 4 期。

曹现强，2017，《获得感的时代内涵与国外经验借鉴》，《人民论坛·学术前沿》第 2 期。

陈东、张郁杨，2015，《与收入相关的健康不平等的动态变化与分解——以我国中老年群体为例》，《金融研究》第 12 期。

陈海玉、郭学静、刘庚常，2018，《基于结构方程模型的劳动者主观获得感研究》，《西北人口》第 6 期。

陈俊秀，2020，《社会力量参与城市社区治理的价值意蕴及路径优化》，《武汉纺织大学学报》第 4 期。

陈蔓玲，2019，《新型城镇化促进居民消费结构升级的作用机理研究》，硕士学位论文，湖南师范大学。

陈晓毅，2015，《基于年龄结构的我国居民消费研究》，博士学位论文，中央财经大学。

陈星如，2019，《浅析我国奢侈品市场现状及发展》，《中国市场》第 9 期。

陈钊、陈杰、刘晓峰，2008，《安得广厦千万间：中国城镇住房体制市场化改革的回顾与展望》，《世界经济文汇》第 1 期。

戴维·格伦斯基编，2006，《社会分层》（第二版），王俊等译，北京：华夏出版社。

董章琳、张鹏，2011，《城市农民工社会融合的影响因素分析——基于重庆市 1032 名农民工的调查》，《重庆理工大学学报》（社会科学版）第 2 期。

豆雪姣、谭旭运、杨昭宁，2019，《居住流动性对青年社会参与意愿的影响》，《心理技术与应用》第 3 期。

杜玉华，2013，《社会结构：一个概念的再考评》，《社会科学》第 8 期。

段成荣、吕利丹、邹湘江，2013，《当前我国流动人口面临的主要问题和对策——基于 2010 年第六次全国人口普查数据的分析》，《人口研究》第 2 期。

段成荣、杨舸、张斐、卢雪和，2008，《改革开放以来我国流动人口变动的九大趋势》，《人口研究》第 6 期。

恩格斯，1962，《英国工人阶级状况》，中共中央马克思恩格斯列宁斯大林著作编译局译，北京：人民出版社。

樊红敏、李岚春、欧广义，2015，《河南省城市居民获得感调查分析》，载郑永扣主编《河南社会治理发展报告（2015）》，北京：社会科学文献出版社。

范雷，2016，《当前中国住房状况与住房不平等》，《山东大学学报》（哲学社会科学版）第 6 期。

冯帅帅、罗教讲，2018，《中国居民获得感影响因素研究——基于经济激励、国家供给与个体特质的视角》，《贵州师范大学学报》第 3 期。

傅崇辉，2008，《流动人口管理模式的回顾与思考——以深圳市为例》，《中国人口科学》第 5 期。

甘犁等，2012，《中国家庭金融调查报告·2012》，成都：西南财经大学出版社。

高翔、薛海平，2020，《家庭背景、家长参与和初中生影子教育参与——来自 CEPS 2015 数据的实证研究》，《教育学术月刊》第 9 期。

龚紫钰、徐延辉，2020，《农民工获得感的概念内涵、测量指标及理论思考》，《兰州学刊》第 2 期。

关信平，2019，《改革开放 40 年我国社会政策的探索与发展》，《人民论坛·学术前沿》第 22 期。

郭道晖，2006，《政府治理与公民社会参与》，《河北法学》第 1 期。

郭浩、罗洁玲、刘斯琪，2020，《城市老年人社会参与状况及影响因素研究——以广东省为例》，《统计与管理》第 1 期。

国家发展和改革委员会就业和收入分配司、北京师范大学中国收入分配研究院编著，2019，《中国居民收入分配年度报告（2018）》，北京：社会科学文献出版社。

国家统计局编，2011，《中国统计年鉴（2011）》，中国统计出版社。

国家统计局编，2012，《中国统计年鉴（2012）》，中国统计出版社。

国家统计局编，2013，《中国统计年鉴（2013）》，中国统计出版社。

国家统计局编，2014，《中国统计年鉴（2014）》，中国统计出版社。

国家统计局编，2015，《中国统计年鉴（2015）》，中国统计出版社。

国家统计局编，2016，《中国统计年鉴（2016）》，中国统计出版社。

国家统计局编，2017，《中国统计年鉴（2017）》，中国统计出版社。

国家统计局编，2018，《中国统计年鉴（2018）》，中国统计出版社。

国家统计局编，2019，《中国统计年鉴（2019）》，北京：中国统计出版社。

国家统计局编，2020，《中国统计摘要（2020）》，中国统计出版社。

国家统计局人口和就业统计司编，2019，《中国人口和就业统计年鉴（2019）》，北京：中国统计出版社。

国家统计局住户调查办公室编，2019，《中国住户调查年鉴（2019）》，北京：中国统计出版社。

国家卫生和计划生育委员会流动人口司，2016，《中国流动人口发展报告

2016》，北京：中国人口出版社。

国家卫生健康委员会编，2018，《中国流动人口发展报告（2018）》，北京：中国人口出版社。

国家职业分类大典修订工作委员会，2015，《中华人民共和国职业分类大典》（2015 年版），北京：中国劳动社会保障出版社。

哈维，大卫，2009，《新帝国主义》，初立忠、沈晓雷译，北京：社会科学文献出版社。

何瑞珠，1999，《家长参与子女的教育：文化资本与社会资本的阐释》，《教育学报》第 2 期。

胡宏伟、李玉娇，2011，《我国老年人自评健康状况及其影响因素研究——基于 ordered probit 模型的估计》，《山西财经大学学报》第 2 期。

胡仕勇、南顺侠，2016，《城乡老年人健康状况差异分析——基于 CHARLS 2011 年基线数据的分析》，《老龄科学研究》第 1 期。

胡咏梅、范文凤、丁维莉，2015，《影子教育是否扩大教育结果的不均等——基于 PISA 2012 上海数据的经验研究》，《北京大学教育评论》第 3 期。

黄冬霞、吴满意，2017，《思想政治教育获得感：内涵、构成和形成机理》，《思想教育研究》第 6 期。

黄桂，2005，《员工满意度影响因素的实证研究》，《管理世界》第 11 期。

黄嘉文，2016，《收入不平等对中国居民幸福感的影响及其机制研究》，《社会》第 2 期。

黄静、屠梅曾，2009，《房地产财富与消费：来自于家庭微观调查数据的证据》，《管理世界》第 7 期。

季燕霞，2018，《城市社区治理中的社会参与困境及其对策》，《南京邮电大学学报》（社会科学版）第 5 期。

姜宝昌、周辉，2019，《提升社会参与水平　推动城市管理走向城市治理》，《重庆行政》第 6 期。

蒋源，2015，《从粗放式管理到精细化治理：社会治理转型的机制性转换》，《云南社会科学》第 5 期。

李春玲，1997，《社会结构变迁中的城镇社会流动》，《社会学研究》第 5 期。

李春玲，2005a，《当代中国社会的声望分层》，《社会学研究》第 2 期。

李春玲，2005b，《社会分层研究与理论的新趋势》，载李培林主编《社会学理论与经验》，北京：社会科学文献出版社。

李春玲，2007，《当代中国社会的消费分层》，《中山大学学报》（社会科学版）第 4 期。

李春玲，2019，《我国阶级阶层研究 70 年：反思、突破与创新》，《江苏社会科学》第 6 期。

李甘、郭雁飞、黄哲宙等，2020，《中国 50 岁及以上人群社会参与度和抑郁的关联研究》，《中华疾病控制杂志》第 4 期。

李建新、李春华，2014，《城乡老年人口健康差异研究》，《人口学刊》第 5 期。

李路路，2012，《社会结构阶层化和利益关系市场化》，《社会学研究》第 2 期。

李路路，2017，《"新社会阶层"：谱系·变革·挑战》，《统一战线学研究》第 4 期。

李路路，2019，《改革开放 40 年中国社会阶层结构的变迁》，《武汉大学学报》（哲学社会科学版）第 1 期。

李路路、石磊、朱斌，2018，《固化还是流动？——当代中国阶层结构变迁四十年》，《社会学研究》第 6 期。

李培林主编，1995，《中国新时期阶级阶层报告》，沈阳：辽宁人民出版社。

李培林，1996，《流动民工的社会网络和社会地位》，《社会学研究》第 4 期。

李培林，2014，《社会治理与社会体制改革》，《国家行政学院学报》第 4 期。

李培林，2015，《中产阶层成长和橄榄型社会》，《国际经济评论》第 1 期。

李培林，2017，《改革开放近 40 年来我国阶级阶层结构的变动、问题和对策》，《中共中央党校学报》第 6 期。

李培林等，2018，《当代中国阶级阶层变动（1978～2018）》，北京：社会科学文献出版社。

李培林，2019，《新中国 70 年社会建设和社会巨变》，《北京工业大学学报》第 4 期。

李培林、崔岩，2020，《我国 2008～2019 年间社会阶层结构的变化及其经济社会影响》,《江苏社会科学》第 4 期。

李强,2001,《关于中产阶级和中间阶层》,《中国人民大学学报》第 2 期。

李强,2003,《社会分层与社会发展》,《中国特色社会主义研究》第 3 期。

李强,2005,《"丁字型"结构与"结构紧张"》,《社会学研究》第 2 期。

李强,2009,《转型时期城市"住房地位群体"》,《江苏社会科学》第 4 期。

李强,2013,《中国在社会分层结构方面的四个试验》,《马克思主义与现实》第 2 期。

李强,2015,《当代中国社会分层:测量与分析》,北京:北京师范大学出版社。

李强,2016,《中国离橄榄型社会还有多远——对于中产阶层发展的社会学分析》,《探索与争鸣》第 8 期。

李强,2019,《当代中国社会分层》,北京:生活书店出版有限公司。

李强、何龙斌,2016,《人力资本对流动人口的城市融入影响研究——兼论就业的中介作用》,《湖南社会科学》第 5 期。

李强、王昊,2014,《中国社会分层结构的四个世界》,《社会科学战线》第 9 期。

李强、王美琴,2009,《住房体制改革与基于财产的社会分层秩序之建立》,《学术界》第 4 期。

李若健,2001,《利益群体、组织、制度和产权对城市人口管理的影响》,《南方人口》第 1 期。

李升、苏润原,2020,《户籍地禀赋与流入地融合——流动人口定居意愿影响因素研究》,《南方人口》第 4 期。

李实、杨穗,2011,《养老金收入与收入不平等对老年人健康的影响》,《中国人口科学》第 3 期。

李实、朱梦冰,2018,《中国经济转型 40 年中居民收入差距的变动》,《管理世界》第 12 期。

李实、佐藤宏、史泰丽等,2013,《中国收入差距变动分析——中国居民收入分配研究Ⅳ》,北京:人民出版社。

李婷、张闫龙,2014,《出生队列效应下老年人健康指标的生长曲线及其城乡差异》,《人口研究》第 2 期。

李艳丽等,2015,《农村居民健康不平等及其分解分析》,《统计与决策》

第 20 期。

李友梅，2005，《社会结构中的"白领"及其社会功能——以 20 世纪 90 年代以来的上海为例》，《社会》第 6 期。

李友梅，2012，《中国社会管理新格局下遭遇的问题——一种基于中观机制分析的视角》，《学术月刊》第 7 期。

李友梅、肖瑛、黄晓春，2012，《当代中国社会建设的公共性困境及其超越》，《中国社会科学》第 4 期。

李煜，2017，《利益威胁、文化排斥与受挫怨恨——新"土客"关系下的移民排斥》，《学海》第 2 期。

林建华，2019，《面向未来的大学教育》，《中国教育财政》第 6 - 3 期（总第 167 期）。

林晓珊，2018，《"购买希望"：城镇家庭中的儿童教育消费》，《社会学研究》第 4 期。

刘保中、张月云、李建新，2014，《社会经济地位、文化观念与家庭教育期望》，《青年研究》第 6 期。

刘昌平、汪连杰，2017，《社会经济地位对老年人健康状况的影响研究》，《中国人口科学》第 5 期。

刘河庆、梁玉成，2016，《我国特大城市中等收入群体的社会参与》，《中国社会科学报》第 4 版。

刘精明、李路路，2005，《阶层化：居住空间、生活方式、社会交往与阶层认同——我国城镇社会阶层化问题的实证研究》，《社会学研究》第 3 期。

刘林平，2008，《交往与态度：城市居民眼中的农民工》，《中山大学学报》（社会科学版）第 2 期。

刘平，2007，《新二元社会与中国社会转型研究》，《中国社会科学》第 1 期。

刘少杰，2012，《网络化时代的社会结构变迁》，《学术月刊》第 10 期。

刘晓婷，2014，《社会医疗保险对老年人健康水平的影响——基于浙江省的实证研究》，《社会》第 2 期。

刘欣，2018，《协调机制、支配结构与收入分配：中国转型社会的阶层结构》，《社会学研究》第 1 期。

刘祖云，2002，《社会分层的若干理论问题新探》，《江汉论坛》第9期。

刘祖云、胡蓉，2005，《论社会转型与二元社会结构》，《中南民族大学学报》（人文社会科学版）第1期。

卢小君、陈慧敏，2012，《流动人口社会融合现状与测度——基于大连市的调查数据》，《城市问题》第9期。

陆德梅，2005，《职业流动的途径及其相关因素：对上海市劳动力市场的实证分析》，《社会》第3期。

陆文聪、李云龙，2009，《农民健康权益问题的理论分析——基于环境公平的视角》，《中国人口科学》第3期。

陆学艺，2002a，《当代中国十大阶层分析》，《学习与实践》第3期。

陆学艺主编，2002b，《当代中国社会阶层研究报告》，北京：社会科学文献出版社。

陆学艺，2006，《中国社会结构的变化及发展趋势》，《云南民族大学学报》（哲学社会科学版）第5期。

陆学艺，2011，《社会建设就是建设社会现代化》，《社会学研究》第4期。

陆学艺主编，2018，《当代中国社会结构研究报告》（全四册），北京：社会科学文献出版社。

陆学艺、宋国恺，2009，《当代中国社会结构变动的深刻经济意义》，《北京工业大学学报》（人文社会科学版）第5期。

陆益龙，2006，《社会需求与户籍制度改革的均衡点分析》，《江海学刊》第3期。

陆益龙，2008，《户籍还起作用吗——户籍制度与社会分层和流动》，《中国社会科学》第1期。

吕鹏、范晓光、孙明，2018，《当代中国私营企业主与个体工商户：结构、态度与行动》，载李培林等著《当代中国阶级阶层变动1978～2018》，北京：社会科学文献出版社。

吕小康、黄妍，2018，《如何测量"获得感"？——以中国社会状况综合调查（CSS）数据为例》，《西北师大学报》（社会科学版）第5期。

吕晓兰、姚先国，2013，《农民工职业流动类型与收入效应的性别差异分析》，《经济学家》第6期。

马克思、恩格斯，1972，《马克思恩格斯全集》，北京：人民出版社。

麦格，2007，《族群社会学》，祖力亚提·司马义译，北京：华夏出版社。

牛建林，2013，《人口流动对中国城乡居民健康差异的影响》，《中国社会科学》第 2 期。

潘杰、雷晓燕、刘国恩，2013，《医疗保险促进健康吗？——基于中国城镇居民基本医疗保险的实证分析》，《经济研究》第 4 期。

彭定萍、丁峰，2020，《社会参与影响老年人健康的信任机制研究——基于 2015 年 CGSS 数据的实证分析》，《北方民族大学学报》第 1 期。

彭定萍、丁峰、祁慧博，2020，《如何从个体化走向社会融合——社会参与对青年幸福感之研究》，《中国青年研究》第 1 期。

彭希哲、郭秀云，2007，《权利回归与制度重构——对城市流动人口管理模式创新的思考》，《人口研究》第 4 期。

皮凯蒂，托马斯，2014，《21 世纪资本论》，巴曙松等译，北京：中信出版社。

邱红、周文剑，2019，《流动人口的落户意愿及影响因素分析》，《人口学刊》第 5 期。

仇立平，2014，《上海社会阶层结构转型及其对城市社会治理的启示》，《国家行政学院学报》第 4 期。

任远、邬民乐，2006，《城市流动人口的社会融合：文献述评》，《人口研究》第 3 期。

阮航清、陈功，2017，《中国老年人与收入相关的健康不平等及其分解——以北京市为例》，《人口与经济》第 5 期。

沈凯琪，2018，《社会整合测量维度研究综述》，《学理论》第 12 期。

沈扬扬、李实，2020，《如何确定相对贫困标准？——兼论"城乡统筹"相对贫困的可行方案》，《华南师范大学学报》（社会科学版）第 2 期。

施芸卿，2018，《当妈为何越来越难——社会变迁视角下的"母亲"》，《文化纵横》第 5 期。

斯蒂芬·罗宾斯、蒂莫西·贾奇，2016，《组织行为学》，孙健敏等译，中国人民大学出版社。

宋林飞，2007，《优化社会结构是构建和谐社会的基础》，《社会学研究》第 2 期。

孙立平，1996，《"关系"、社会关系与社会结构》，《社会学研究》第 5 期。

孙立平，2008，《利益关系形成与社会结构变迁》，《社会》第 3 期。

孙立平，2009，《中国社会结构的变迁及其分析模式的转换》，《南京社会科学》第 5 期。

孙立平，2011，《走向积极的社会管理》，《社会学研究》第 4 期。

孙立平，2013，《断裂：20 世纪 90 年代以来的中国社会》，北京：社会科学文献出版社。

孙立平、李强、沈原，1998，《中国社会结构转型的中近期趋势与隐患》，《战略与管理》第 2 期。

孙昕聪，2017，《论政治效能感对农民政治参与的影响——基于中国乡镇民主与治理调查数据的多元线性回归分析》，《甘肃理论学刊》第 2 期。

孙秀林，2010，《城市移民的政治参与：一个社会网络的分析视角》，《社会》第 1 期。

孙秀林、周飞舟，2013，《土地财政与分税制：一个实证解释》，《中国社会科学》第 4 期。

孙远太，2015，《城市居民社会地位对其获得感的影响分析——基于 6 省市的调查》，《调研世界》第 9 期。

谭景艳，2020，《我国农村老年人社会参与研究——基于 CLHLS（2014）数据的分析》，《智库时代》第 9 期。

谭旭运、王俊秀、张若玉，2018，《中国民众获得感现状调查及其影响因素分析》，载王俊秀主编《中国社会心态研究报告（2018）》，北京：社会科学文献出版社。

唐畅，2019，《我国城镇居民消费结构变动趋势及其原因研究》，硕士学位论文，华南理工大学。

唐有财、符平，2017，《获得感、政治信任与农民工的权益表达倾向》，《社会科学》第 11 期。

唐卓，2004，《我国城市社区社会参与的现状问题分析》，《求实》第 9 期。

田香兰，2020，《日本老年人社会参与现状及对策研究》，《黑龙江社会科学》第 1 期。

田旭明，2018，《让人民有更多获得感的理论意涵与现实意蕴》，《马克思主义研究》第 4 期。

王波，2005，《宏观经济运行与农民收入增长实证分析》，《经济体制改革》

第 2 期。

王春光，2001，《新生代农民工的社会认同与城乡融合之间的关系》，《社会学研究》第 3 期。

王春光，2007，《城乡结构：中国社会转型中的迟滞者》，《中国农业大学学报》第 1 期。

王甫勤、章超，2018，《中国城镇居民的阶层地位与消费偏好（2003~2013)》，《社会科学》第 4 期。

王洪亮、朱星姝，2018，《中老年人口健康差异的影响因素分析》，《中国人口科学》第 3 期。

王嘉顺，2010，《区域差异背景下的城市居民对外来人口迁入的态度研究：基于 2005 年全国综合社会调查数据》，《社会》第 6 期。

王建民，2008，《社会转型中的象征二元结构——以农民工群体为中心的微观权力分析》，《社会》第 2 期。

王娟，2019，《中国产业结构对居民消费结构的影响研究》，硕士学位论文，南京财经大学。

王丽萍、方然，2010，《参与还是不参与：中国公民政治参与的社会心理分析——基于一项调查的考察与分析》，《政治学研究》第 2 期。

王名、孙伟林，2010，《我国社会组织发展的趋势和特点》，载王名主编《中国非营利评论》第 1 卷，北京：社会科学文献出版社。

王浦劬、季程远，2018，《新时代国家治理的良政基准与善治标尺——人民获得感的意蕴和量度》，《中国行政管理》第 1 期。

王蓉，2017，《直面中国的"教育拉丁美洲化"挑战》，《北京大学中国教育财政科学研究所简报》第 5 期。

王恬、谭远发、付晓珊，2018，《我国居民获得感的测量及其影响因素》，《财经科学》第 9 期。

王星，2012，《利益分化与居民参与——转型期中国城市基层社会管理的困境及其理论转向》，《社会学研究》第 2 期。

王紫鹏，2020，《互联网发展对城乡居民消费结构的影响研究——基于 2005~2016 年省级面板数据的实证分析》，硕士学位论文，浙江工商大学。

文宏、刘志鹏，2018，《人民获得感的时序比较——基于中国城乡社会治理数据的实证分析》，《社会科学》第 3 期。

文军、李珊珊，2018，《文化资本代际传递的阶层差异及其影响——基于上海市中产阶层和工人阶层家庭的比较研究》，《华东师范大学学报》（哲学社会科学版）第 4 期。

吴开泽，2016，《生命历程视角的城市居民二套房获得》，《社会》第 1 期。

吴开泽，2017，《房改进程、生命历程与城市住房产权获得（1980～2010年)》，《社会学研究》第 5 期。

吴开泽，2019，《住房市场化与住房不平等——基于 CHIP 和 CFPS 数据的研究》，《社会学研究》第 6 期。

吴忠民，2015，《转型期社会结构问题对社会矛盾的催生》，《中国特色社会主义研究》第 4 期。

吴重涵、张俊、王梅雾，2017，《是什么阻碍了家长对子女教育的参与——阶层差异、学校选择性抑制与家长参与》，《教育研究》第 1 期。

武中哲，2017，《劳动力市场中的性别差异：制度变迁的视角》，北京：中国政法大学出版社。

习近平，2017，《决胜全面小康社会，夺取新时代中国特色社会主义伟大胜利》，北京：人民出版社。

项军，2019，《客观"获得"与主观"获得感"——基于地位获得与社会流动的视角》，《社会发展研究》第 2 期。

肖索未，2014，《"严母慈祖"：儿童抚育中的代际合作与权力关系》，《社会学研究》第 6 期。

谢爱磊，2020，《农村学校家长参与的低迷现象研究——专业主义、不平等关系与家校区隔》，《全球教育展望》第 3 期。

谢立中，2008，《多元话语分析：以社会分层研究为例》，《社会学研究》第 1 期。

解垩，2009，《与收入相关的健康及医疗服务利用不平等研究》，《经济研究》第 2 期。

邢占军，2017，《居民文化福祉的研究与提升对策》，《人文天下》第 9 期。

熊易寒，2020，《精细分层与中产焦虑症》，《文化纵横》第 5 期。

熊远来，2020，《外来务工者草根组织参与和社会参与的关系——基于杭州的调查》，《浙江树人大学学报》（人文社会科学）第 1 期。

许琪、戚晶晶，2016，《工作—家庭冲突、性别角色与工作满意度：基于第三期中国妇女社会地位调查的实证研究》，《社会》第 3 期。

许欣欣，2000，《从职业评价与择业取向看中国社会结构变迁》，《社会学研究》第 3 期。

许欣欣，2005，《社会、市场、价值观：整体变迁的征兆——从职业评价与择业取向看中国社会结构变迁再研究》，《社会学研究》第 4 期。

薛海平，2015，《从学校教育到影子教育：教育竞争与社会再生产》，《北京大学教育评论》第 3 期。

颜悦，2020，《城市老年人社会参与影响因素研究》，《戏剧之家》第 6 期。

阳义南，2018，《民生公共服务的国民"获得感"：测量与解析——基于MIMIC 模型的经验证据》，《公共行政评论》第 5 期。

杨东平，2020，《中国教育发展报告（2020）》，北京：社会科学文献出版社。

杨菊华，2009，《从隔离、选择融入到融合：流动人口社会融入问题的理论思考》，《人口研究》第 1 期。

杨菊华，2010，《流动人口在流入地社会融入的指标体系——基于社会融入理论的进一步研究》，《人口与经济》第 2 期。

杨菊华，2013，《中国流动人口的经济融入》，北京：社会科学文献出版社。

杨菊华、张娇娇，2016，《人力资本与流动人口的社会融入》，《人口研究》第 4 期。

杨宜音、王俊秀等著，2013，《当代中国社会心态研究》，北京：社会科学文献出版社。

杨永娇，2016，《城市居民社会参与层次对主观幸福感的影响研究——基于"2014 年中国劳动力动态调查"数据的考察》，《广西社会科学》第 12 期。

姚先国、方昕、张海峰，2013，《高校扩招后教育回报率和就业率的变动研究》，《中国经济问题》第 2 期。

姚烨琳、张海东，2017，《中等收入群体的扩大与橄榄型社会的形成——以北上广特大城市为例》，《河北学刊》第 5 期。

叶仁荪、王玉芹、林泽炎，2005，《工作满意度、组织承诺对国企员工离职影响的实证研究》，《管理世界》第 3 期。

张传勇、罗峰、黄芝兰，2020，《住房属性嬗变与城市居民阶层认同——基于消费分层的研究视域》，《社会学研究》第 4 期。

张海东，2017a，《我国特大城市新社会阶层调查》，《北京日报》1 月 16 日第 14 版。

张海东，2017b，《特大城市"橄榄型"社会结构初具雏形》，《北京日报》3 月 13 日。

张海东，2018，《多维二元结构社会及其转型》，《江海学刊》第 4 期。

张海东、杨城晨，2018，《体制区隔、职业流动与工作满意度——兼论新社会阶层跨体制流动的特点》，《社会科学辑刊》第 6 期。

张卫伟，2018，《论人民"获得感"的生成：逻辑规制、现实困境与破解之道》，《社会主义研究》第 6 期。

张文宏，2005，《阶层地位对城市居民社会网络构成模式的影响》，《开放时代》第 6 期。

张文宏，2018，《改革开放四十年中国社会分层机制的变迁》，《浙江学刊》第 6 期。

张文宏、雷开春，2008，《城市新移民社会融合的结构、现状与影响因素分析》，《社会学研究》第 5 期。

张新、周绍杰、姚金伟，2018，《居留决策、落户意愿与社会融合度——基于城乡流动人口的实证研究》，《人文杂志》第 4 期。

张翼，2016，《当前中国社会各阶层的消费倾向——从生存性消费到发展性消费》，《社会学研究》第 4 期。

张展新，2004，《劳动力市场的产业分割与劳动力人口流动》，《中国人口科学》第 2 期。

张展新，2007，《从城乡分割到区域分割——城市外来人口研究新视角》，《人口研究》第 6 期。

张志坚、苗艳青，2020，《基本公共卫生服务对居民健康差异的贡献研究》，《中国人口科学》第 1 期。

赵静，2019，《我国城镇居民消费结构研究——基于 ELES 模型的实证分析》，硕士学位论文，河北大学。

赵琦、朱常海，2020，《社会参与及治理转型：美国环境运动的发展特点及其启示》，《暨南学报》（哲学社会科学版）第 3 期。

赵延东、李睿婕、何光喜，2018，《当代中国专业技术人员的规模和心态》，载李培林等著《当代中国阶级阶层变动 1978～2018》，北京：社会科学文献出版社。

郑杭生，2006，《社会学视野中的社会建设与社会管理》，《中国人民大学学报》第 2 期。

郑杭生、赵文龙，2003，《社会学研究中"社会结构"的涵义辨析》，《西安交通大学学报》（社会科学版）第 2 期。

郑路，1999，《改革的阶段性效应与跨体制职业流动》，《社会学研究》第 6 期。

郑梓桢、宋健，2012，《户籍改革新政与务实的城市化新路——以中山市流动人口积分制管理为例》，《人口研究》第 1 期。

周飞舟，2007，《生财有道：土地开发和转让中的政府和农民》，《社会学研究》第 1 期。

周海涛、张墨涵、罗炜，2016，《我国民办高校学生获得感的调查与分析》，《高等教育研究》第 9 期。

周力，2020，《相对贫困标准划定的国际经验与启示》，《人民论坛·学术前沿》第 14 期。

周盛，2018，《大数据时代改革获得感的解析与显性化策略》，《浙江学刊》第 5 期。

周晓虹，2012，《社会建设：西方理论与中国经验》，《学术月刊》第 9 期。

周怡，2000，《社会结构：由"形构"到"解构"》，《社会学研究》第 3 期。

朱力，2002，《论农民工阶层的城市适应》，《江海学刊》第 6 期。

Adams, B. 1970. "Isolation, Function, and Beyond: American Kinship in the 1960's." *Journal of Marriage and The Family* 32: 575 – 597.

Ceobanu, Alin M. and Xavier Escandell. 2010. "Comparative Analyses of Public Attitudes Toward Immigrants and Immigration Using Multinational Survey Data: A Review of Theories and Research." *Annual Review of Sociology* 36: 309 – 328.

Chan, Kam Wing and Will Buckingham. 2008. "Is China Abolishing the Hukou System?" *The China Quarterly* 195: 582 – 606.

Citrin, J. and D. P. Green 1990. "The Self-Interest of Motive in American Public Opinion." In *Research in Micropoltics*, Samual Long 3 (eds.). Greenwich，CT：JAI Press.

Cox，R. 2018. "Mass Incarceration, Racial Disparities in Health, and Success-ful Aging. " *Journal of the American Society on Aging* 42：48 – 55.

Easterlin，R. and Sawangfa，R. 2010. *Happiness and Economic Growth：Does the Cross Section Predict Time Trends? Evidence from Developing Countries.* Ox-ford：Oxford University Press.

Epstein，G. & A. Jayadev. 2005. "The Rise of Rentier Incomes in OECD Countries：Financialization, Central Bank Policy and Labor Solidarity. " *Fi-nancialization and the World Economy* 29：46 – 74.

Espenshade，Thomas J. and Charles A. Calhoun. 1993. "An Analysis of Public O-pinion Toward Undocumented Immigration. " *Population Research and Policy Review* 12（3）：189 – 224.

Fan，C. Cindy. 1996. "Economic Opportunities and Internal Migration：A Case Study of Guangdong Province, China. " *Professional Geographer* 48（4）：28 – 45.

Grusky，David B.（ed.）1994. *Social Stratification：Class, Race, and Gender in Sociological Perspective.* Westview Press，Inc.

Gu，H.，Kou，Y.，You，H.，et al. 2019. "Measurement and Decomposition of Income-related Inequality in Self-ralated Health among the Elderly in Chi-na. " *International Journal for Equity in Health* 18：4.

House，J. S. 2016. "Social Determinants and Disparities in Health：Their Cruci-fixion, Resurrection, and Ultimate Triumph（?）in Health Policy. " *Journal of Health Politics* 41：599 – 626.

Ishizuka，Patrick. 2018. "Social Class, Gender, and Contemporary Parenting Standards in the United States：Evidence from a National Survey Experiment. " *Social Forces* 98，no. 1：31 – 58.

Johnson，William R. 1978 "A Theory of Job Shopping. " *Quarterly Journal of E-conomics* 92：261.

Lareau，Annette. 2003. *Unequal Childhoods：Class, Race, and Family Life.* Berkeley：University of California Press.

Lefebvre，H. 1991. *The Production of Space.* Translated by D. Nicholson Smith.

Oxford Blackwell（Original work published 1974）.

Lefevor, G. T, Boyd-Rogers, C. C. , Sprague, B. M. , & Janis, R. A. 2019. "Health Disparities Between Genderqueer, Transgender, and Cisgender Individuals: An Extension of Minority Stress Theory. " *Journal of Counseling Psychology* 66: 385 – 395.

Liang, Zai, and Zhongdong Ma. 2004. "China's Floating Population: New Evidence from the 2000 Census. " *Population and Development Review* 30（3）: 467 – 488.

Liang, Zai, Zhen Li, and Zhongdong Ma. 2014. "Changing Patterns of the Floating Population in China, 2000 – 2010. " *Population and Development Review* 40（4）: 695 – 716.

Logan, John & Yanjie, Bian. 1993. "Access to Community Resources in a Chinese City. " *Social Forces* 72: 555 – 576.

Milliken, G. A. and Johnson, D. E. 2009. *Analysis of Messy Data, Volume* 1: *Designed Experiments.* 2nd ed. Boca Raton, FL: CRC Press.

Oishi, Shigehiro. 2010. "The Psychology of Residential Mobility: Implications for the Self, Social Relationships, and Well-Being. " *Perspectives on Psychological Science* 5: 5 – 21.

Scheve, Fenneth and Matthew J. Slaughter. 2001. "Labor Market Competition and Individual Preferences Over Immigration Policy. " *Review of Economics and Statistics* 83（1）: 133 – 145.

Stoker, Laura. 1992. "Interests and Ethics in Politics. " *American Political Science Review* 86（2）: 369 – 380.

Treiman, Donald J. 2012. "The 'Difference between Heaven and Earth': Urban-Rural Disparities in Well-Being in China. " *Research in Social Stratification and Mobility* 30（1）: 33 – 47.

Williams, S. L. and Mann, A. K. 2017. "Sexual and Gender Minority Health Disparities as a Social Issue: How Stigma and Intergroup Relations Can Explain and Reduce Health Disparities. " *Journal of Social Issues* 73: 450 – 461.

Working Group on Obesity in China. 2004. "Guide of Prevention and Control for Overweight and Obesity in Chinese adults（Excerpt）. " *Acta Nutrimenta*

Sinica 26: 1 - 4.

Wu, B. , Yue, Y. W. , & Mao, Z. F. 2015. "Self-reported Functional and General Health Status among Older Respondents in China: The Impact of Age, Gender, and Place of Residence. " *Asia Pacific Journal of Public Health* 27: NP2220 - 2231.

Wu, Xiaogang and Donald J. Treiman. 2004. "The Household Registration System and Social Stratification in China: 1955 - 1996. " *Demography* 41 (2): 363 - 384.

Xie, Y. and Zhou, X. 2014. "Income Inequality in Today's China. " *Proceedings of the National Academy of Sciences of the United States of America* 19: 6928 - 6933.

Yitzhaki, S. 1979. "Relative Deprivation and the Gini Coefficient. " *Quarterly Journal of Economics* 93: 321 - 324.

Zhang, W. 2013. "Health Disparities and Relational Well-Being between Multi- and Mono-Ethnic Asian Americans. " *Social Indicators Research* 110: 735 - 750.

Zhang, W. , Wu, Y. Y. , & Wu, B. 2018. "Does Oral Health Predict Functional Status in Late Life? Findings from a National Sample. " *Journal of Aging and Health* 30: 924 - 944.

Zhao, Wei & Jianhua, Ge. 2014. "Dual Institutional Structure and Housing Inequality in Transitional Urban China. " *Research in Social Stratification and Mobility* 3: 23 - 41.

图书在版编目（CIP）数据

新时代特大城市社会结构研究：基于 10 个特大城市
的数据分析/张海东等著． -- 北京：社会科学文献出
版社，2020.12
（特大城市社会治理研究/李友梅主编）
ISBN 978 - 7 - 5201 - 7641 - 5

Ⅰ．①新… Ⅱ．①张… Ⅲ．①特大城市 - 社会结构 -
研究 - 中国 Ⅳ．①D66

中国版本图书馆 CIP 数据核字（2020）第 235683 号

特大城市社会治理研究

新时代特大城市社会结构研究
——基于 10 个特大城市的数据分析

著　　者／张海东　等

出 版 人／王利民
责任编辑／杨桂凤

出　　版／社会科学文献出版社·群学出版分社（010）59366453
　　　　　　地址：北京市北三环中路甲 29 号院华龙大厦　邮编：100029
　　　　　　网址：www.ssap.com.cn
发　　行／市场营销中心（010）59367081　59367083
印　　装／天津千鹤文化传播有限公司

规　　格／开本：787mm × 1092mm　1/16
　　　　　　印张：20.5　字数：332 千字
版　　次／2020 年 12 月第 1 版　2020 年 12 月第 1 次印刷
书　　号／ISBN 978 - 7 - 5201 - 7641 - 5
定　　价／128.00 元